EXPÉRIENCES
DE BAPAUME.

RAPPORT

FAIT A M. LE MINISTRE DE LA GUERRE

PAR

La Commission mixte d'officiers d'artillerie et du génie, instituée le 12 juin 1847, pour étudier, sur les fortifications de Bapaume, les principes de l'exécution des brèches par le canon et par la mine.

(AVEC 25 PLANCHES.)

Ouvrage publié avec l'autorisation de M. le Ministre de la guerre, en date du 24 octobre 1850.

PARIS
LIBRAIRIE MILITAIRE, MARITIME ET POLYTECHNIQUE
DE J. CORRÉARD
LIBRAIRE-ÉDITEUR ET LIBRAIRE-COMMISSIONNAIRE
Rue Christine, 1
Et à Londres, chez DULAU et Cie, 37, Soho-Square

1852

V

EXPÉRIENCES

DE BAPAUME.

Imprimerie de Gustave GRATIOT, 11, rue de la Monnaie.

EXPÉRIENCES

DE BAPAUME.

RAPPORT

FAIT A M. LE MINISTRE DE LA GUERRE

PAR

La Commission mixte d'officiers d'artillerie et du génie, instituée le 12 juin 1847, pour étudier, sur les fortifications de Bapaume, les principes de l'exécution des brèches par le canon et par la mine.

(AVEC 28 PLANCHES.)

Ouvrage publié avec l'autorisation de M. le Ministre de la guerre, en date du 24 octobre 1850.

PARIS
LIBRAIRIE MILITAIRE, MARITIME ET POLYTECHNIQUE
DE J. CORRÉARD
LIBRAIRE-ÉDITEUR ET LIBRAIRE-COMMISSIONNAIRE
Rue Christine, 1
Et à Londres, chez DULAU et Cie, 37, Soho-Square

1852

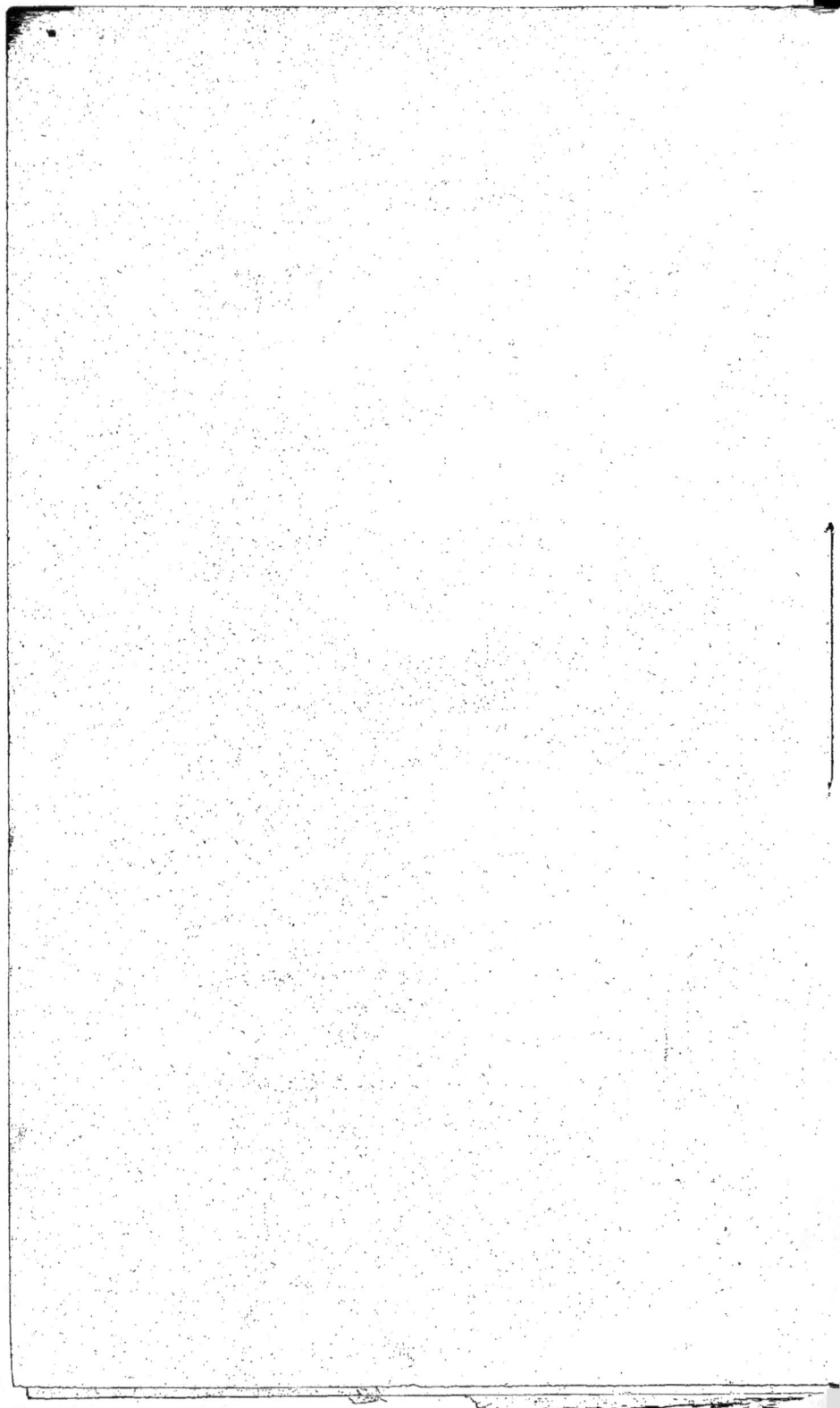

ERRATA.

Page 243, ligne 4, *ajoutez* § 41.
— 244, — 2, — § 42.
— 246, — 18, — § 46.
— 254, — 13, au lieu de en, *lisez* et.
— 255, — 6, formule 6', au lieu de $b' = \frac{t}{0,5}$, *lisez* $b' = \frac{t}{8,5}$.
— 271, — 15, au lieu de exposition, *lisez* explosion.
— 285, — 21, au lieu de $c = 1^m45\ h^3$, *lisez* $c = 1,45\ h^3$.
— 294, — 2, au lieu de 65, *lisez* 25.
— 299, — 2, au lieu de 34, *lisez* 3/4.
— 325, — 23, au lieu de 1, *lisez* 1, 1 *bis*.

AVERTISSEMENT DE L'ÉDITEUR.

L'ouvrage sera livré au prix de neuf francs à MM. les officiers de l'armée française qui en feront la demande par écrit *franco* à l'éditeur.

En envoyant un mandat de onze francs sur la poste, on recevra l'ouvrage immédiatement par cette voie.

NOTA. Les exemplaires avec les 28 planches coloriées coûteront 3 francs de plus.

Paris. — Imprimerie de G. GRATIOT, 11, rue de la Monnaie.

EXPÉRIENCES DE BAPAUME.

PREMIÈRE PARTIE :

DE

L'EXÉCUTION DES BRÈCHES

PAR LE CANON.

Plan d'ensemble des expériences de l'Artillerie et du Génie.

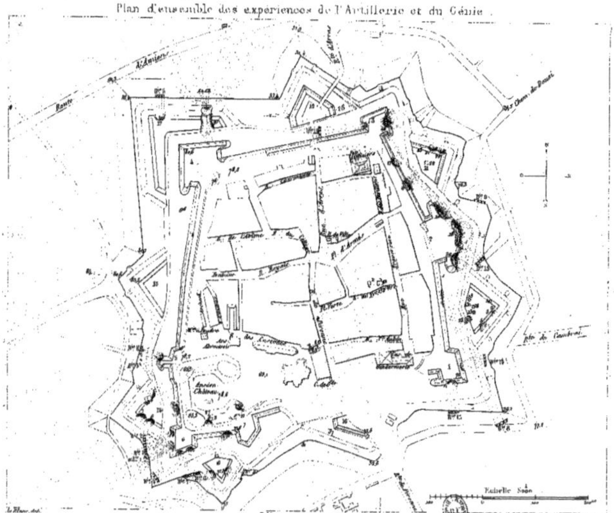

Publ. par J. Corréard, Aue Ing.

EXPÉRIENCES DE BAPAUME.

DE L'EXÉCUTION DES BRÈCHES PAR LE CANON.

Exposition des faits connus, des règles suivies jusqu'à ce jour dans l'exécution des brèches, et des motifs qui ont déterminé à entreprendre de nouvelles expériences.

Jusque dans ces derniers temps, les règles sur lesquelles reposait la théorie de l'ouverture des brèches par le canon, étaient incomplétement établies. Les anciens auteurs se sont contentés de donner des préceptes généraux et paraissent n'avoir attaché qu'une importance secondaire aux détails de la marche à suivre: les officiers, qui ont pris part aux dernières guerres, n'ont pas comblé les lacunes que l'on regrette de rencontrer dans les ouvrages de leurs devanciers.

Les règles d'après lesquelles on pouvait se diriger se réduisaient à quelques principes posés par Vauban, commentés et modifiés, en raison des circonstances, par ceux qui ont suivi ce grand homme dans la carrière. Parmi ses meilleurs interprètes, on peut citer Bousmard et Gassendi.

Dans son *Traité de l'attaque et de la défense des places* Vauban ne s'arrête pas à décrire de point en point la marche que l'on doit suivre dans l'exécution d'une brèche par le canon; mais on trouve épars çà et là dans son ouvrage des préceptes, dont la réunion ne laisse pas que de composer sur l'art de battre en brèche une instruction assez détaillée, et qui prouvent qu'il avait essayé ou entrevu beaucoup de choses, et qu'il n'avait été arrêté que par l'imperfection de l'artillerie de son temps.

Méthode de Vauban.

1. Voici divers passages du *Traité de l'attaque et de la défense des places* qui se rapportent aux batteries à établir sur le couronnement du chemin couvert, c'est-à-dire aux contre-batteries et batteries de brèche.

« Les premières en ordre doivent être les deux de 4 pièces chacune, destinées à l'ouverture de la demi-lune. On les place de part et d'autre de son angle, et quand la demi-lune est prise, on les peut changer de place, en les mettant un peu à droite et à gauche, *pour enfiler son fossé, afin de pouvoir battre en brèche les épaules des bastions.* »

« Après que les brèches sont faites, soit à la demi-lune, ou aux bastions, et bien éboulées, on tient ces batteries en leur premier état, toujours prêtes à battre le haut, jusqu'à ce qu'on en soit le maître. *On biaise même les embrasures pour agrandir davantage les brèches,* en observant que pour faire brèche avec le canon, *il faut toujours battre en sape* et le plus bas qu'on peut, mais jamais le haut, parce que cela attire des ruines aux pieds qui rompent l'effet du canon; mettre tous les coups ensemble et tirer en salve.

« Pour bien faire, il ne faut pas que la sape ait plus de 6 à 7 pieds de haut. On ne doit jamais quitter le trou qu'on bat, que l'on ne l'ait enfoncé de 8 à 10 pieds au moins.

« On peut donc dire que les batteries des demi-lunes ont trois usages :

« Le premier est celui d'ouvrir les pièces attaquées;

« Le second, de battre le haut de la brèche;

« Et le troisième, *d'ouvrir le corps de place près des orillons.*

« Les deuxièmes batteries en ordre sont celles qui s'établissent sur le haut du chemin couvert, devant les faces des bastions.

« Elles sont composées de 6, 7 à 8 pièces chacune. Leur usage est *de battre en sape le pied des bastions sur toute l'étendue des faces, pour y faire brèche.* »

Les troisièmes batteries indiquées par Vauban sont les contre-batteries, et l'on verra tout à l'heure l'emploi particulier qu'il en fait.

« On peut encore, dit-il, placer des batteries de

canon sur les places d'armes des angles rentrants, dont l'usage est de faire brèche à la courtine et de tourmenter les tenailles. Celles-ci sont rares, et ne doivent pas trop bien réussir. »

Enfin, Vauban établit le plus souvent une batterie de 3 ou 4 pièces sur le saillant du chemin couvert d'un ouvrage, qu'il appelle *batterie biaise*, et dont le but est de ruiner le saillant de l'ouvrage, en sapant obliquement ses deux faces.

Revenant ensuite sur l'exécution de la brèche à la demi-lune, il dit : « Selon que l'on embrasse l'angle des deux côtés de 4 ou 5 pièces de canon chacun, commencer les deux ensemble *par la pointe*, en tirant vers les épaules jusqu'à ce qu'on ait fait 12 ou 15 toises de brèche, bien éboulée de part et d'autre de son angle flanqué, *observant toujours de battre en sape* de 3, 4, 5 à 6 pieds près du pied des murs, au plus, et *de ne pas tirer un seul coup de ces batteries contre le haut*, mais toujours contre le bas, *en salve, ramassant tous les coups ensemble. Il ne faut pas quitter les endroits auxquels on se sera attaché, qu'on ne voye tomber la terre du derrière du revêtement :* cela marquera qu'il est entièrement coupé. »

« Cette manœuvre exécutée à la lettre, *on biaisera les pièces sur ce qui n'a pas été entamé.* »

« Le parapet suivra l'éboulement, quand le revêtement sera tombé. *Si les contre-forts ne suivent pas, il les faudra battre aussi, et y employer le canon des batteries biaisées* (les contre-batteries), *qui, peu de temps après, et quand la demi-lune sera emportée, pourront être utilement employées contre les bastions.* »

Examen de cette méthode.

2. Il résulte de ces citations :

1° Que pour faire brèche à une demi-lune, Vauban commençait par ouvrir l'escarpe en sape horizontale à une distance du fond du fossé variant entre 1 et 2,33 mètres, c'est-à-dire à une hauteur qui pouvait aller jusqu'au tiers de la hauteur totale de cette escarpe ;

2° Qu'il ouvrait la brèche par une tranchée horizontale, ou sape, et qu'il recommandait d'exécuter cette sape méthodiquement, la commençant au saillant de l'ouvrage en tirant vers les épaules, et voulant qu'on poussât à fond le point auquel on se serait d'abord attaché avant de passer à un autre ;

3° Que Vauban ne faisait point de tranchées verticales, parce que cela était inutile, lorsqu'on ouvrait la brèche sur toute l'étendue des deux faces d'un bastion. Quand cette tranchée était arrivée à la profondeur qu'il indique, le bastion sapé et en surplomb, depuis le saillant jusqu'aux épaules, devait s'affaisser tout entier par son propre poids. Il convient de remarquer que cet effet devait être d'autant plus prompt que la tranchée horizontale avait été ouverte plus bas, et que l'absence des tranchées verticales diminuait un peu l'inconvénient des brèches ouvertes à une faible hauteur au-dessus du fond du fossé, puisque les monceaux de débris qui gênent l'exécution de ces brèches se réduisaient à ceux fournis par la tranchée horizontale elle-même ;

4° Qu'il avait remarqué quelques-uns des avantages qu'offre le tir biais, pour ruiner les contreforts restés debout après la chute du revêtement ;

5° Qu'il employait ce même tir biais, dans certaines limites d'angles, contre des revêtements intacts et à des distances plus grandes que celles du tir en brèche ordinaire, puisqu'il dirige, après la prise de la demi-lune, les contre-batteries établies au saillant du chemin couvert de cette pièce contre les épaules des bastions voisins. Il place des batteries biaises aux saillants des chemins couverts, pour coopérer, avec les batteries directes, à la ruine des bastions ; il en met encore sur les places d'armes rentrantes pour battre les courtines et les tenailles ; enfin, dans son projet d'attaque d'une place fortifiée par des tours bastionnées recouvertes par des contre-gardes, après avoir fait brèche à la pointe de celles-ci par des batteries de 5 à 6 pièces de canon, assises aux saillants des chemins couverts, il veut qu'on rase, dans ces pointes de contre-gardes, un espace de 15 à 18 toises, pour donner jour à ces batteries, « afin de pouvoir battre en sape les tours le plus bas qu'il sera possible, pour les ouvrir entièrement et en pousser les ruines jusque dans le fond de leurs voûtes. »

On voit que Vauban laissait après lui, sur l'art de battre les murailles en brèche, des indications aussi complètes que pouvait le permettre l'état de l'artillerie de son temps, et qu'il pressentait tout le parti qu'on tirerait, plus tard, d'une artillerie mieux servie, quand il disait : « *Avec le canon, on fait brèche où l'on veut, quand on veut, et telle qu'on la veut.* »

Vauban ne dit nulle part combien il faut de temps et de projectiles pour ouvrir une brèche. On a cherché à apprécier l'efficacité de sa méthode, en observant, d'après Saint-Remy, qui publiait ses *Mémoires d'artillerie* au commencement du dix-huitième siècle, que dans ce temps-là on tirait 14,400 coups de canon de 24, et au moins 9,600 pour faire une brèche praticable. Mais il est juste d'observer que les brèches de Vauban embrassaient les deux faces d'un bastion, et avaient, par conséquent, un très grand développement. Les 9,600 coups de canon de 24, exigés par Saint-Remy, s'appliquent donc à des brèches quatre à cinq fois plus étendues que celles que l'on fait de nos jours, et dans lesquelles il y avait un saillant à détruire. Cela reviendrait donc, pour une brèche de 20 à 25 mètres, à 2,000 boulets de 24, nombre assurément très considérable, mais qui s'éloigne peu du nombre de projectiles que l'on consommait encore naguère pour faire brèche. Il convient d'ajouter que Vauban reconnaissait la possibilité de faire brèche avec moins de boulets, car il dit: « Il n'y a rien de plus important que le bon usage du canon dans un siége; *mais il est très rare d'en voir qui soit bien servi, et encore plus qui ajuste comme il devroit.* On s'étonne, avec raison, de l'inégalité de ses coups, et de leur peu d'effet; mais peu de gens en voyent le défaut. Il est cependant très visible, puisqu'il ne provient que de la mauvaise construction des plates-formes et de l'inégalité de la charge qu'on lui donne. »

Ce qui frappe le plus dans les dispositions que Vauban prenait pour un siége, c'est le grandiose de l'ensemble des opérations, le luxe des attaques et le nombre des brèches ouvertes. On insultait, à la fois, tout un front avec les deux faces en retour, et l'on ouvrait, par le canon, une demi-lune et deux bastions. Le développement des escarpes attaquées n'allait pas à moins de 250 mètres.

Après Louis XIV, qui aimait la guerre de siége, parce qu'elle lui permettait de prendre part aux travaux de ses armées, et qui consacra souvent une campagne à la prise d'une place; lorsque la guerre devint moins méthodique et qu'on eut moins de temps et de munitions à dépenser devant une ville, on chercha à simplifier les moyens employés par Vauban, et au lieu d'ouvrir un bastion tout entier pour le passage des colonnes d'assaut, on se réduisit à une brèche plus étroite, pratiquée entre le saillant et l'épaule de l'ouvrage, ce qui amena à limiter les brèches par des tranchées verticales.

Le travail des batteries de brèche se trouvant réduit à ces proportions, on s'explique comment certaines indications de Vauban, et notamment celles relatives au croisement des feux pour ruiner les contre-forts et à l'emploi en tir biais de certaines batteries, ont pu cesser d'être suivies et sont tombées dans l'oubli.

Méthode de Bousmard.

3. Voici la méthode recommandée par Bousmard, vers la fin du dix-huitième siècle.

« Les batteries de brèche, uniquement occupées de leur objet, commenceront par *dessiner*, en quelque sorte, par leurs boulets, sur le revêtement, la brèche qu'elles y veulent faire, en y creusant *trois fortes rainures, l'une horizontale, et aussi près du fond du fossé qu'il sera possible de tirer, et deux autres verticales, en allant des extrémités de la première au sommet du revêtement*. Cela fait, *elles continueront à tirer dans ces trois rainures, pour les approfondir et détacher* par là, du reste du revêtement, le massif qu'elles veulent abattre. Pour produire plus d'effet, par un fort ébranlement, on doit tirer en salve et non coup pour coup. »

Examen de cette méthode.

4. Ainsi, du moment que l'on cessa de battre en brèche un bastion sur toute sa partie saillante

à la fois, c'est-à-dire sur un développement qui pouvait embrasser les deux faces, et qu'on se limita à une portion de l'une de ces faces, on eut recours aux tranchées verticales; mais on n'en fit que deux. Comme on ne passe pas habituellement, d'une manière brusque, d'une méthode à une autre, il est permis de penser que, tout en se renfermant dans l'étendue d'une face, on fit encore les brèches très larges. Le poids du massif découpé étant alors très considérable, il devait suffire de deux tranchées verticales aux extrémités de la brèche, pour détacher celle-ci des deux piliers solides formés par les angles de la fortification. Sauf cette innovation des deux tranchées verticales, innovation qui était forcément déterminée par le rétrécissement des brèches, la méthode de Bousmard diffère peu de celle de Vauban. La tranchée horizontale est toujours ouverte le plus bas possible; les tranchées sont toujours approfondies jusqu'à la limite, et l'on compte toujours sur le poids du massif découpé, pour amener la chute du revêtement.

La recommandation faite par Bousmard de tirer en salve et non coup par coup, pour ébranler le massif, donne lieu de penser que le tir par coup isolé était déjà employé pour les premières opérations de l'ouverture des brèches, et que l'on tirait avec plus de précision que du temps de Vauban, qui, pour être sûr de produire un effet, voulait qu'on ramassât tous les coups sur un même point. C'était, sans doute, en tirant les pièces l'une après l'autre, qu'on dessinait les contours de la brèche.

Les guerres de la révolution, en imprimant une activité inaccoutumée et fiévreuse aux opérations militaires, en tenant les armées en campagne sans distinction de temps et de saisons, et en renfermant dans les limites du strict nécessaire le matériel des équipages de siége, durent conduire encore à simplifier les travaux de l'artillerie devant les places. Les batteries de brèche n'eurent plus, en général, que quatre canons; la largeur de la brèche fut réduite à ce qui était rigoureusement indispensable pour le passage des assaillants, à 20 ou 25 mètres, et dans la conviction qu'on irait plus vite, on multiplia le nombre des tranchées, mesure qui, du reste, pouvait se justifier par la diminution du poids du massif de la brèche.

Méthode de Gassendi.

5. Gassendi, dans son *Aide-mémoire*, décrit ainsi la méthode alors employée pour faire brèche. « Comme, pour faire brèche à un rempart, il est nécessaire de couper son revêtement vers son pied, il faut pouvoir découvrir jusque vers le pied de ce rempart. Si on ne peut le faire de l'emplacement de la batterie pris dans la sape, à cause de la profondeur du fossé ou de la largeur du chemin cou-

vert, il faut descendre dans le chemin couvert. »

« Les embrasures sont directes.... »

« Pour faire brèche, coupez le revêtement vers son pied à une toise du fond du fossé, s'il est sec, et à fleur d'eau, s'il ne l'est pas, par une ligne horizontale dans toute la longueur que doit avoir la brèche, et de distance en distance par des lignes verticales jusqu'au cordon; ébranlez ensuite, en tirant par salves, *chaque portion comprise entre deux coupures verticales*, pour la faire écrouler dans le fossé, en sapant toujours de bas en haut. »

« Pour couper la maçonnerie, donnez la plus grande vitesse initiale aux boulets; celle de 1,500 à 1,600 pieds par seconde leur convient. »

« Pour ébranler et faire écrouler les portions de maçonnerie coupées, la vitesse initiale de 1,000 à 1,200 pieds sera préférable. »

« La brèche doit avoir un tiers de la longueur de la face, à commencer de son milieu vers l'angle flanqué. »

« Dès que l'éboulement est fait, qu'il ne paraît plus de mur et que le parapet est effacé, la brèche est parfaite, si on a suivi la pratique qu'on vient de prescrire; continuer de tirer n'en rendra pas le talus plus doux. »

« Si la brèche est trop escarpée, parce qu'on a commencé la coupure horizontale trop haut, le canon ne pourra point la rendre plus praticable. »

« Quatre pièces de 24, du logement du chemin couvert, font brèche en quatre ou cinq jours, et la brèche est praticable trois jours après. »

Examen de cette méthode.

6. Bousmard s'était contenté de recommander de placer la tranchée horizontale le plus bas possible. Gassendi ne paraît pas admettre qu'on puisse, avec chance de réussir la brèche, placer cette tranchée plus haut que 2 mètres, ce qui équivaut au plus au quart ou au cinquième de la hauteur totale des escarpes moyennes de corps de place. En ceci, Gassendi aurait pris pour une règle absolue ce que Vauban n'entend que de la hauteur à donner aux sapes horizontales, en général.

La méthode de Gassendi diffère encore de celle de Bousmard par la prescription d'ouvrir des tranchées verticales intermédiaires, ce qui ne paraît pas avoir été fait avant les guerres de la révolution, et cette prescription, comme on l'a déjà dit, pouvait découler logiquement de la diminution de la largeur des brèches.

Gassendi, le premier, donne une règle à suivre pour l'exécution du tir, en indiquant de donner aux projectiles des vitesses de 1,500 à 1,600 pieds pour l'ouverture des tranchées, et des vitesses de 1,000 à 1,200 pieds pour l'ébranlement des massifs, vitesses qui correspondent à la charge de la moitié de poids du boulet dans le premier cas, et à celle du quart dans le second.

Du reste, aucune indication sur la manière de conduire les tranchées, aucune observation sur les effets produits par les projectiles dans les maçonneries, aucun précepte pour l'espacement le plus convenable à donner, par suite de ces effets, aux boulets et aux tranchées verticales, aucune règle pour ruiner, après la chute du revêtement, les débris de maçonnerie restés debout, abattre les contreforts et saper les terres, aucune prescription pour limiter l'inclinaison du tir, soit dans le sens vertical, soit dans le sens horizontal.

On ne peut donc rigoureusement apprécier l'efficacité de cette méthode, qui a été suivie jusqu'à nos jours, que par ses résultats connus. Or, d'après Gassendi lui-même, il fallait, il y a quarante ans, à une batterie de brèche, établie dans le couronnement du chemin couvert et armée de 4 canons de 24, quatre ou cinq jours pour ouvrir la brèche et trois autres jours pour la terminer, ce qui suppose au moins 1,500 coups de canon.

La brèche faite en 1832 au siége de la citadelle d'Anvers fut exécutée d'après les principes recommandés par Gassendi. L'ordre du jour du 20 décembre contient les prescriptions suivantes :

« Effets à produire. On cherchera d'abord à couper le revêtement vers son pied, à fleur d'eau, horizontalement dans toute la largeur de la brèche.

À cet effet, chaque pièce tirera dans toute l'étendue de son embrasure, s'efforçant de rejoindre les traces des deux pièces voisines. Les deux pièces extrêmes étendront d'abord leur tir vers l'intérieur de la brèche.

« Au-dessus de cette section horizontale, on fera des coupures verticales de distance en distance jusqu'au cordon; chaque pièce peut tirer dans le plan de sa directrice pour obtenir ce second résultat.

« On ébranlera ensuite, en tirant par salves, chaque portion comprise entre deux coupures, pour la faire écrouler dans le fossé, en sapant toujours de bas en haut.....

« Pour commencer à couper le revêtement, il faut 6 kilogrammes, pour finir la brèche 3k50 et 2 kilogrammes. »

Cette batterie de brèche était armée de 6 canons de 24, et le mur de la face gauche du bastion 2, dans lequel elle devait ouvrir une brèche de 25 à 30 mètres de largeur, était entièrement construit en briques. Ce mur d'escarpe avait 1m 30 d'épaisseur au sommet et un peu plus de 2 mètres à la base. Sa hauteur était de 9 mètres environ. Les contre-forts, espacés de 4 mètres d'axe en axe, avaient 2 mètres d'épaisseur. La terre du parapet était forte et susceptible de se tenir escarpée. Les premiers boulets traversaient le mur de part en part. La distance du tir était de 50 mètres.

La hauteur de la tranchée horizontale était à 2m50 au-dessus du fond du fossé, un mètre au-dessus du niveau des eaux.

Cette brèche, qui ne fut pas entièrement terminée, puisque la citadelle capitula avant qu'elle fût complétement praticable pour une colonne d'assaut, exigea l'emploi de 17 heures et demie de tir et de 1,197 boulets de 24, dont 300 tirés à la charge de 6 kilogrammes de poudre et le reste à la charge de 4 kilogrammes.

Résumé de ces trois méthodes.

7. En résumant les indications fournies par Vauban, Bousmard et Gassendi, on voit que depuis le temps où l'attaque des places a été régularisée, l'art de faire brèche avec le canon dans les escarpes revêtues a eu trois époques principales, que l'on peut caractériser ainsi :

Première époque. — Brèche sur toute l'étendue des deux faces d'un bastion ; pas de tranchées verticales ; on y emploie toutes les batteries directes ou biaises, rapprochées ou éloignées, qui peuvent voir l'ouvrage attaqué.

Seconde époque. — Brèche renfermée dans l'étendue d'une seule face d'un bastion ; deux tranchées verticales aux extrémités ; on y emploie le nombre de canons qui peut trouver place sur la crête du chemin couvert.

Troisième époque. — Brèche réduite à 20 ou 30 mètres de largeur sur une face de bastion ; tranchées verticales intermédiaires; on y emploie une seule batterie directe armée ordinairement de 4 à 6 canons.

Une observation heureuse est venue dans ces derniers temps ouvrir une quatrième époque.

Méthode de M. Piobert.

8. La mesure des excavations formées dans les maçonneries par les boulets de 24 et de 16, et des effets de désagrégation qui ont lieu autour du vide qu'ils produisent dans la maçonnerie, donnait lieu de penser que si, dans la formation d'une tranchée de brèche, au lieu de diriger les pièces dans un ordre indéterminé, on disposait les coups de canon de manière que chacun d'eux produisît tout son effet, il devait être possible d'exécuter cette tranchée avec un nombre de boulets moindre que celui qu'exigeait la marche ordinairement suivie. Le capitaine Piobert en avait conclu que le mode de tir employé jusqu'ici pouvait bien ne pas être le plus avantageux.

Il résultait, en effet, de l'observation, que la section méridienne de l'excavation produite par un boulet animé d'une grande vitesse, dans une maçonnerie de bonne qualité, est d'environ un sixième de mètre carré pour le calibre de 16 et d'un cinquième pour le calibre de 24, de sorte qu'une tranchée de 20 mètres de longueur, dans un revêtement de 2m40 d'épaisseur, ou de 48 mètres carrés de section, doit pouvoir être formée par 288 boulets de 16 ou 240 boulets de 24.

9. M. Piobert, alors professeur du cours d'artillerie à l'école d'application de Metz, avait déduit théoriquement de ces considérations, et pour l'enseignement des élèves, une méthode de formation des tranchées, dont on résume ici les règles principales.

Le raisonnement, ainsi que l'expérience, avait d'abord conduit à reconnaître que l'on ne devait pas toujours chercher à ouvrir la tranchée horizontale le plus bas possible, parce que indépendamment des difficultés que cette méthode présente souvent dans la pratique, la tranchée est promptement obstruée par les débris qui s'amoncellent au pied du mur, et l'on avait constaté que la hauteur du tiers, comptée à partir du pied de l'escarpe, était celle que l'on devait généralement préférer. Le calcul indiquait même que l'on pouvait encore compter sur le succès, en ouvrant cette tranchée horizontale à la moitié de la hauteur de l'escarpe.

« La hauteur à laquelle doit être ouverte la tranchée horizontale étant déterminée, il faut tirer sur cette tranchée, d'abord des coups isolés, distants les uns des autres de 5 à 8 diamètres de boulets, afin que toute la portion de maçonnerie comprise entre deux excavations voisines en soit assez rapprochée pour avoir été ébranlée par un de ces coups ; puis diriger de nouveaux coups sur les parties intermédiaires qui, ne possédant plus leur résistance primitive, se laisseront pénétrer plus profondément. La tranchée étant bien ouverte sur toute sa longueur, on devra diriger les coups toujours sur les parties les plus saillantes qui, n'étant point appuyées, offrent moins de résistance aux boulets, et dont les éclats, rejaillissant en arrière, obstruent moins la brèche. On continuera de la même manière jusqu'à ce qu'on ait percé le revêtement en différents points de la tranchée. On procédera suivant les mêmes règles pour les tranchées verticales, en commençant par leur partie inférieure à partir de la tranchée horizontale, mais en montant d'abord lentement, tant que la partie inférieure de la muraille n'est pas entièrement coupée, afin que les débris qui proviennent des parties supérieures ne la masquent point avant qu'on ait fini de tirer sur cette partie. »

Efficacité de cette méthode confirmée par l'expérience.

10. L'efficacité de cette méthode a été confirmée par l'expérience en 1834. La *Commission des principes du tir* ayant pu profiter de la démolition d'une partie de l'ouvrage à cornes de l'ancienne citadelle de Metz, a exécuté dans la branche gauche

de cet ouvrage, et en suivant les règles qui viennent d'être énoncées, deux brèches complètes, l'une avec 4 canons de 24, et l'autre avec 4 canons de 16, tirant les uns et les autres à la charge de la moitié du poids du boulet.

Résultats de l'expérience faite à Metz, en 1834, sur deux brèches.

11. Dans ces expériences :

Pour ouvrir une tranchée horizontale de 21 à 22 mètres de longueur, dans un revêtement en bonne maçonnerie de mushelkalk et calcaire à gryphites et de mortier hydraulique, avec parement en calcaire oolithique, de 6 mètres de hauteur sur 2^{m}20 d'épaisseur au niveau de la tranchée, il avait suffi de 153 coups de canon de 24 ou de 212 coups de canon de 16, tirés à la charge de la moitié des poids des boulets.

Pour ouvrir quatre tranchées verticales de 4 mètres de longueur chacune et d'une profondeur moyenne de 1^{m}80, il avait fallu 42 coups de canon de 24 ou 58 coups de 16, tirés à la même charge de la moitié.

Et pour obtenir les renversements des escarpes dans des brèches de 22 mètres de largeur, on avait employé 195 boulets et 4 heures 4 minutes avec le calibre de 24 et 270 boulets et 5 heures 37 minutes avec le calibre de 16, ce qui revient sensiblement à 100 kilogrammes de projectiles et 50 kilogrammes de poudre par mètre courant de brèche pour l'un et l'autre calibre, d'où résultait, pour des maçonneries du genre de celles de Metz, qu'il est indifférent, sous le rapport de la dépense, d'employer l'un ou l'autre.

Quant à la durée de l'opération pour les deux calibres, elle était à peu près en raison inverse des poids des boulets, ce qui constituait un avantage important en faveur du calibre de 24.

Les contre-forts avaient d'ailleurs été abattus, et les brèches rendues praticables par 38 coups de 24 d'une part et par 26 coups de 16 de l'autre.

Les prévisions sur lesquelles avait été basée la nouvelle méthode de faire brèche étaient donc complétement confirmées pour le cas des maçonneries de Metz, ou de maçonneries de même nature.

Recherches sur le tir oblique.

12. Indépendamment de ces études sur l'exécution des brèches ordinaires, la Commission de l'établissement des principes du tir avait fait des expériences nombreuses sur les effets de pénétration et d'ébranlement des projectiles de tous les calibres dans des matériaux de diverses natures, et avait dirigé quelques recherches pour reconnaître les limites d'obliquité où le tir en brèche cesse d'être praticable à cause du ricochet. Des essais sur l'exécution des tranchées par un tir oblique de

20 à 30 degrés dans le plan horizontal furent tentés sur les piles du pont de la citadelle de Metz; mais les maçonneries sur lesquelles on opérait ne se trouvant pas dans des conditions entièrement comparables avec celles des escarpes de fortification, il n'y avait point lieu de chercher à faire une expérience complète. On reconnut seulement que sous l'inclinaison de 20 à 30 degrés les boulets avaient encore de la prise sur de bonnes maçonneries, et que, par conséquent, il y avait possibilité d'exécuter une brèche dans cette condition.

Depuis l'année 1834, pendant laquelle furent faites ces expériences, l'artillerie avait eu deux occasions de mettre en pratique quelques-uns des nouveaux principes du tir en brèche.

Brèche faite, en 1837, au siége de Constantine.

13. Dans la première, au siége de Constantine, en 1837, elle avait ouvert, d'abord à 550 mètres, puis à 150, avec 3 pièces de 24 et une pièce de 16, tirant à la charge du tiers des poids des boulets, une brèche praticable dans un mur composé de blocs en pierre calcaire dure équarris et présentant de 60 à 65 centimètres de côté. Ce mur n'était point terrassé, mais il était adossé à d'anciennes constructions romaines très résistantes et d'une épaisseur supérieure à la limite de la pénétration des boulets. Les conditions extraordinaires dans

lesquelles cette opération avait dû avoir lieu la placent en dehors de toute théorie générale sur l'exécution des brèches. Cependant elle avait conduit à deux observations importantes.

Il avait été reconnu d'abord que, dans des matériaux très durs, le calibre de 24 avait un avantage très notable sur celui de 16 et que, par conséquent, il n'était point indifférent dans ce cas, comme on l'avait trouvé pour les escarpes de Metz, d'employer l'un ou l'autre calibre. Enfin, il restait démontré que, même pour une construction d'une résistance extraordinaire, même pour une distance de tir beaucoup plus considérable que celle des batteries de brèche dirigées contre des fortifications régulières et régulièrement attaquées, la charge du tiers du poids du boulet était suffisante.

Brèche faite, en 1844, au simulacre de siége de Metz.

14. La seconde occasion fut fournie à l'artillerie, en 1844, au simulacre de siége de Metz. Une brèche de 16 mètres de largeur, exécutée dans la face gauche de la demi-lune de Chambières, en suivant les principes établis par la Commission de 1834, reproduisit les circonstances observées dans les premières expériences et conduisit aux mêmes conclusions. Le revêtement était tombé après 142 coups de canon de 24, tirés à la charge de la moitié du poids du boulet. La maçonnerie de la

demi-lune de Chambières était composée des mêmes matériaux que celle de l'ouvrage à cornes de la citadelle, mais elle était en moins bon état.

Ces divers résultats, ceux obtenus par la Commission des principes du tir et ceux de la brèche faite au simulacre de siége de Metz qui les vérifiaient, ainsi que les conséquences que l'on pouvait déduire de l'exécution de la brèche de Constantine, étaient très importants, mais, tout en résolvant certaines questions, ils en faisaient naître de nouvelles.

15. Déjà, et dès le début de son premier rapport, la Commission de l'établissement des principes du tir faisait pressentir quelle devait être la conséquence d'une première série de recherches sur cette matière. Elle s'exprimait, en effet, ainsi : « Ces ex« périences ont excité vivement l'attention de tous « les officiers de l'arme ; elles forment un travail « à part et peuvent être considérées comme com« plètes, quant aux pénétrations des projectiles « dans les maçonneries de même espèce que celles « des fortifications de Metz, et c'est ce qui a dé« cidé la Commission à en faire l'objet d'un rapport « spécial, *tout en espérant qu'il pourra se présenter de « nouvelles occasions d'éclairer des questions, que le dé« faut d'étendue de muraille à démolir ne lui a pas « permis de résoudre aussi complétement qu'elle l'au« rait voulu.* »

Les trois brèches exécutées à Metz avaient fourni des renseignements complets sur la marche à suivre dans des revêtements de la nature de ceux de cette place, c'est-à-dire, composés de mushelkalk, avec parement de calcaire oolithique dur et de mortier hydraulique, et adossés à des terres sablonneuses et légères dont la poussée est assez considérable, et avaient permis de formuler cette marche en lois, pour ainsi dire, mathématiques; mais ces lois seraient-elles encore vraies pour des fortifications composées d'autres matériaux ?

L'expérience de Constantine avait indiqué une différence dans les effets des calibres de 16 et de 24 : il devenait donc nécessaire de rechercher si les règles établies à Metz pourraient être généralisées et de quelle manière elles pourraient l'être. Il fallait pour cela faire de nouveaux essais sur d'autres matériaux, reconnaître les effets de pénétration et d'ébranlement produits par les projectiles dans ces matériaux, en déduire la marche à suivre dans la formation des tranchées et constater les quantités de boulets qu'exigerait le renversement de ces maçonneries.

Un problème analogue se présentait à résoudre pour la destruction de parapets formés de terres plus compactes que celles de Metz.

A la suite de cette question essentielle dépendant de la nature des constructions, venait celle de leur forme; et ici il y avait lieu d'examiner l'influence, sur l'exécution des brèches, du profil des escarpes, sous les divers rapports de leur hauteur, de leur épaisseur, de leurs talus extérieur et intérieur, du nombre et de la force des contre-forts, en ayant aussi égard aux voûtes en décharge, aux casemates et autres massifs de maçonnerie rattachés solidairement aux revêtements des fortifications, et qui, après avoir été abandonnés pendant quelque temps, sont remis aujourd'hui en usage, surtout en Allemagne.

La hauteur à laquelle on doit ouvrir la tranchée horizontale, dans les diverses circonstances qui peuvent se présenter, était aussi une question très intéressante à étudier. On a vu que les anciens artilleurs conseillaient de la former le plus près possible du pied de l'escarpe et, dans tous les cas, de ne point dépasser une hauteur de 2 mètres. Cette disposition ne serait pas toujours réalisable, car dans les places bien fortifiées on n'aperçoit point de la crête du chemin couvert, emplacement le plus ordinaire des batteries de brèche, le pied de l'escarpe opposée et même les deux premiers mètres de la maçonnerie. Cette méthode présente, d'ailleurs, cet inconvénient grave, que les débris de maçonnerie qui s'accumulent au pied du mur atteindront d'autant plus vite le niveau de la tranchée horizontale que celle-ci sera plus basse, et en amortissant le choc des boulets destinés à la brèche, nuiront à l'effet des projectiles et à l'avancement de l'opération. La Commission de Metz, en considérant le profit général des fortifications, et en partant de ce principe que, pour faire une brèche praticable, il suffit que la surface de la brèche forme une rampe continue à talus d'éboulement, ordinairement de 35 degrés environ, et que la maçonnerie écroulée soit bien recouverte par la terre descendue du parapet, était arrivée à conclure que la tranchée horizontale devait être ouverte à une hauteur au-dessus du fond du fossé égale à l'épaisseur présumée du revêtement vers ce point, ce qui, pour la plupart des cas de la pratique, revient à commencer la brèche au tiers de la hauteur totale de l'escarpe, compté à partir du pied du mur. L'exactitude de cette évaluation a été confirmée par les expériences de Metz, et ce mode a l'avantage d'être applicable à la plupart des fortifications. Cependant, il en est, et surtout celles dont les fossés sont profonds et les contrescarpes revêtues, où le feu des pièces placées dans les batteries de brèche ne peut point descendre jusqu'à cette hauteur du tiers. Il était donc utile de chercher si l'on pouvait, avec chance de faire une brèche praticable, ouvrir la tranchée horizontale plus haut que le tiers de la hauteur totale de l'escarpe, et de déterminer la limite de hauteur où cesse la certitude du succès.

Quant aux tranchées verticales, on était complétement éclairé sur leur mode de formation, mais il n'en était pas de même quant à leur nombre. La Commission de Metz, opérant sur des maçonneries qui présentaient une grande cohésion et craignant que la chute de l'escarpe en un seul bloc rendît la brèche peu praticable, avait jugé prudent de découper le revêtement en plusieurs morceaux et avait conclu avec Gassendi que, généralement, on doit ouvrir autant de tranchées verticales qu'il y a de pièces dans la batterie de brèche. Cependant l'opinion de Bousmard, qui n'indique que deux tranchées verticales aux extrémités de la brèche, ne pouvait être négligée et donnait lieu de penser que, dans certains cas, à cause de la nature des matériaux, de leur poids et de leur cohésion, il pouvait y avoir avantage à diminuer le nombre des tranchées verticales, et même à le réduire à deux.

Venait ensuite la question de l'efficacité relative des calibres de 24 et de 16 et du choix à faire entre eux dans les diverses circonstances qui peuvent se présenter. A Metz, les deux calibres de siége avaient produit des effets à peu près égaux pour un même poids de fonte consommée. Mais à Constantine, le calibre de 16 avait eu une infériorité marquée sur des maçonneries d'une résistance que l'on peut considérer, il est vrai, comme un maximum. Cependant la différence observée à Constantine demandait que les résultats de Metz fussent vérifiés, et, dans le cas où l'infériorité du 16 serait de nouveau constatée, il devenait utile de déterminer la limite de résistance des matériaux pour laquelle le calibre de 16 cesse de suffire et où il faut avoir recours au 24, ou même à un calibre plus fort.

Aujourd'hui que le succès à la guerre dépend, en grande partie, du plus ou moins de mobilité des éléments des armées, en considérant combien il est difficile, dans beaucoup de cas, de faire suivre au matériel de siége les rapides mouvements des troupes, il était de la plus haute importance de reconnaître de quelle valeur peut être, contre un ouvrage de fortification permanente, une batterie de campagne de 12 accompagnée de son approvisionnement réglementaire. L'occasion de battre en brèche avec des pièces de bataille s'est présentée assez fréquemment dans les dernières guerres, mais on ne croit point que cela ait jamais eu lieu sur des fortifications régulières du système moderne, et, dans tous les cas, on ignore et les principes d'après lesquels le tir a été dirigé, et la grandeur des résultats obtenus, comparativement à ceux qu'eût produits l'emploi des calibres de siége.

La détermination de la charge de poudre à employer dans les différents cas demeurait incertaine. A Metz dans des maçonneries excellentes, mais analogues à celles de beaucoup de places, on n'avait employé que la charge de la moitié du poids du boulet, en tirant à des distances très courtes. A Constantine, sur des constructions beaucoup plus résistantes, la charge du tiers avait suffi, même à la distance de 550 mètres, pour produire de grands effets. Cette question des charges, si importante pour le matériel de l'artillerie, était ainsi tout entière à étudier.

Celle des distances auxquelles on peut, quand la configuration du terrain le permet, établir les batteries de brèche, était plus avancée. Outre l'exemple récent de Constantine, les siéges des dernières guerres ont légué de nombreux témoignages de l'efficacité encore très grande de nos calibres de siége contre des murailles éloignées. Il était toutefois intéressant de s'assurer si les principes nouveaux de la formation des tranchées pouvaient encore être suivis avec avantage, quand la distance de la batterie au rempart est assez grande pour qu'on ne puisse pas distinguer les excavations formées par les boulets, ou que les déviations moyennes des projectiles dépassent la moitié de l'écartement des trous.

On a vu qu'indépendamment de l'exécution complète de deux brèches directes, on avait fait à Metz, en 1834, des essais sur la formation des tranchées par un tir oblique, et qu'on avait reconnu la possibilité de faire brèche sous un angle de 20 à 30 degrés mesuré dans le plan horizontal. Cette expérience n'avait pas pu avoir de résultats plus précis, faute d'un pan d'escarpe à abattre, mais elle ouvrait de nouvelles perspectives pour l'avenir et laissait entrevoir, dans le cas où l'efficacité de ce tir serait démontrée, de nouveaux moyens d'attaquer les places fortes, en augmentant considérablement, et au-delà de toutes les prévisions des ingénieurs, les limites du choix du terrain sur lequel on peut asseoir une batterie de brèche.

Résumé des questions à étudier, quand une occasion de le faire se présenterait.

16. Ainsi, en résumé, après les expériences de Metz et par suite de l'impulsion donnée aux idées par l'importance des premiers résultats obtenus, il y avait lieu :

1° De répéter sur des matériaux autres que ceux employés dans les fortifications de Metz, l'essai du nouveau mode de formation des tranchées de brèche, dont l'efficacité n'était garantie que pour une nature déterminée de matériaux ;

2° De rechercher qu'elle est l'influence sur l'exécution des brèches, des dimensions du profil de la fortification, des voûtes, casemates et autres constructions reliées aux escarpes;

3° De déterminer la limite de la hauteur où l'on peut encore ouvrir la tranchée horizontale avec chance d'obtenir une brèche praticable ;

4° De régler le nombre des tranchées verticales et de définir les cas où il peut être nécessaire de faire des tranchées verticales intermédiaires;

5° De constater de nouveaux faits sur l'efficacité relative des calibres de 24 et de 16;

6° D'essayer s'il est possible de faire brèche à la

fortification permanente avec une batterie de 12 de campagne;

7° De comparer, pour les calibres de siége, les effets des charges de poudre égales à la moitié et au tiers des poids des boulets;

8° D'examiner quelle est l'influence de la distance de la batterie au rempart sur l'exécution des brèches;

9° De compléter les essais faits à Metz sur le tir oblique et de rechercher la limite d'obliquité où la brèche devient inexécutable par suite du ricochet des projectiles.

Telles étaient les questions principales dont la solution était désirée, et qui avaient fait penser à utiliser à l'avenir les démolitions de fortification qui pourraient se présenter, comme on avait utilisé en 1834 la démolition de la moitié des deux branches de l'ouvrage à cornes de la citadelle de Metz.

Cette occasion fournie par le déclassement de plusieurs petites places.

17. Le déclassement de plusieurs petites places de la frontière du Nord, devenues inutiles depuis l'adoption d'un nouveau système général de défense, entraînait le démantèlement de leurs fortifications et fournissait une occasion qui ne pouvait point être négligée, car elle offrait un magnifique champ d'épreuves aux armes de l'artillerie et du génie, qui avaient à résoudre des questions du plus haut intérêt pour le progrès de la science militaire.

Compte rendu de l'établissement du programme des nouvelles expériences et de l'exécution de ces expériences.

18. Le comité de l'artillerie et le comité des fortifications avaient fait étudier un programme d'expériences à exécuter en commun, et qui devait transformer la démolition pure et simple des deux fronts des fortifications de la ville de Bapaume, que l'État s'était réservés, en une étude raisonnée de l'art de faire brèche par le canon et par la mine.

Formation d'une commission mixte d'officiers d'artillerie et du génie pour étudier, sur les fortifications de Bapaume, les principes de l'exécution des brèches par le canon et par la mine.

Une décision ministérielle du 12 juin 1847 institua, sous la présidence de M. le duc de MONTPENSIER, pour établir le programme définitif et pour diriger l'exécution des expériences, une commission mixte d'officiers de l'artillerie et du génie ainsi composée :

POUR L'ARTILLERIE.	POUR LE GÉNIE.
PIOBERT, colonel.	**DE CASSIÈRES**, colonel.
MORIN, lieutenant-colonel.	**DE CHABAUD-LATOUR**, colonel.
PERIN, chef d'escadron.	**REVEL**, chef de bataillon.
DIDION, chef d'escadron.	**TRŒTSCHLER**, chef de bataillon.
JOLY-FRIGOLA, capitaine en 1er.	**MAZUEL**, capitaine en 1er.
BOUTTIER, lieutenant en 1er.	**GEAY**, lieutenant en 1er.
SUSANE, capitaine en 1er. Rapporteur.	**LEBLANC**, chef de bataillon. Rapporteur.

Pendant que cette Commission s'occupait de la rédaction de son programme et prenait les dispositions nécessaires à l'ouverture des travaux, le conseil municipal de la ville de Bapaume offrit de mettre à sa disposition toute la partie des fortifications dont cession avait été faite par l'État à la ville. L'acceptation de cette offre ayant été approuvée par M. le ministre de la guerre, le champ des expériences se trouva considérablement agrandi, et la Commission a pu se livrer à des recherches plus étendues qu'elle ne l'avait d'abord espéré.

Description des fortifications de Bapaume. (Plan d'ensemble.)

19. Les fortifications de Bapaume se composaient d'un château, d'un corps de place et de dehors.

Château.

Le château, placé dans l'angle sud-ouest du corps de place, était tellement dégradé qu'on en reconnaissait à peine le tracé. Ses débris ne présentaient plus que quelques gros massifs de terre disposés rectangulairement et quelques portions de passages voûtés et de galeries.

Corps de place.

Le corps de place avait à peu près la forme d'un quadrilatère d'environ 2,700 mètres de périmètre, dont le plus grand côté était tourné vers le sud. Son développement comprenait sept fronts irréguliers, dont six étaient placés deux à deux sur trois des côtés du quadrilatère. Le quatrième côté, celui du nord, était d'un seul front. Le revêtement du corps de place était en bon état de conservation, et quoiqu'il eût cessé depuis longtemps d'être entretenu, et qu'il fût envahi dans le haut par les plantes pariétaires et par les racines de nombreux buissons d'ormes, il ne présentait cependant aucune lézarde. Quelques portions du parement seulement étaient soufflées, d'autres étaient tombées, surtout sur les faces exposées aux vents de pluie.

Une galerie d'escarpe circulait autour d'une grande partie du corps de place à la hauteur du fond du fossé, et plusieurs bastions renfermaient des constructions voûtées qui, sur quelques points, plaçaient leurs revêtements dans des conditions offrant de l'analogie avec celles des murs soutenus par des voûtes en décharge. Le bastion 3 avait une casemate double sur chacun de ses flancs. Partout où il n'y avait point de voûtes immédiatement appuyées au revêtement, celui-ci était soutenu par des contre-forts. Cinq bastions sur sept avaient leurs flancs recouverts par des orillons.

Dehors.

Les dehors de la place consistaient en sept demi-lunes revêtues, une sur chaque front, en une contregarde, également revêtue, sur le bastion 4, en fossés secs et profonds, mais dont les contrescarpes n'étaient point revêtues, et en chemins couverts et glacis.

Les demi-lunes ne couvraient pas toutes complétement les courtines, et il n'y avait dans le fossé ni tenailles, ni caponnières. Les chemins couverts envahis par la culture étaient presque entièrement effacés. Les demi-lunes et la contre-garde, également livrées à la culture, avaient des revêtements en moins bon état que ceux du corps de place.

Tracé et construction de ces fortifications.

On ignore l'époque précise de la construction des fortifications de Bapaume. Suivant un mémoire conservé dans les archives de la place, l'enceinte aurait été commencée en 1521, sous la domination des Espagnols. En 1641, lors de la prise de Bapaume par les Français, le tracé du corps de place était exactement le même que celui qu'on voit encore aujourd'hui, mais il y avait alors un petit ouvrage à cornes au saillant du bastion 1 et la contre-garde n'existait point. Au reste, on trouvait dans cette place des traces de tous les systèmes employés depuis l'adoption des fortifications rasantes jusqu'à Vauban. Les parties les plus anciennes étaient celles qui entouraient le château.

Comme dans la plupart des villes fortes du Nord, les escarpes de Bapaume étaient formées d'un mur épais en moellons bruts de calcaire tendre, recouvert d'un parement en briques, de 0^{m} 50 d'épaisseur moyenne, destiné à mettre le moellon à l'abri des effets de la gelée. Dans quelques endroits, des assises de trois à quatre briques traversaient entièrement le massif du mur. Le soubassement, sur une hauteur de deux mètres, était formé de carreaux de grès. Le cordon et les saillants étaient en pierres de taille.

Nature des matériaux employés.

Le calcaire de Bapaume est de la craie blanche renfermant quelques rares rognons de silex pyromaque. Le mortier, de couleur grise, formé de chaux grasse et d'une arène légèrement hydraulique, avait acquis une consistance beaucoup plus grande que celle des moellons. La brique, rouge, parfaitement cuite et quelquefois même vitrifiée, est excellente. La terre du terre-plein et des parapets est argilo-sableuse, ocreuse, propre à la fabrication des briques, sans mélange de pierres, et très forte. Au saillant 4, elle est argileuse et contient des silex.

Profils.

Le profil des escarpes du corps de place était assez variable. Il offrait, en général, la disposition suivante que l'on retrouve dans les places espagnoles de cette époque. La face postérieure du mur avait une inclinaison d'un dixième de dedans en dehors, et, au lieu de présenter un seul plan, se composait, dans le dernier quart de sa hauteur, de plusieurs plans en retraite les uns sur les autres. Il résultait de là que l'épaisseur du revêtement, qui était de 4 mètres et plus vers la base, se trouvait quelquefois réduit à 50 ou 60 centimètres vers le sommet.

La face extérieure des escarpes était généralement inclinée au sixième dans les bastions et au cinquième dans les courtines et les ouvrages extérieurs. La hauteur totale du revêtement variait de 10 à 14 mètres pour le corps de place, et pour les dehors de 7 à 9 mètres. La hauteur des parapets, entre le cordon et la crête intérieure, était, en général, de 2^m 20. Sur quelques points les parapets étaient presque complétement effacés.

Les contre-forts, espacés de 5^m d'axe en axe, avaient à peu près la même épaisseur à la racine et à la queue. Ceux du corps de place avaient environ 3^m de queue et 1^m 50 d'épaisseur. Ceux des dehors n'avaient que 2^m de queue et 1^m 10 d'épaisseur.

Ainsi, les fortifications de Bapaume offraient aux expériences de la Commission non-seulement un champ très étendu, mais des circonstances variées sous le rapport du tracé des ouvrages, des dimensions des profils, de leurs formes, et des massifs de maçonnerie reliés aux escarpes. L'absence de tenailles en avant des courtines donnait toutes facilités pour les essais de tir oblique. Enfin, on avait ici une maçonnerie différente de celle de Metz et très intéressante à étudier, puisque les matériaux qui la composaient se retrouvent dans presque toutes les places des Flandres, et, en général, de tous les pays où manque la pierre de bonne qualité.

Nombre des batteries de brèche exécutées.

20. Pour étudier aussi complétement que possible les diverses questions qui ont été résumées plus haut et celles qui se sont présentées pendant le cours des expériences, la Commission a été successivement conduite à construire quinze batteries de brèche.

But et emplacement de chacune d'elles. (Plan d'ensemble.)

21. Le but spécial de chacune d'elles et son emplacement ont été ainsi définitivement fixés.

Quatre batteries de brèche ordinaires ont été construites sur la crête du chemin couvert du bastion 6, pour battre directement les deux faces de ce bastion. Les deux batteries dirigées contre la face droite étaient armées chacune de quatre canons de 24; la première devait tirer à la charge de la moitié du poids du boulet et la seconde à la charge du tiers. Les deux batteries dirigées contre la face gauche étaient armées chacune de quatre canons de 16, et devaient également tirer l'une à la charge de la moitié du poids du boulet, l'autre à celle du tiers.

Ces quatre batteries, placées dans des conditions aussi identiques que possible, avaient pour objet de fournir des résultats concluants sur l'efficacité relative des calibres de 24 et de 16, et des charges de poudre égales à la moitié et au tiers des poids des projectiles, et de vérifier, sur une nouvelle espèce de maçonnerie, la justesse des principes du tir en brèche déduits des expériences de Metz, sous les divers rapports de la hauteur à laquelle il convient d'ouvrir la tranchée horizontale, du meilleur emploi des boulets, et du nombre des tranchées verticales.

Une de ces batteries fut, en outre, destinée à constater les effets résultant pour elle du déblayement de la brèche par la mine, et à rendre la brèche de nouveau praticable après l'explosion du fourneau.

Deux autres batteries directes, également placées dans le couronnement du chemin couvert, furent consacrées à l'étude de l'influence de la hauteur des escarpes sur l'exécution des brèches.

Une de ces batteries, armée de quatre canons de 16 tirant à la charge du tiers, fut construite sur la crête du chemin couvert de la demi-lune 15 pour battre sa face gauche, dont l'escarpe n'avait que 7^m 40 de hauteur.

La seconde, armée également de quatre canons de 16 tirant à la charge du tiers, fut établie sur la crête du chemin couvert du bastion 5, pour battre sa face droite, dont l'escarpe avait 14^m 20, c'est-à-dire une hauteur à peu près double de celle de l'escarpe de la demi-lune 15, avec laquelle elle était en comparaison. On profita de cette hauteur extraordinaire, qui rassurait contre l'éventualité des coups montants, pour faire l'essai du tir en brèche pendant une nuit très obscure. L'intérêt qui s'attachait à cette expérience s'augmentait du peu de largeur de la face qui n'avait que 26 mètres.

Une troisième batterie directe, également placée dans le couronnement du chemin couvert, fut destinée à faire brèche en entamant l'escarpe à la moitié de sa hauteur, et dirigée contre la face gauche du bastion 1. Elle était armée de quatre canons de 24 tirant à la charge du tiers du poids du boulet.

Pour étudier les effets à attendre du tir en brèche sur des fortifications dont les revêtements sont adossés à des voûtes, on construisit deux batteries.

La première fut placée dans le fossé de la courtine 3-4 et armée de trois canons de 16 tirant à la charge du tiers, pour faire brèche dans le flanc gauche du bastion 3. Ce flanc très étroit, et protégé par un orillon, renfermait deux casemates voûtées et séparées par un pied droit de 1^{m} 80 d'épaisseur.

La seconde batterie fut placée sur la crête du chemin couvert du bastion 2 et armée de quatre canons de 24 tirant à la charge du tiers, pour battre à 300 mètres de distance le flanc droit du bastion 3 qui présentait exactement la même disposition que le flanc gauche. Cette dernière expérience avait pour objet spécial de chercher les moyens de mettre le plus promptement possible une casemate hors de service.

Deux batteries, armées chacune de quatre canons de 12 de bataille, tirant à cartouches à boulet confectionnées comme pour le service de campagne, furent destinées à rechercher les effets de ce calibre sur les fortifications permanentes et à constater son aptitude à faire brèche dans les maçonneries tendres.

La première fut établie sur la crête du chemin couvert de la contre-garde 17 pour faire brèche à sa branche droite.

La deuxième, dont l'exécution était subordonnée au succès de la première, fut placée sur la crête du chemin couvert du bastion 1, pour faire brèche dans la face droite de ce bastion.

Enfin, quatre batteries furent consacrées à l'étude du tir oblique. Deux de ces batteries, les deux premières, armées de pièces de 16 et tirant, l'une à la charge de la moitié, et l'autre à celle du tiers du poids du boulet, furent établies sur la crête du chemin couvert, et sur les capitales des bastions 5 et 6, appartenant aux fronts les plus étroits, pour faire brèche aux courtines voisines, et sous l'angle de 25 degrés, à travers la trouée des angles d'épaule de ces bastions et des demi-lunes.

Les deux dernières, armées de canons de 24 et tirant aux mêmes charges, furent placées sur les capitales des bastions 1 et 2, appartenant à un front plus étendu, pour faire brèche à la courtine 1-2, sous des angles plus aigus que 25 degrés.

Ces quatre batteries obliques, ainsi que les deux batteries directes tirant sur les flancs casematés du bastion 3, devaient fournir en même temps des renseignements sur les effets produits dans la maçonnerie par des projectiles tirés à des distances plus grandes que la distance ordinaire du tir en brèche, et sur la régularité du tir à ces distances.

La Commission voulut, du reste, mettre à profit ses expériences pour recueillir tous les faits et toutes les observations qui pouvaient présenter de l'intérêt.

Comme l'artillerie avait un intérêt particulier à constater les effets produits sur le métal des bouches à feu par la poudre à canon qui se fabrique depuis 1840 à Esquerdes, et dont la densité gravimétrique est assez élevée, et à les comparer aux effets d'une autre poudre d'une densité gravimétrique plus faible, il fut arrêté que dans chaque batterie de canons de siége les deux pièces de droite seraient constamment chargées avec de la poudre à canon d'Esquerdes et les deux pièces de gauche avec de la poudre à canon de Saint-Ponce.

Dispositions générales.

22. On donnera plus loin, et pour chaque batterie, lorsqu'il y aura lieu, des détails sur sa construction, sur son armement et sur le matériel employé, et l'on se contentera d'indiquer ici les dispositions générales appliquées à l'ensemble des expériences.

Les précautions minutieuses qu'exigeait la prudence dans des opérations exécutées sur une assez grande échelle et au milieu d'une foule curieuse qu'il était difficile de maintenir à une distance suffisante, avaient conduit à placer loin des batteries les dépôts de munitions et à n'amener celles-ci sur le terrain que par petites portions et au fur et à mesure des besoins. Les magasins à poudre et la salle d'artifices étaient établis dans l'enceinte du château. Les charges et les boulets étaient successivement apportés à la queue des batteries dans des chariots couverts.

Des blindages, semblables à ceux qui avaient été employés dans les expériences de Metz, furent établis sur les batteries tirant à petites distances, pour mettre les canonniers à l'abri des éclats de maçonnerie.

Les pièces étaient espacées dans les batteries de cinq mètres d'axe en axe. Cette distance fut réduite à 4 mètres pour les canons de 12.

Le mode de chargement employé pour les canons de siége était le chargement à gargousses allongées avec bouchons sur la poudre et sur le boulet. Quant aux canons de campagne, on a déjà dit qu'ils devaient tirer avec leurs cartouches ordinaires.

On s'est servi du mètre à curseur pour donner la hausse aux pièces dans le pointage.

Le feu a été communiqué aux charges avec des étoupilles fulminantes de divers modèles.

Personnel chargé des travaux. — Commencement des travaux.

23. Le personnel d'artillerie mis à la disposition de la Commission se composait des 12e et 13e batteries du 10e régiment d'artillerie et d'une escouade d'ouvriers de la 8e compagnie. Quatre compagnies du 70e régiment d'infanterie de ligne furent appelées à prendre part aux travaux préparatoires en qualité d'auxiliaires.

Ces troupes, dirigées sur Bapaume dans la première quinzaine du mois de juillet, commencèrent immédiatement la construction des batteries de brèche sur les emplacements déterminés. Six batteries étaient complétement achevées et quatre étaient armées dans les premiers jours du mois d'août. Tous les autres travaux préliminaires étaient aussi avancés que l'avaient permis l'insuffisance des objets de fascinage et l'incertitude où l'on se trouvait encore sur le choix de l'emplacement le plus convenable à certaines expériences.

Commencement des expériences.

24. La Commission se trouva réunie à Bapaume le 5 août et s'occupa sans délai d'arrêter l'ordre de tir des batteries, en ayant égard à l'état d'avancement des travaux et à certaines convenances de détail, et les expériences commencèrent le lendemain matin 6 août, à sept heures.

On va rendre compte successivement de ces expériences, en suivant l'ordre dans lequel elles ont été exécutées. On a préféré cet ordre à celui qui eût consisté à rapprocher les batteries du même genre, parce que la marche à suivre a presque toujours été influencée, en quelque point, par les faits constatés dans les brèches précédentes.

BATTERIE N° 1.

Brèche faite avec 4 canons de 24 tirant à la charge de la moitié.

Tir direct ordinaire. (Pl. 1, fig. 1 à 8.)

25. La batterie n° 1, destinée à battre la face

droite du bastion 6, et placée sur la crête du chemin couvert de cette face, près de la capitale du bastion, était enterrée d'environ 0m80. Les plates-formes étaient inclinées au dixième. L'armement se composait de quatre canons de 24. Ces quatre pièces devaient tirer à la charge de la moitié du poids du boulet, les deux de droite avec de la poudre d'Esquerdes, et les deux autres avec de la poudre de Saint-Ponce.

Conditions du tir en brèche.

L'escarpe à battre avait 10m31 de hauteur totale; son talus extérieur était incliné au sixième, et sa distance moyenne à la ligne des genouillères des embrasures était de 48 mètres. La position de la tranchée horizontale, qui devait être ouverte sur une longueur de 20 mètres, et de manière que le milieu de cette tranchée fût situé à 22 mètres de distance du saillant du bastion, avait été fixée à 3m65 au-dessus du fond du fossé, c'est-à-dire un peu au-dessus du tiers de la hauteur de l'escarpe. Comme la profondeur du fossé ne permettait point de voir de la batterie jusqu'à ce point, on avait rasé le chemin couvert entre l'épaulement et la contrescarpe. Par suite de ces dispositions, l'inclinaison du tir se trouvait être de 8 degrés 30 minutes dans le plan vertical et l'angle moyen d'incidence des projectiles sur l'escarpe, mesuré dans le plan horizontal, était de 82 degrés. Il fut reconnu, après l'exécution de la brèche, que le revêtement avait, au niveau de la tranchée horizontale, une épaisseur de 4m36.

Marche du tir.

Les pièces, devant ouvrir chacune dans le revêtement une tranchée de 5 mètres de longueur, furent d'abord dirigées sur la droite de leur champ de tir respectif.

Le feu commença par la droite, les pièces tirant l'une après l'autre. Après cette première salve, les pièces furent ramenées vers la gauche de leur champ de tir et dirigées d'abord à 1m25 des premiers trous qu'elles avaient faits dans la muraille. On continua de la même manière, en appuyant successivement de 1m25 vers la gauche, jusqu'à la quatrième salve, après laquelle la tranchée horizontale se trouva marquée de seize trous également espacés entre eux. Le feu fut alors suspendu pour mesurer les excavations produites par chacun de ces seize premiers coups.

Excavations formées par les premiers boulets.

Les excavations formées dans la maçonnerie de Bapaume, par des boulets de 24, tirés à la charge de la moitié de leur poids, se composaient de deux troncs de cône : l'un antérieur, très évasé, et l'autre, postérieur, presque cylindrique, formant ensemble un entonnoir. La grande base des troncs de cône antérieurs, c'est-à-dire, leur diamètre à l'entrée du boulet, était en moyenne de 0m52, et leur petite base, ou largeur au raccordement des deux troncs de cône, de 0m25. Le diamètre moyen du tronc de cône postérieur avait 0m16. La profondeur totale de l'excavation était de 1m21 ; et la hauteur du tronc de cône antérieur était de 0m24, c'est-à-dire environ le cinquième de la profondeur totale (voir le tableau n° 1).

Les résultats de cette première expérience présentent des différences notables avec ceux obtenus dans la maçonnerie de Metz. A Metz, en effet, la profondeur de la pénétration n'avait été que de 0m647, et le tronc de cône antérieur occupait la moitié de cette profondeur. De plus, tandis qu'à Metz le diamètre extérieur de ce tronc de cône était égal à cinq fois celui du boulet, il n'était à Bapaume que d'environ trois fois ce diamètre. Ainsi, dans cette dernière maçonnerie, il y avait moins d'éclatement et d'ébranlement produits par la réaction du choc du boulet, mais plus de pénétration. L'ébranlement et l'éclatement, dans une maçonnerie de calcaire tendre, avec parement en briques, étaient à peu près limités au parement qui seul avait de la dureté. Quant à la craie qui composait le massif du mur, elle cédait en s'écrasant sous la pression du boulet. Quelques boulets purent être retirés. Aucun n'était brisé ni altéré dans sa forme. En résumé, les dimensions des excavations produites par les boulets de 24, tirés à la charge de la moitié, n'étaient pas à Bapaume les mêmes qu'à Metz; mais la grandeur des effets, relativement à la formation de la tranchée horizontale, était sensiblement égale de part et d'autre. La section méridienne de l'excavation était, dans les deux cas, comprise entre 1/5 et 1/4 de mètre carré, 22 décimètres carrés à Metz et 24 à Bapaume.

Les pièces ont ensuite été dirigées sur le milieu des intervalles des coups précédemment tirés, et l'on a ainsi obtenu seize nouveaux trous bien distincts dont on a encore mesuré la profondeur (voir le tableau n° 2). La pénétration moyenne de cette deuxième série de boulets dans une maçonnerie déjà désagrégée, a été trouvée de 1m52, c'est-à-dire d'un quart plus grande que la pénétration des boulets de la première série.

Le tir a été ensuite continué en pointant successivement chaque pièce dans l'étendue de son champ de tir, d'abord sur les portions de revêtement encore intactes, puis, lorsque la tranchée horizontale a été tracée dans toute sa longueur, sur les points les plus saillants et les plus isolés.

Relèvement de la tranchée horizontale après 80 coups.

Après la vingtième salve, c'est-à-dire après 80 coups, on a relevé les principales profondeurs de la tranchée horizontale, et l'on a trouvé les nombres suivants :

3m30, 3m30, 2m05, 3m10, 2m55, 2m45, 2m25.

Le revêtement n'avait encore été traversé sur aucun point; mais comme on ignorait la grande épaisseur de ce revêtement, on regardait la tranchée horizontale comme fort avancée. A la reprise du tir, on se borna donc à diriger cinq nouvelles salves sur les points les plus saillants de cette tranchée, et après cent coups de canon ainsi tirés, on commença avec la pièce de droite et avec la pièce de gauche, deux tranchées verticales sur les extrémités de la brèche; les deux pièces du milieu continuant d'approfondir la tranchée horizontale.

Formation des tranchées verticales.

Pour former les tranchées verticales, on a d'abord dirigé les pièces à 1m25 au-dessus de la ligne méridienne de la tranchée horizontale, puis dans l'intervalle compris entre ce premier coup et la tranchée, et l'on a continué de tirer sur les parties qui avaient résisté au choc des premiers boulets, jusqu'à ce que ces amorces des tranchées verticales parussent aussi avancées que la tranchée horizontale.

Chute du revêtement.

Après six salves ainsi tirées, c'est-à-dire après

112 coups de canon dirigés dans la tranchée horizontale, et 6 coups dans chacune des tranchées verticales extrêmes, la brèche paraissant convenablement avancée, on se décida à commencer une tranchée verticale au milieu. La nature des matériaux fit penser qu'il serait inutile d'en ouvrir un plus grand nombre. En effet, cette tranchée ayant été entamée avec les deux pièces du centre, pendant que les pièces de droite et de gauche continuaient à monter les tranchées extrêmes, le revêtement s'est renversé en deux morceaux, la partie supérieure en avant, un instant après la troisième salve, c'est-à-dire lorsqu'il n'y avait encore que six boulets dans la tranchée du milieu, et neuf dans chacune des tranchées extrêmes. La chute du revêtement était, au reste, aussi complète que possible. La brèche était ouverte, dans toute sa hauteur, sur une largeur de 19 mètres, dans sa partie la plus étroite, et il ne restait de maçonnerie visible que quelques débris de la face postérieure du mur, qui étaient retenus par les contre-forts et par les portions de muraille restées debout.

Récapitulation sommaire.

D'après ces résultats, on voit qu'il a fallu en tout 136 boulets de 24, tirés à la charge de la moitié de leur poids pour opérer complétement l'ouverture du revêtement sur une largeur de 19 mètres et une hauteur de 6m65. C'est un peu plus de 7 boulets par mètre courant de brèche, et le volume de la maçonnerie détruite étant approximativement de 400 mètres cubes, c'est environ 1 boulet pour 3 mètres cubes.

Un orage violent, qui a éclaté pendant ce tir, et qui a inondé la batterie pendant toute sa durée, n'a pas permis de tenir une note exacte du temps employé réellement à l'exécution de la brèche. On l'a évalué à trois heures.

Dans cette opération, il a été consommé 816 kilogrammes de poudre et 1632 kilogrammes de fonte. Il n'y a eu de boulets brisés que ceux qui ont rencontré d'autres boulets déjà logés dans la muraille.

Etat de la brèche après la chute du revêtement.

En examinant l'état de la brèche, on reconnut que le revêtement s'était séparé des contre-forts suivant leur plan de jonction. L'arrachement était net vers le milieu de la brèche; mais dans les parties extrêmes, il était resté quelques débris de la face postérieure du revêtement que n'avaient point coupé les tranchées verticales, et qui étaient maintenues par leur adhérence aux portions voisines et intactes de l'escarpe. Les terres étaient demeurées debout et présentaient une nouvelle escarpe inclinée au dixième, comme la face postérieure du revêtement. Il n'était tombé que la partie du parapet qui reposait directement sur le mur, et encore voyait-on, vers la crête et surtout aux extrémités, des masses de terre en surplomb.

Tir dans les contre-forts et dans les restes de maçonnerie.

Pour détruire les restes du revêtement et couper les quatre contre-forts que la chute de l'escarpe avait mis à découvert, on a repris le tir en dirigeant une pièce sur chaque contre-fort. Les quatre pièces faisaient d'ailleurs feu au même commandement, (ce que facilitait l'emploi des étoupilles fulminantes) afin de produire un plus grand ébranlement dans les terres et d'y provoquer la formation de quelques grandes fissures. 34 boulets de 24, tirés à la charge de la moitié de leur poids, ont suffi pour débarrasser la brèche des restes de maçonnerie, et pour faire disparaître les contre-forts, à demi ruinés, derrière les terres qui commençaient à descendre sur la brèche. Cette opération a demandé 45 minutes.

Tir dans les terres.

Dans ce moment la brèche présentait un talus médiocrement couvert de terre et dont le haut était à peu près à deux mètres au-dessous du niveau du cordon. Ce talus était entouré demi-circulairement par l'escarpement vertical des terres du parapet. Pour faire tomber ces terres et arriver à rendre la brèche praticable, on a dû les attaquer d'une manière analogue à celle employée pour les maçonneries, en y pratiquant successivement des tranchées horizontales à hauteur du sommet de l'éboulement. Mais comme l'on cherchait surtout à les ébranler, on a substitué à la charge de la moitié du poids du boulet celle du quart et l'on a fait feu des quatre pièces à la fois. En suivant cette marche, et en remontant le tir à mesure que le sommet du talus s'élevait et en dirigeant, toutes les fois que l'occasion s'en présentait, le feu d'une ou de plusieurs pièces sur les points saillants, mais s'astreignant en même temps à ne pas envoyer de boulets plus haut que la hauteur du cordon, pour éviter toutes chances d'accidents, il a fallu 94 coups de canon à la charge du quart pour terminer la brèche. Le temps employé a été de 1 heure 40 minutes.

Etat de la brèche terminée.

Si des raisons de prudence n'eussent point empêché de diriger le tir de manière à écrèter la brèche, cette opération eût exigé moins de temps et moins de boulets. Quoi qu'il en soit, la brèche était praticable et fut aisément franchie au pas de course par les canonniers qui l'avait exécutée. Elle offrait une pente générale de 35 degrés, terminée au sommet par un escarpement d'environ 1^m50 de hauteur, que l'on n'avait pas osé détruire, et les débris de maçonnerie étaient bien recouverts par les terres éboulées.

Résumé.

En résumé, la tranchée horizontale a été formée sur une longueur de 19 mètres par 112 boulets de 24 tirés à la charge de 6 kilogrammes de poudre, et les tranchées verticales ont demandé 24 coups tirés à la même charge;

Le revêtement est ainsi tombé après 136 coups et après environ trois heures de tir;

On a tiré 34 coups sur les portions de maçonnerie restées debout et sur les contre-forts, et cette opération a demandé 45 minutes;

Pour rendre la brèche praticable, on a tiré dans les terres 94 coups à la charge du quart du poids du boulet, et ce tir a exigé 1 heure 40 minutes.

Ce qui fait, au total, 264 coups de canon représentant 3168 kilogrammes de fonte et 1302 kilogrammes de poudre, et 5 heures 25 minutes.

La brèche ayant 19 mètres de largeur au parement, c'est 166^k21 de fonte et 68^k53 de poudre par mètre courant de brèche.

BATTERIE N° 2.

Brèche faite avec 4 canons de 24 tirant à la charge du tiers.
Tir direct ordinaire. (Pl. 1, fig. 9 à 17.)

26. La batterie n° 2 était placée à la gauche de la batterie n° 1, et était construite de la même

manière que celle-ci. Son armement se composait de quatre canons de 24. Ces quatre pièces devaient tirer à la charge du tiers du poids du boulet.

Conditions du tir en brèche.

La portion d'escarpe de la face droite du bastion 6 dans laquelle cette batterie devait faire brèche avait les mêmes dimensions que la portion placée devant la batterie n° 1, sa distance moyenne à la ligne des genouillères était de 50 mètres. La hauteur fixée pour la tranchée horizontale était de 3^m65 au-dessus du fond du fossé et le milieu de cette tranchée devait être à 15 mètres de l'angle d'épaule du bastion. L'inclinaison du tir dans le plan vertical se trouvait ainsi être de 8° 30 et l'angle moyen d'incidence des projectiles sur l'escarpe était de 76° dans le plan horizontal.

On ne reviendra point sur les détails qui ont déjà été donnés sur la marche du tir. On a suivi pour la batterie n° 2, et en général pour toutes les batteries directes, celle qu'on a décrite en parlant de la batterie n° 1.

Excavations produites par les premiers boulets.

La mesure des excavations produites par les 16 premiers boulets a donné les résultats suivants : la grande base des troncs de cône extérieurs avait 0^m51 de diamètre, et la petite base 0^m27. La hauteur de ces troncs de cône était aussi de 0^m27, et la profondeur totale de la pénétration des projectiles était de 1^m14 (voir le tableau n° 3).

Pour les 16 coups suivants tirés dans les intervalles des trous formés par les premiers, la profondeur totale a été de 1^m34 (voir le tableau n° 4).

Relèvement de la tranchée horizontale après 80 coups.

Après ces opérations préliminaires, le tir en brèche a été continué sans interruption jusqu'à la vingtième salve. Le feu fut alors suspendu de nouveau pour examiner l'état de la tranchée horizontale après 80 coups de canon. Il résulte du relèvement qui fut fait de cette tranchée, en la sondant de mètre en mètre, que sa profondeur moyenne était de 1^m65, c'est-à-dire que sa section était de 33 mètres carrés environ. Le revêtement, du reste, n'avait été percé sur aucun point; le trou le plus profond était de 3^m95. Plusieurs boulets ont pu être retirés, tous étaient entiers (voir le tableau nº 5).

La connaissance que l'on avait acquise dans la première expérience de l'épaisseur du revêtement, engagea à mettre dans la tranchée horizontale un plus grand nombre de boulets qu'on ne l'avait fait pour la batterie n° 1. Après 136 coups de canon, cette tranchée paraissant profonde de 2 mètres dans toutes ses parties, on se décida à commencer les tranchées verticales.

Formation des tranchées verticales.

La chute du revêtement de la première brèche avait donné lieu de penser que dans les escarpes de Bapaume il n'y avait pas utilité de faire des tranchées intermédiaires et que la méthode indiquée par Bousmard aurait ici toutes chances de réussir. Le peu de ténacité des matériaux et le poids considérable du massif suspendu au dessus de la tranchée horizontale paraissaient devoir suffire, aussitôt qu'on aurait sapé les points d'attache vers les extrémités, pour y déterminer des ruptures et par suite la chute du revêtement. C'était, dans tous les cas, un essai à faire. Il fut donc arrêté qu'on ne formerait que deux tranchées verticales, l'une à l'extrémité droite, l'autre à l'extrémité gauche de la tranchée horizontale, en se conformant, du reste, pour la disposition des coups, aux principes qui avaient été suivis dans la première brèche.

Chute du revêtement.

A la quatrième salve, c'est-à-dire après 16 boulets seulement tirés dans les deux tranchées verticales, l'escarpe s'est déchirée des deux côtés sur les prolongements des tranchées amorcées, est descendue lentement sur la tranchée horizontale, et trouvant là un point d'appui, a tourné sur ce point comme autour d'une charnière, la partie supérieure en avant, et s'est affaissée dans le fossé, entraînant avec elle les terres du parapet jusqu'à l'aplomb de la crête intérieure. Il ne restait debout que quelques parties de la face postérieure de la muraille vers les extrémités de la brèche et la moitié d'une cheminée d'aérage en briques, correspondant à la galerie qui régnait le long de la face du bastion.

Récapitulation sommaire.

Le renversement de l'escarpe avait demandé 152 boulets de 24 tirés à la charge du tiers de leur poids et 2 heures 47 minutes; 136 boulets et 2 heures 27 minutes pour la tranchée horizontale; 16 boulets et 20 minutes pour les deux tranchées verticales. La brèche ayant $19^{m}10$ dans sa partie la plus étroite, c'est par mètre courant de brèche environ 8 boulets, et par mètre cube de maçonnerie détruite, 38 centièmes de boulet. Ce qu'on a dit de l'état de la brèche après la chute du revêtement pour la première expérience s'applique également à celle-ci.

Tir dans les restes de maçonnerie et dans les terres du parapet.

Pour détruire les débris de revêtement encore debout et raser les contre-forts jusqu'au dessous du niveau de l'éboulement, il a suffi de 8 coups de canon et de 10 minutes, et pour achever de rendre la brèche praticable, on a employé 44 boulets et 51 minutes. On s'est servi jusqu'à la fin de la charge du tiers du poids du boulet, et pour le tir dans les terres les quatre pièces ont fait feu au même commandement.

Etat de la brèche terminée.

La brèche était bien praticable et son talus très doux, puisque la pente générale n'était que de 33 degrés. Elle présentait vers son sommet un escarpement, très bas vers la gauche, plus prononcé vers la droite, et que quelques boulets eussent facilement détruit, si la prudence eût permis de tirer à cette hauteur. Un gros bloc de terre qui s'était arrêté vers le milieu de la pente y formait un pallier. Les débris de maçonnerie étaient, du reste, bien recouverts par la terre, et l'on ne voyait que quelques blocs isolés au pied du talus.

Résumé.

En résumé, la tranchée horizontale avait été formée en 2 heures 27 minutes sur une longueur de 21 mètres par 136 boulets de 24 tirés à la charge de 4 kilogrammes de poudre, et les tranchées verticales avaient demandé 16 boulets et 20 minutes.

Le revêtement est ainsi tombé après 152 coups et 2 heures 47 minutes.

On a tiré dans les contre-forts et les restes de maçonnerie 8 coups en 10 minutes.

Pour rendre la brèche praticable, on a tiré dans les terres 44 coups en 51 minutes.

Ce qui fait, au total, 3 heures 48 minutes et 204 coups de canon représentant 2,448 kilogrammes de fonte et 816 kilogrammes de poudre.

La brèche ayant 19^m10 de largeur au parement, c'est 128^k20 de fonte et 42^k72 de poudre par mètre courant de brèche.

BATTERIE N° 3.

Brèche faite avec 4 canons de 16, tirant à la charge de la moitié. Tir oblique. (Pl. 2.)

27. La batterie n° 3, destinée à battre obliquement la courtine 5-6 dans la direction du fossé de la face gauche du bastion 5, était placée sur la crête de la place d'armes saillante du bastion 5. La disposition du terrain avait contraint à lui donner la forme d'une batterie à redans. Son armement se composait de 4 canons de 16. Ces quatre pièces devaient tirer à la charge de la moitié du poids du boulet.

Conditions du tir en brèche.

La batterie n° 3 devait ouvrir dans la courtine 5-6 une brèche de 20 mètres de largeur à une hauteur de $4^{m}25$ au-dessus du fond du fossé, le milieu de cette brèche étant placé à $32^{m}70$ de l'extrémité de la courtine vers le bastion 6.

L'escarpe, inclinée au cinquième, avait $12^{m}05$ de hauteur, et la partie à battre se trouvait à une distance moyenne de 119 mètres de la genouillère des embrasures. L'inclinaison du tir se trouvait ainsi de 4 degrés dans le plan vertical, et l'angle d'incidence sur l'escarpe était, en moyenne, de 25 degrés dans le plan horizontal. Il fut reconnu, après l'exécution de la brèche, que le revêtement avait $4^{m}16$ d'épaisseur au niveau de la tranchée horizontale.

Marche du tir.

Le feu a commencé en dirigeant chaque pièce vers la gauche de son champ de tir, et pour les salves suivantes les coups ont été pointés dans les trous formés par ceux de la première salve, de manière à les approfondir et à allonger le déchirement de la muraille de la gauche à la droite.

Excavations produites par les premiers boulets.

Après chacune des quatre premières salves, on a suspendu le feu pour examiner et mesurer les effets des projectiles et pour constater la direction et la force des ricochets. Quant aux ricochets, il fut reconnu que les projectiles, après avoir frappé la muraille, ne conservaient qu'une faible vitesse et qu'ils tombaient soit au pied du revêtement, soit à une très petite distance. Le ricochet cessa, d'ailleurs, du moment où le parement fut partout entamé. Les dimensions des excavations produites par des boulets de 16, tirés à la charge de la moitié et rencontrant le revêtement sous un angle d'environ 25 degrés, sont renfermées dans les tableaux n°s 6 et 7. Il résulte de ces tableaux que les boulets ont pénétré dans la maçonnerie à une profondeur moyenne de 0^{m} 48 comptée perpendiculairement au parement et de 0^{m} 64 comptée dans le sens du tir. Les écorchements produits dans le revêtement par ces premiers coups avaient des dimensions moyennes de 2^{m} 30 dans le sens horizontal et de 0^{m} 95 dans le sens vertical. On a remarqué que plusieurs boulets avaient été brisés dans ce tir oblique, tandis que cela n'était point arrivé dans le tir direct des deux batteries précédentes. (Voir les tableaux n°s 6 et 7.)

Relèvement de la tranchée horizontale après 84 coups.

Le tir ayant été continué de la même manière, en prolongeant les excavations de chaque pièce de la gauche vers la droite, la tranchée horizontale s'est trouvée tracée sur une ligne continue à la 9e salve, c'est-à-dire après le tir de 36 boulets. Après 84 coups, on a mesuré de mètre en mètre, et perpendiculairement au parement, la profondeur de cette tranchée. La profondeur moyenne était de 1^m19; comme la tranchée était ouverte sur une longueur de 21^m75, la surface de sa section était de 26 mètres carrés (voir le tableau nº 8).

Formation des tranchées verticales.

Après 120 coups de canon, la tranchée horizontale paraissait suffisamment avancée vers la droite, mais du côté gauche elle l'était moins, parce que les boulets ne pouvaient y entailler la muraille au delà d'un plan parallèle au plan du tir. On se résolut, en conséquence, afin de démasquer le fond de la tranchée vers sa gauche, à commencer immédiatement la tranchée verticale de ce côté avec la pièce de droite qui pouvait voir cette partie sous l'angle le moins aigu, pendant que les trois autres pièces continueraient de tirer dans la tranchée horizontale.

Après six salves ainsi tirées, le but que l'on se proposait ayant été atteint, on a dirigé les deux pièces de droite sur la tranchée verticale de gauche et les deux pièces de gauche ont commencé à la fois la tranchée verticale de droite.

Chute du revêtement.

Quarante coups de canon tirés de cette manière ont suffi pour déterminer la chute du revêtement, qui s'est renversé dans le fossé en tournant autour de l'arête inférieure de la tranchée horizontale, et qui s'est brisé en un grand nombre de morceaux en touchant le sol. Comme dans les brèches précédentes, la chute du revêtement avait mis à découvert les terres du rempart, entièrement escarpées. Vers le milieu de la brèche, on voyait un contre-fort brisé suivant le plan de sa racine. Des deux côtés, il était resté des fragments de la face postérieure du mur retenus par d'autres contre-forts. Ces fragments étaient plus considérables vers la gauche, où la tranchée verticale était taillée en biseau parallèlement au plan de tir. Sauf cette dernière particularité, l'état de la brèche était le même qu'il eût été pour un tir direct.

Récapitulation sommaire.

Le renversement de l'escarpe avait demandé 184 boulets de 16 tirés à la charge de la moitié de leur poids et 3 heures 44 minutes; 138 boulets et 3 heures pour la tranchée horizontale; 46 boulets et 44 minutes pour les tranchées verticales. La brèche ayant $18^{m}10$ dans sa partie la plus étroite, c'était par mètre courant de revêtement un peu plus de 10 boulets et près de 14 minutes.

Tir dans les restes de maçonnerie et dans les terres du parapet.

Pour détruire les débris de la face postérieure

de la muraille et les contre-forts, on a tiré 96 coups. On a observé dans cette expérience que le tir oblique présentait des avantages sur le tir direct pour la destruction des contre-forts et pour l'éboulement des terres, les projectiles prenant d'écharpe toutes les parties saillantes. Il a été aussi reconnu que dans le cas d'une brèche oblique il serait avantageux, quand cela est possible, de couper obliquement, et non suivant une perpendiculaire au fond du fossé, la tranchée la plus rapprochée de la batterie, afin d'élargir la brèche par le haut et de mieux voir sa partie supérieure. Après l'entière destruction de toutes les parties visibles de la maçonnerie, 20 coups de canon, tirés par salves des quatre pièces et toujours à la charge de la moitié, ont suffi pour ébranler les terres du sommet de la brèche et adoucir le talus. Cette partie de l'opération avait duré en tout 1 heure 53 minutes.

Etat de la brèche terminée.

La brèche était d'un accès très facile. L'inclinaison générale de son talus n'était que de 31 degrés. Il y avait vers la gauche un bloc de maçonnerie en partie découvert. Tout le reste de la brèche était garni de terre.

Résumé.

En résumé, la tranchée horizontale avait été

formée en 3 heures, sur une longueur de 21^{m}75, par 138 boulets de 16 tirés à la charge de 4 kilogrammes de poudre, et les tranchées verticales avaient demandé 46 coups tirés à la même charge et 44 minutes.

Le revêtement est ainsi tombé après 184 coups de canon et 3 heures 44 minutes de tir.

On a tiré 96 coups sur les contre-forts et sur les portions de maçonnerie restées debout, et cette opération a demandé 1 heure 28 minutes.

Pour rendre la brèche praticable, on a tiré 20 coups dans les terres et ce tir a duré 25 minutes.

Ce qui fait, au total, 300 coups de canon, représentant 2,400 kilogrammes de fonte et 1,200 kilogrammes de poudre, et 5 heures 37 minutes.

La brèche ayant 18^{m}15 de largeur au parement, c'est 132^{k}23 de fonte et 66^{k}12 de poudre par mètre courant.

BATTERIE N° 4.

Brèche faite avec 4 canons de 16 tirant à la charge du tiers.

Tir oblique. (Pl. 3.)

28. Le succès de l'expérience précédente donnait un grand intérêt à l'exécution d'une brèche par la batterie n° 4 qui avait à remplir des conditions plus difficiles que la batterie n° 3.

La batterie n° 4, destinée à battre obliquement la courtine 6-7 dans la direction du fossé de la face gauche du bastion 6, était établie dans la place d'armes saillante du bastion 6. Son armement se composait de 4 canons de 16. Ces quatre pièces devaient tirer à la charge du tiers du poids du boulet.

Conditions du tir en brèche.

La batterie n° 4 devait ouvrir dans la courtine 6-7 une brèche de 20 mètres de largeur à une hauteur de 4 mètres au-dessus du fond du fossé, le milieu de cette brèche étant fixé à 19^{m}55 de l'angle de flanc du bastion 7.

L'escarpe, inclinée au cinquième, avait 11^{m}45 de hauteur totale et la partie à battre se trouvait à une distance moyenne de 159 mètres de la genouillère de la batterie. L'inclinaison du tir se trouvait ainsi de 2° 42' dans le plan vertical, et l'angle d'incidence sur l'escarpe était, en moyenne, de 25 degrés dans le plan horizontal. La portion de maçonnerie à battre était en excellent état, et il fut reconnu après l'exécution de la brèche que son épaisseur au niveau de la tranchée horizontale était de 4^{m}28.

Marche du tir.

Dans le but de diminuer les chances et les inconvénients du ricochet qui étaient ici plus à craindre, puisque la charge de poudre était plus faible et la distance du but plus grande que dans l'opération précédente, on a d'abord dirigé le feu de la pièce de droite sur l'extrémité gauche de la tranchée, de manière à entamer la muraille sous l'angle le plus grand possible, puis on a tiré successivement les trois autres pièces dans le même trou, de façon à l'agrandir, et l'on a continué cette marche dans les salves suivantes en appuyant lentement vers la droite pour prolonger l'ouverture ainsi formée dans la muraille jusqu'à ce qu'elle eût atteint la longueur que devait avoir la tranchée horizontale. Ce résultat a été obtenu après la trente-quatrième salve.

Après chacune des cinq premières salves ainsi tirées, on a interrompu le feu pour mesurer les formes et dimensions des excavations (voir le tableau n° 9).

On a ensuite continué le tir sans interruption jusqu'à la trente-quatrième salve. Il fut alors suspendu de nouveau pour reconnaître l'état de la tranchée horizontale après 136 coups de canon. C'était le nombre de coups qui avaient suffi dans l'expérience précédente pour donner à la tranchée une profondeur convenable.

Relèvement de la tranchée horizontale après 136 coups.

A ce moment, la tranchée horizontale était ouverte sur une longueur de 19^m50 et avait une profondeur moyenne de 1^m45. Ainsi la surface de sa section méridienne était de 28 mètres carrés (voir le tableau 10).

Formation des tranchées verticales. — Chute du revêtement.

Cette tranchée ne se trouvant pas suffisamment approfondie, on y a dirigé encore 24 coups de canon qui lui ont donné une profondeur de 2 mètres, et l'on a commencé ensuite les deux tranchées verticales, en dirigeant les deux pièces de droite sur la tranchée de gauche, et les deux pièces de gauche sur la tranchée de droite. La formation de ces tranchées, surtout celle de gauche qui était plus éloignée du flanc du bastion 6 qui servait de masque et où il fallait entamer un parement intact, a été lente, parce que, quelques boulets ricochant, il était nécessaire d'apporter, par motif de sécurité, une très grande attention dans le pointage et de ne pas trop relever les coups. Ces précautions ont probablement contribué à rendre très longue la formation des tranchées verticales. Quoi qu'il en soit, au 111e coup de canon dirigé dans ces tranchées verticales, le revêtement, sollicité par son poids, a écrasé les points d'appui latéraux qui le tenaient suspendu et est descendu lentement sur le bord inférieur de la tranchée horizontale; et comme, dans ce mouvement, il désagrégeait les terres du parapet, celles-ci, en s'accumulant derrière lui et en glissant par les ouvertures qui se présentaient, ont fait dévier sa partie inférieure et l'ont entraîné dans le fossé. Ainsi, contrairement à ce qui était arrivé dans les autres brèches, le revêtement, au lieu de se renverser la partie supérieure en avant, est descendu en roulant sur les terres qui coulaient au-dessous. Après sa chute, il s'est trouvé rompu, suivant sa hauteur, en trois morceaux principaux qui couvraient le milieu et la droite de l'éboulement et en plusieurs blocs de moindre dimension épars au pied de la brèche. Il y avait deux contre-forts brisés à leur racine et entièrement découverts, l'un au milieu et l'autre vers la gauche. Aux deux extrémités de la brèche, il était resté de larges pans de la face postérieure du mur.

Le renversement de l'escarpe avait exigé 271 boulets de 16 tirés à la charge du tiers et 4 heures 28 minutes; 160 boulets et 2 heures 17 minutes pour la tranchée horizontale; 111 boulets et 2 heures 11 minutes pour les tranchées verticales. La brèche ayant 18^{m}30 dans sa partie la plus étroite, c'est par mètre courant de revêtement un peu moins de 15 boulets.

Tir dans les restes de maçonnerie et dans les terres du parapet.

Pour détruire les parties de maçonnerie restées debout et les contre-forts, il a fallu 56 boulets tirés coup pour coup, et pour rendre la brèche praticable on a tiré 92 coups, les 4 pièces faisant feu au même commandement.

Etat de la brèche terminée.

La brèche était bien praticable; sa pente générale était de 32 degrés. L'escarpement des terres au sommet, que la prudence n'avait pas permis de détruire, était assez considérable à la gauche et au milieu, mais il était presque nul à la droite. Il y avait de ce côté, vers le milieu de la hauteur de la brèche, un gros bloc de maçonnerie qui n'avait point été recouvert de terre. D'autres blocs se montraient aussi au pied du talus, mais ne gênaient pas sensiblement le passage.

Résumé.

En résumé, la tranchée horizontale avait été formée en 2 heures 17 minutes, sur une longueur de 19m50, par 160 boulets de 16 tirés à la charge de 2k667 de poudre et les tranchées verticales avaient demandé 2 heures 11 minutes et 111 coups tirés à la même charge.

Le revêtement est ainsi tombé après 271 coups et après 2 heures 28 minutes de tir.

On a tiré 56 coups en 1 heure 2 minutes sur les maçonneries restées debout.

Pour rendre la brèche praticable, on a tiré sur les terres 92 coups, toujours à la même charge, et ce tir a exigé 1 heure 14 minutes.

Ce qui fait, au total, 419 coups de canon, représentant 3,352 kilogrammes de fonte, et 1,117 kilogrammes de poudre, et 6 heures 44 minutes.

La brèche ayant une largeur de 18^{m}30 au parement, c'est 183^{k}17 de fonte et 61^{k}06 de poudre par mètre courant.

BATTERIE N° 5.

Brèche faite avec 4 canons de 12 de campagne.
Tir direct. (Pl. 4, fig. 1 à 11.)

29. La batterie n° 5, destinée à faire un premier essai sur l'efficacité des canons de 12 de campagne pour battre en brèche, était placée sur le sommet du glacis de la branche droite de la contre-garde 17. Son armement se composait de quatre canons. Ces quatre pièces devaient tirer à la charge de campagne, c'est-à-dire avec des cartouches à boulet confectionnées. Elles avaient été espacées dans la batterie à la distance de 4 mètres d'axe en axe.

Les plates-formes à la prussienne, inclinées au dix-septième, avaient été prolongées par un talus au sixième. Cette disposition a été suffisante pour atténuer les reculs. La genouillère avait 0^{m}80 de hauteur.

Conditions du tir en brèche.

La portion d'escarpe à battre avait 7^{m}50 de hauteur totale; son talus était incliné au sixième et sa distance moyenne à la ligne des genouillères était de 34 mètres. La position de la tranchée horizontale, qui devait être ouverte sur une longueur de

16 mètres et de manière que le milieu de cette tranchée fût situé à une distance de 17^{m}40 du saillant de la contregarde, avait été fixée à 2^{m}75 au-dessus du fond du fossé. Par suite de ces dispositions, l'inclinaison du tir se trouvait être de 9° dans le plan vertical, et l'angle moyen d'incidence des projectiles sur l'escarpe, mesuré dans le plan horizontal, était de 80°30'. La portion de maçonnerie à battre était en bon état, quoique le parement fût généralement détruit sur une épaisseur d'une demi-brique. Cette maçonnerie se composait d'assises alternatives de craie chloritée et de briques sur trois ou quatre de hauteur. Son épaisseur au niveau de la tranchée horizontale était de 1^{m}82. Le parapet était très bas et complétement nivelé avec le terre-plein.

Marche du tir.

Le feu a été dirigé pour chaque pièce, d'abord sur la gauche des 4 mètres de champ de tir qu'elle avait sur le revêtement, puis successivement à un mètre sur la droite des coups précédemment tirés. Les excavations produites par les seize premiers boulets présentaient, en moyenne, les dimensions suivantes (voir le tableau n° 11); l'enfoncement total des boulets était de 0^{m}84; la hauteur du tronc de cône antérieur était de 0^{m}13 ; sa grande base avait 0^{m}38 de diamètre et sa petite base 0^{m}20.

Pour les seize coups suivants tirés dans les intervalles de ceux de la première série, la moyenne de l'enfoncement total a été de 1^m00 (voir le tableau n° 12).

Relèvement de la tranchée horizontale après 84 coups.

On a ensuite continué le tir sans interruption jusqu'à la 21e salve. A ce moment, la tranchée horizontale était ouverte sur une longueur de 15^m60 et avait 1^m12 de profondeur moyenne (voir le tableau n° 13). Ainsi la surface de sa section était de 17 mètres carrés et demi. Le revêtement avait été complétement traversé sur six points différents. Un boulet avait pénétré dans la terre jusqu'à 3^m35.

Formation des tranchées verticales.

Le tir ayant été repris, on a encore tiré 24 coups sur les parties les plus saillantes de la tranchée horizontale et, après 108 coups ainsi tirés, on a commencé les tranchées verticales extrêmes avec la pièce de droite et la pièce de gauche, pendant que celles du centre continuaient de tirer dans la tranchée horizontale. Après la 31e salve, les quatre pièces ont été pointées sur les tranchées verticales, et l'on a tiré six salves de cette manière.

En ce moment, c'est-à-dire après 118 coups dans la tranchée horizontale, et 30 coups dans les tranchées verticales, aucun mouvement indiquant une chute prochaine ne se manifestant dans le revêtement, on a entrepris une tranchée verticale au milieu de la brèche avec deux pièces, tandis que les deux autres continuaient de tirer dans les tranchées extrêmes. Après quatre salves, cette tranchée paraissant suffisamment ouverte, on est revenu aux tranchées extrêmes en pointant deux pièces sur chacune d'elles, et cette salve, la 42e depuis le commencement du tir, n'ayant pas produit l'effet attendu, l'on s'est décidé à creuser de nouveau la tranchée horizontale, et, pour produire en même temps le plus grand ébranlement possible, à faire feu des quatre pièces à la fois. Quatre salves ainsi tirées n'ayant donné aucun résultat, on a tiré la 47e dans les tranchées verticales. Une partie de la face antérieure du revêtement est alors tombée entre la tranchée de gauche et celle du milieu. Après quatre nouvelles salves tirées coup pour coup dans les tranchées verticales, on a exécuté les 52e et 53e en faisant feu des quatre pièces à la fois. A la 53e, une grande partie de l'épaisseur du mur, sur toute l'étendue de la brèche, est tombée, mais sans laisser voir la terre en aucun endroit.

Chute du revêtement.

La chute de cette partie du revêtement diminuant le poids de la partie supérieure, et donnant lieu de craindre que la partie qui restait en place fût difficile à enlever, on se décida, après avoir encore tiré deux salves au sommet des tranchées verticales, à commencer une nouvelle tranchée horizontale à 40 centimètres au-dessus de la première, celle-ci se trouvant complétement obstruée par les débris. Il y avait alors 220 coups de canon tirés. Au 251e, le reste du revêtement est tombé, laissant à découvert trois contre-forts, dont un contigu à la tranchée verticale de droite. Une masse de terre de 3 mètres cubes environ était descendue de ce même côté jusqu'au milieu du talus.

Récapitulation sommaire.

Le renversement de l'escarpe avait ainsi demandé 251 boulets et 2 heures 45 minutes; 118 boulets et 1 heure 34 minutes pour la tranchée horizontale; 133 boulets et 1 heure 11 minutes pour les autres tranchées. La brèche ayant 15m30 dans sa partie la plus étroite, c'est par mètre courant un peu plus de 16 boulets, et par mètre cube de maçonnerie détruite environ 2 boulets.

Tir dans les restes de maçonnerie et dans les terres du parapet.

Pour détruire les contre-forts, il a fallu 113 coups de canon et 1 heure 7 minutes. Ensuite, 28 boulets tirés par salves dans les terres, en 19 minutes, ont suffi pour rendre la brèche praticable.

Etat de la brèche terminée.

L'inclinaison générale du talus était de 36 degrés,

et les terres recouvraient bien partout les débris de maçonnerie.

Résumé.

En résumé, la tranchée horizontale a été formée sur une longueur de 15^{m}50 par 118 boulets de 12, tirés à la charge de 1^{k}958, en 1 heure 34 minutes.

Les trois tranchées verticales et la seconde tranchée horizontale ont demandé 133 boulets et 1 heure 11 minutes.

Le revêtement est ainsi tombé après 251 coups de canon et 2 heures 45 minutes.

On a tiré 113 coups sur les contre-forts et sur les restes de maçonnerie, ce qui a exigé 1 heure 7 minutes, et 28 coups dans les terres, qui ont employé 19 minutes.

C'est donc, au total, 392 coups de canon de 12, représentant 2,352 kilogrammes de fonte et 767 kilogrammes de poudre, et 4 heures 11 minutes.

La brèche ayant 15^{m}30 de largeur au parement, c'est, par mètre courant, 153^{k}30 de fonte et 51^{k}10 de poudre.

BATTERIE N° 6.

Brèche faite avec 4 canons de 16 tirant à la charge du tiers.
Tir direct ordinaire. (Pl. 4, fig. 12 à 21.)

30. Quoique le feu des batteries n°s 6 et 7 ait été exécuté simultanément, on rendra compte sé-

parément de chacune de ces deux expériences, afin d'éviter toute confusion.

La batterie n° 6, destinée à battre la face gauche du bastion 6, était placée dans le chemin couvert de la demi-lune 15; la pièce de droite était même établie en remblai sur le fossé de cette demi-lune; sa construction était d'ailleurs conforme aux règles établies. Elle était armée des quatre canons de 16, qui avaient déjà servi au tir de la batterie oblique n° 4. Ces canons devaient encore tirer à la charge du tiers.

Conditions du tir en brèche.

L'escarpe à battre avait 10m76 de hauteur totale au-dessus du fond du fossé, son talus était incliné au sixième, et sa distance moyenne à la ligne des genouillères des embrasures était de 53 mètres. La position de la tranchée horizontale, qui devait être ouverte sur une longueur de 20 mètres, et de manière que le milieu de cette tranchée fût à 15m50 de l'épaule gauche du bastion, avait été fixée à 3m76 au-dessus du fond du fossé. Par suite de ces dispositions, l'inclinaison du tir se trouvait être de 7°12' dans le plan vertical, et l'angle moyen d'incidence des projectiles sur l'escarpe, mesuré dans le plan horizontal, était de 77 degrés. Il fut reconnu, après l'exécution de la brèche, que l'épaisseur du revêtement au niveau de la tranchée horizontale était de 4^m34. La portion de maçonnerie à battre était en bon état, le parapet était bas.

Marche du tir.

Les quatre pièces ont d'abord été pointées vers la gauche de leur champ de tir, puis successivement à 1 mètre sur la droite des coups précédemment tirés. Après cinq salves, la tranchée horizontale s'est trouvée marquée de 20 trous espacés, d'axe en axe, à 1 mètre les uns des autres.

Excavations produites par les premiers boulets.

La mesure des excavations produites par ces premiers boulets, a donné les résultats moyens suivants : la grande base des troncs de cône extérieurs avait 0^m46 de diamètre, et la petite base, 0^m28. La hauteur de ces troncs de cône était de 0^m28, et la profondeur totale moyenne des pénétrations des projectiles était de 0^m93. (Voir le tableau n° 14).

Pour les vingt coups suivants, tirés dans les intervalles des premiers, la profondeur totale a été de 1^m04. (Voir le tableau n° 15).

Relèvement de la tranchée horizontale après 80 coups.

Le tir, ayant été repris, a été continué jusqu'à la vingtième salve ; on a alors relevé les profondeurs de la tranchée horizontale en la sondant de mètre en mètre. Sa profondeur moyenne était en ce moment de 1^m06 sur une longueur totale de 20^m50, c'est-à-dire que la section de cette tranchée était de près de 22 mètres carrés. Le revêtement n'avait d'ailleurs été traversé sur aucun point. Le trou le plus profond avait 2^m20. (Voir le tableau n° 16).

Après ce relèvement, on a continué le feu dans la tranchée horizontale, et on y a tiré 25 salves, ce qui faisait, depuis le commencement, 180 coups de canon.

Formation des tranchées verticales — Chute du revêtement.

On a alors commencé les tranchées verticales avec les pièces extrêmes, celles du centre continuant de tirer dans la tranchée horizontale pour dégorger quelques points saillants. Après cinq salves ainsi tirées, les quatre pièces ont été pointées dans les tranchées verticales, et un instant après que la batterie eut tiré sa cinquante-sixième salve, le revêtement s'est partagé dans son milieu et le long d'une cheminée d'aérage qui existait en arrière. La partie gauche de la brèche s'est affaissée sur elle-même et d'une seule pièce, en glissant le long des débris, tandis que la partie droite se rabattait, la partie supérieure en avant, et se brisait. Une grande partie de la face postérieure de la muraille restait en place, maintenue par la cheminée et les contre-forts.

Récapitulation sommaire.

Ainsi il avait fallu pour arriver au renversement de l'escarpe, 224 boulets de 16, tirés à la charge du tiers, et cette opération avait employé 3 heures 34 minutes. Ces nombres se décomposent ainsi : 190 boulets et 2 heures 52 minutes pour la tranchée horizontale ; 34 boulets et 42 minutes pour les tranchées verticales. La brèche ayant $19^{m}70$ au parement, c'est par mètre courant environ 11 boulets, et par mètre cube de maçonnerie détruite, environ 1/2 boulet.

Tir dans les restes de maçonnerie et dans les terres du parapet.

On a employé 96 boulets et 1 heure 36 minutes à faire disparaître les restes de maçonnerie. Il a fallu ensuite 88 boulets tirés par salves, et 59 minutes pour rendre la brèche praticable.

Etat de la brèche terminée.

Celle-ci était d'un accès facile. Son talus général était de 37 degrés, et les débris du revêtement étaient bien recouverts de terre, sauf quelques blocs placés vers le milieu de la base de l'éboulement.

Résumé.

En résumé, la tranchée horizontale avait été ouverte sur une longueur de 20ᵐ50, par 190 boulets de 16, tirés à la charge de 2ᵏ667 de poudre, en 2 heures 52 minutes;

Les tranchées verticales avaient demandé 34 boulets et 42 minutes;

Le revêtement était ainsi tombé après 224 coups de canon et 3 heures 34 minutes.

On a tiré sur les contre-forts et sur les parties de maçonnerie restées debout 96 coups, qui ont exigé l'emploi de 1 heure 36 minutes;

Et pour achever la brèche, on a tiré dans les terres 88 coups en 59 minutes.

Ce qui fait, au total, 6 heures 9 minutes et 408 coups de canon, représentant 3,264 kilogrammes de fonte et 1,088 kilogrammes de poudre.

La brèche ayant 19ᵐ70 de largeur au parement, c'est par mètre courant 165ᵏ70 de fonte et 55ᵏ20 de poudre.

BATTERIE N° 7.

Brèche faite avec 4 canons de 16, tirant à la charge de la moitié.
Tir direct ordinaire. (Pl. 5, fig. 1 à 10.)

31. La batterie n° 7, destinée, comme la précédente, à battre en brèche la face gauche du bastion 6, était placée à la gauche de la batterie n° 6, et sur la même ligne. Son armement se composait

des quatre canons de 16 qui avaient déjà servi au tir de la batterie n° 3.

Conditions du tir en brèche.

L'escarpe à battre avait 10^{m}70 de hauteur totale, son talus était incliné au sixième, et sa distance moyenne à la genouillère était de 48 mètres. La position de la tranchée horizontale avait été fixée à 3^{m}76 au-dessus du fossé, son milieu étant à 21 mètres du saillant du bastion. L'inclinaison du tir se trouvait ainsi de 7°12' dans le plan vertical, et l'angle moyen d'incidence des projectiles dans le plan horizontal était de 81 degrés. La portion d'escarpe à battre présentait de la maçonnerie de deux époques et correspondait à l'emplacement de la brèche faite, en 1641, par le maréchal de la Meilleraye.

La marche du tir de la batterie n° 7 a été exactement celle suivie pour la batterie n° 6.

Excavations produites par les premiers boulets.

Pour les seizes premiers boulets, la grande base des entonnoirs avait 0^{m}47 de diamètre, et la petite base 0^{m}28. La hauteur du tronc de cône était aussi de 0^{m}28, et la pénétration totale des projectiles était de 1^{m}08. (Voir le tableau n° 17).

Pour les seize coups suivants, tirés dans les intervalles des premiers, la profondeur totale a été de 1^{m}21. (Voir le tableau n° 18).

Relèvement de la tranchée horizontale après 80 coups.

Après la vingtième salve, la tranchée horizontale était ouverte sur une longueur de 21 mètres, et sa profondeur moyenne était de 1^{m}09, c'est-à-dire que la section de cette tranchée était de près de 23 mètres carrés. La pénétration la plus considérable était de 1^{m}85. (Voir le tableau n° 19).

Formation des tranchées verticales.

Après 38 salves (152 coups) tirées dans la tranchée horizontale, on a commencé les tranchées verticales avec les deux pièces extrêmes, celles du centre continuant à être dirigées dans la tranchée horizontale. Après cinq salves ainsi tirées, toutes les pièces ont été pointées dans les tranchées verticales jusqu'à la cinquante-deuxième salve.

Chute du revêtement.

Le revêtement est alors tombé en se rabattant, la partie supérieure en avant, et en entraînant après lui une grande quantité des terres du parapet qui ont couvert en partie les débris de l'escarpe. Des portions de la face postérieure du mur étaient restées, surtout vers les angles de la brèche.

Récapitulation sommaire.

Ainsi, il avait fallu pour faire tomber le revêtement 208 boulets, et cette opération avait exigé 3 heures

32 minutes. Ces nombres se décomposent ainsi : 162 boulets et 2 heures 35 minutes pour la tranchée horizontale ; 46 boulets et 47 minutes pour les tranchées verticales. La brèche ayant 20 mètres de largeur dans sa partie la plus étroite, c'est par mètre courant 10 boulets et 4/10, et par mètre cube de maçonnerie détruite, sensiblement le même nombre que dans la brèche précédente.

Tir dans les restes de maçonnerie et dans les terres du parapet.

On a employé pour faire disparaître les restes de maçonnerie 1 heure 28 minutes et 88 boulets, dont 40 à la charge de la moitié et 48 à la charge du tiers. Il a fallu ensuite 96 boulets, tirés à la charge du tiers et par salves, et 1 heure 17 minutes pour rendre la brèche praticable.

Etat de la brèche terminée.

Celle-ci était d'un accès encore plus facile que la précédente. Elle était mieux recouverte par les terres et son talus général n'était que de 35°.

Résumé.

En résumé, la tranchée horizontale avait été ouverte sur une longueur de 21 mètres par 162 boulets de 16, tirés à la charge de 4 kilogrammes de poudre, en 2 heures 35 minutes ;

Les tranchées verticales avaient demandé 46 boulets et 47 minutes ;

Le revêtement était ainsi tombé après 208 coups et 2 heures 32 minutes;

On a tiré sur les restes de maçonnerie 88 coups dont 40 à la charge de la moitié et 48 à la charge du tiers, et cette opération a duré 1 heure 28 minutes.

Pour achever la brèche, on a tiré dans les terres, en 1 heure 17 minutes, 96 coups au tiers.

Ce qui fait, au total, 6 heures 7 minutes et 392 coups, représentant 3136 kilogrammes de fonte et 1376 kilogrammes de poudre.

La brèche ayant 20 mètres de largeur au parement, c'est par mètre courant 156^{k}60 de fonte et 68^{k}80 de poudre.

BATTERIE N° 8.

Brèche commencée avec 4 canons de 24 tirant à la charge de la moitié. Tir oblique à grande distance. (Pl. 5, fig. 11 à 14.)

32. Le succès obtenu avec les batteries obliques n°s 3 et 4, avait déterminé à répéter l'essai de l'exécution des brèches de ce genre, en se plaçant à des distances plus considérables et en diminuant l'ouverture de l'angle d'incidence des projectiles sur l'escarpe. La batterie n° 8 avait, en conséquence, été construite sur la crête du chemin couvert de la face droite du bastion 1 pour battre en brèche, dans la direction du fossé de la face droite, la courtine 1-2. Cette batterie était armée des quatre pièces de

24 qui avaient déjà servi au tir de la batterie n° 1. Elles devaient, comme dans la batterie n° 1, tirer à la charge de la moitié du poids du boulet.

Conditions du tir en brèche.

La batterie n° 8 devait ouvrir dans la courtine 1-2 une brèche de 20 mètres environ de largeur. On avait fixé la position de la tranchée horizontale à 4^{m}50 au-dessus du fond du fossé, enfin le milieu de la brèche devait se trouver à une cinquantaine de mètres de l'angle de flanc du bastion 2. L'escarpe, inclinée au cinquième, avait 12 mètres de hauteur totale, et la partie à battre se trouvait à une distance moyenne de 260 mètres de la genouillère de la batterie. L'inclinaison du tir se trouvait ainsi de 2° dans le plan vertical et l'angle d'incidence des projectiles sur l'escarpe, mesuré dans le plan horizontal, et pour chaque pièce sur l'extrémité gauche de son champ de tir, était pour la première pièce à gauche de 21°, pour la deuxième de 19°15', pour la troisième de 17°25', et pour la quatrième de 15°35'. L'angle moyen maximum était ainsi de 18°19'.

La maçonnerie était en très bon état et très solide. L'explosion d'un baril de 100 kilogrammes de poudre, placé à son pied pour l'étonner, n'y avait produit qu'un effet insignifiant.

Marche du tir.

Pour diminuer dans les premières salves les chances dangereuses du ricochet sur le parement, les feux des pièces furent croisés ; la pièce de droite pointée sur l'extrémité gauche de la brèche rencontrait ainsi l'escarpe sous l'angle le plus grand de tous ; la pièce de gauche, dirigée sur la gauche du champ du tir habituel de la pièce de droite, arrivait, il est vrai, sur l'escarpe sous un angle très aigu, mais dans un point plus rapproché du cul-de-sac formé par la courtine, le flanc et l'orillon du bastion 2, et où les boulets qui ricocheraient pourraient être arrêtés.

Excavations produites par les premiers boulets.

L'examen des effets produits par la première salve a fourni les résultats suivants :

Le boulet de la première pièce avait écorché le revêtement sur une longueur de 2 mètres et sur une hauteur de 1^m10. La profondeur maxima du trou était de 0^m50. Le boulet avait été complétement amorti et était tombé au pied de l'excavation et à 10 mètres de l'escarpe (voir le tableau n° 20).

Celui de la deuxième pièce avait produit une excavation de 2 mètres de longueur, 0^m90 de largeur et 0^m32 de profondeur. Il avait aussi été amorti et était tombé à 20 mètres de l'escarpe un peu au delà de son trou.

Le troisième boulet avait creusé la muraille sur 2 mètres de longueur, 0^m70 de largeur et 0^m28 de profondeur. Il avait ensuite rebondi à 40 mètres au delà du point qu'il avait touché et près de l'angle d'épaule du bastion 2.

Le quatrième boulet avait fait sur l'escarpe une entaille de 1 mètre de long, 0^m60 de large et 0^m30 de profondeur; il s'était ensuite relevé avec une vitesse encore considérable et était allé s'amortir sur l'orillon.

Le premier boulet de la deuxième salve était tombé dans le trou de la première salve, et, sans élargir cette excavation, avait porté sa longueur à 3 mètres et sa profondeur à 0^m55.

Le deuxième boulet avait fait une nouvelle excavation de 2 mètres de longueur, de 0^m90 de largeur et de 0^m45 de profondeur.

Le troisième avait également fait une nouvelle excavation de 1^m85 de longueur, 0^m70 de largeur et 0^m45 de profondeur.

Le quatrième était tombé dans le trou de la première salve et, sans l'élargir ni l'approfondir, avait porté sa longueur à 2 mètres.

Ces quatre nouveaux boulets, soit qu'ils eussent rencontré le parement intact, soit qu'ils eussent frappé des surfaces moins inclinées, s'étaient relevés davantage que les premiers et avaient tous été renvoyés sur l'orillon, ou au delà dans le fossé de la face droite du bastion 2, ou sur la gorge de la demi-lune.

A la troisième salve, le premier boulet a fait un nouveau trou de 2 mètres de longueur, 1 mètre de largeur, et 0ᵐ50 de profondeur.

Le deuxième boulet a frappé dans le deuxième trou de la deuxième salve. Il a porté la longueur de cette excavation à 3ᵐ30 et sa largeur à 1ᵐ10. La profondeur du prolongement n'était que de 0ᵐ35.

Le troisième boulet a fait un nouveau trou de 2 mètres de longueur, 0ᵐ90 de largeur et 0ᵐ35 de profondeur.

Le quatrième a également fait un nouveau trou de 1ᵐ65 de longueur, 0ᵐ90 de largeur et 0ᵐ25 de profondeur.

Il a été, en outre, constaté pour cette salve qu'un boulet était allé tomber dans le fossé de la face droite du bastion 2 à 40 mètres au delà de l'angle d'épaule. Un deuxième boulet a été retrouvé entre l'orillon et la courtine; le troisième, retrouvé au même endroit, avait ricoché sur l'orillon, puis sur la courtine, de là sur le flanc qui l'avait renvoyé sur l'orillon. Le quatrième boulet n'a pas été retrouvé, soit qu'il fût allé dans la campagne, soit qu'il eût pénétré dans la muraille.

Le premier boulet de la quatrième salve a fait un nouveau trou de 1ᵐ80 de longueur, sur 1ᵐ10 de largeur et 0ᵐ45 de profondeur.

Le deuxième est tombé dans le même trou que le précédent et a porté sa longueur à 2ᵐ00 et sa largeur à 1ᵐ25.

Le troisième, ayant frappé dans un trou ancien, on n'a pas pu déterminer exactement ses effets. Il en fut de même du quatrième.

Un boulet de cette salve avait ricoché sur l'orillon et était tombé au pied du trou qu'il y avait fait à $1^{m}50$ au-dessus du fossé. Un deuxième boulet, après avoir ricoché de l'orillon sur la courtine, était venu rouler près du précédent. Un troisième avait frappé l'orillon dans sa partie supérieure et en dedans. Le quatrième était au pied de la brèche.

Le premier boulet de la cinquième salve a fait un nouveau trou de $1^{m}90$ de longueur, $0^{m}70$ de largeur, et $0^{m}35$ de profondeur. Les trois autres n'ont fait que prolonger des trous déjà formés.

Dans cette salve deux boulets avaient été complétement amortis et se trouvaient au pied de la brèche; mais les deux autres n'ont pas été retrouvés.

Il résulte de l'examen de ces premiers effets, en ne tenant compte que des excavations résultant du choc d'un seul boulet, que les boulets de 24 tirés à la charge de la moitié, à 260 mètres de distance et sous un angle moyen de 18°19', forment, en moyenne, dans des maçonneries du genre de celles de Bapaume, des écorchements de $1^{m}85$ de longueur, $0^{m}86$ de largeur et $0^{m}38$ de profondeur maxima (voir le tableau n° 20.)

Après ces opérations préliminaires, la tranchée horizontale se trouvant tracée d'une manière presque continue, on commença à tirer sans interruption pour l'approfondir, chaque pièce étant dirigée sur son champ de tir propre. Mais à la quatrième salve ainsi tirée, un boulet, en frappant sur la partie inférieure de la tranchée horizontale, s'était relevé et avait passé par-dessus le parapet de l'orillon pour tomber dans le bastion 2. A la cinquième salve, un autre boulet, ricochant de la même manière et s'élevant au-dessus du bastion, était allé tomber à 400 mètres dans la campagne, vers la route de Douai. Le président fit alors suspendre le tir et, sur sa proposition, la Commission, considérant que les résultats déjà obtenus démontraient suffisamment la possibilité de faire brèche dans les conditions où l'on était placé, et que, par suite, il n'y avait pas lieu de persister dans un tir dangereux, décida que l'expérience ne serait pas continuée.

Relèvement de la tranchée horizontale après 40 coups.

Il résulta de l'examen de la tranchée horizontale qu'elle était ouverte sur une longueur de 27 mètres, sauf une interruption de 0^m80 vers son milieu, et que sa profondeur moyenne était de 0^m60. Sa section était, par conséquent, de 16 mètres carrés environ avec 40 coups de canon seulement. Si l'on compare ce résultat avec ceux obtenus dans les batteries obliques n°s 3 et 4, on en peut conclure que l'exécution de la brèche était certaine, car pour la batterie n° 3 la section de la tranchée horizontale n'était que de 26 mètres carrés après 84 coups, et pour la batterie n° 4 cette même section n'était que de 28 mètres carrés après 136 coups.

BATTERIE N° 9.

33. Cette batterie devait exécuter, comme la précédente, une brèche sur la courtine 1-2, à la distance de 226 mètres et sous un angle d'environ 20 degrés, avec des pièces de 24 tirant à la charge du tiers. Les mêmes motifs qui ont fait suspendre l'exécution de l'expérience précédente, ont conduit à annuler celle-ci.

BATTERIE N° 10.

Brèche faite avec 4 canons de 16 tirant à la charge du tiers. Tir direct ordinaire. (Pl. 6, fig. 1 à 9.)

34. La batterie n° 10, destinée à vérifier l'efficacité du mode de tir en brèche, suivi par la Commission, sur un revêtement de petit profil, était placée sur la crête du chemin couvert de la demi-lune 15 pour faire brèche à la face gauche de cette demi-lune. Elle était armée des quatre canons de 16 qui avaient déjà servi au tir des batteries nos 4 et 6.

Conditions du tir en brèche.

L'escarpe à battre avait 7^m40 de hauteur totale au-dessus du fond du fossé; son talus était incliné au cinquième et sa distance moyenne à la genouillère de la batterie était de 32 mètres. La position de la tranchée horizontale, qui devait être ouverte sur une longueur de 20 mètres et de manière que le milieu de cette tranchée fût à 25 mètres du saillant de la demi-lune, avait été fixée à 2^m50 au-dessus du fond du fossé. L'inclinaison du tir était par suite de ces dispositions de 8°45' dans le plan vertical et l'angle moyen d'incidence dans le plan horizontal était de 90 degrés. La maçonnerie était bonne, quoique le parement de briques fût en partie tombé. Il fut reconnu, après l'exécution de la brèche, que l'épaisseur du revêtement au niveau de la tranchée horizontale était de 2^m43. Le parapet était presque complétement effacé; les terres s'élevaient à peine à 50 centimètres au-dessus du cordon. Cette circonstance était favorable au but spécial de l'expérience.

La marche du tir a été la même dans le commencement que pour les batteries directes précédentes, où l'on avait employé des canons de 16.

Excavations produites par les premiers boulets.

Les excavations produites par les seize premiers boulets avaient en moyenne 1^m54 de profondeur totale. Celles produites par les seize boulets de la deuxième série avaient en moyenne $1^{m}58$.

Relèvement de la tranchée horizontale après 60 coups.

Après 60 coups tirés, la profondeur de la tranchée horizontale ayant été mesurée de mètre en mètre, il a été reconnu que cette profondeur était, en moyenne, de $1^{m}31$. Comme cette tranchée était ouverte sur une longueur de 20 mètres, la surface de sa section était de 26 mètres carrés. Le revêtement avait été traversé sur deux points.

Formation des tranchées verticales.
Chute du revêtement.

La tranchée horizontale paraissant suffisamment creusée après 80 coups, on a commencé les tranchées verticales, en dirigeant sur chacune d'elles les deux pièces du même côté. On a tiré dans les tranchées verticales jusqu'à la trente-deuxième salve, sauf 6 coups isolés qui ont encore été dirigés sur les extrémités de la tranchée horizontale pour les dégorger. La trente-deuxième salve ayant été tirée les quatre pièces à la fois pour produire un grand ébranlement, le revêtement s'est renversé dans le fossé la partie supérieure en avant. Une grande partie de la face postérieure du mur était restée debout maintenue par quatre contre-forts, entre lesquels la terre se présentait d'aplomb et sans aucune fissure.

Récapitulation sommaire.

Ainsi il avait fallu pour obtenir la chute du revêtement 128 coups de canon, et cette opération avait duré 1 heure 36 minutes. Ces nombres se décomposent ainsi : 86 boulets et 1 heure 7 minutes pour la tranchée horizontale ; 42 boulets et 29 minutes pour les tranchées verticales. La brèche ayant $20^{m}60$ de largeur au parement, c'est par mètre courant 6 boulets 2 dixièmes ; et par mètre cube de maçonnerie détruite environ 6 dixièmes de boulet.

Tir dans les restes de maçonnerie et dans les terres du parapet.
Etat de la brèche terminée.

On a ensuite tiré sur les parties du revêtement restées debout jusqu'à la quarante-septième salve. Ces débris ayant alors à peu près disparu, on a tiré dans les terres pour démasquer les queues des contre-forts, et ceux-ci ayant été complétement rasés à la cinquante-deuxième salve, on a fait feu des quatre pièces à la fois dans les terres du parapet jusqu'à la cinquante-septième salve. La brèche s'est alors trouvée terminée et très douce. Son talus général était de 32 degrés. La terre recouvrait bien tous les débris.

Résumé.

En résumé, la tranchée horizontale avait été ouverte sur une longueur de 20 mètres par 86 boulets en 1 heure 7 minutes;

Les tranchées verticales avaient demandé 42 boulets et 29 minutes ;

Le revêtement était ainsi tombé après 128 coups de canon et 1 heure 36 minutes;

On a tiré sur les maçonneries restées debout 64 coups en 59 minutes ;

Pour achever la brèche, on a tiré dans les terres 40 coups en 41 minutes.

Ce qui fait, au total, 3 heures 16 minutes et 228 coups de canon de 16 tirés à la charge du tiers, représentant 1,824 kilogrammes de fonte et 608 kilogrammes de poudre.

La brèche ayant $20^{m}60$ de largeur au parement, c'est par mètre courant $88^{k}50$ de fonte et $29^{k}50$ de poudre.

BATTERIE N° 11.

Brèche faite avec 4 canons de 16 tirant à la charge du tiers.

Tir de nuit. (Pl. 6, fig. 10 à 17.)

35. La batterie n° 11, destinée à constater l'efficacité du mode de tir en brèche suivi par la Commission sur une escarpe de grand profil, était placée sur la crête du chemin couvert de la face droite du

bastion 5, pour faire brèche à cette face. Elle était armée des quatre canons de 16 qui avaient déjà servi au tir des batteries nos 3 et 7. Les expériences précédentes donnant toute certitude de réussir la brèche par les moyens employés, la Commission décida que l'on profiterait de cette occasion, où l'on avait à sa disposition un revêtement d'une hauteur considérable, pour faire un essai sur l'exécution des brèches pendant l'obscurité de la nuit.

Conditions du tir en brèche.

L'escarpe à battre avait 14m20 de hauteur totale; son talus était incliné au sixième, et sa distance moyenne à la genouillère de la batterie était de 38 mètres. La face droite du bastion 5 n'avait que 26 mètres d'étendue; il y avait donc tout juste la place nécessaire pour ouvrir une brèche de 20 mètres de largeur. La position de la tranchée horizontale avait été fixée à 5 mètres au-dessus du fond du fossé. Par suite de ces dispositions, l'inclinaison du tir était de 9 degrés dans le plan vertical, et l'angle moyen d'incidence des projectiles dans le plan horizontal était de 90 degrés. Il fut reconnu après l'exécution de la brèche que l'épaisseur du revêtement au niveau de la tranchée horizontale était de 3m07. La maçonnerie était en très bon état, mais le parapet était très bas.

Marche du tir.

Le tir fut exécuté militairement, il n'y avait qu'une seule lanterne sourde dans la batterie. Les pièces ayant été pointées à la tombée du jour sur la tranchée horizontale et les moyens de replacer les affûts dans la position convenable ayant été préparés, le feu a commencé à 9 heures du soir, en dirigeant progressivement les pièces sur toute l'étendue du champ de tir réservé à chacune d'elles sur la tranchée horizontale.

Après 80 coups, la Commission seule est descendue dans le fossé pour examiner l'état de la brèche. La tranchée horizontale était bien dessinée et ouverte complétement, sur une longueur de 21 mètres. Elle était plus profonde vers le milieu qu'à ses extrémités. Une partie du parement était tombée au milieu.

Après 200 coups de canon, la tranchée, quoiqu'un peu large et d'une profondeur irrégulière, eût paru assez avancée si l'on n'eût supposé au revêtement une grande épaisseur. On se décida, en conséquence, à tirer encore 10 salves en dirigeant les deux pièces du milieu vers les extrémités de la tranchée horizontale, pendant que les deux pièces extrêmes amorçaient les tranchées verticales. Après ces dix salves, on en tira encore cinq autres en pointant les quatre pièces dans les tranchées verticales, et après ces 260 coups de canon, le revêtement ne paraissant pas encore prêt à se détacher et la Commission pensant qu'il y aurait quelques risques à courir si l'on montait les tranchées verticales pendant l'obscurité de la nuit, le tir fut suspendu.

Chute du revêtement.

Il fut repris à 7 heures 35 minutes du matin au milieu d'un brouillard très épais qui empêchait la fumée de se dissiper et gênait le pointage. On tira d'abord trois salves en dirigeant les pièces extrêmes sur les tranchées verticales et les pièces du milieu sur quelques saillies de la tranchée horizontale. On dirigea de nouveau toutes les pièces dans les tranchées verticales, et à la troisième salve ainsi tirée, un morceau considérable du parement est tombé vers la gauche ; quelques secondes après la neuvième (soixante-quatorzième depuis le commencement du tir en brèche), le revêtement s'est renversé dans le fossé la partie supérieure en avant, laissant à découvert cinq contre-forts, dont deux contigus aux extrémités de la brèche. Il restait une cheminée d'aérage dans le contre-fort de droite. Des cheminées semblables existaient dans les quatre autres contre-forts, mais elles avaient été entraînées par la chute du revêtement.

Récapitulation sommaire.

Il avait fallu pour obtenir ce résultat 296 coups

de canon et 4 heures 42 minutes : 236 coups et 3 heures 52 minutes pour la tranchée horizontale, 60 coups et 50 minutes pour les tranchées verticales. La brèche ayant 19^{m}90 dans sa partie la plus étroite, c'est par mètre courant environ 15 boulets et par mètre cube de maçonnerie détruite 6 dixièmes de boulet.

Tir dans les restes de maçonnerie et dans les terres du parapet.

Pour détruire les contre-forts et autres constructions restées debout, il a été employé 48 boulets et 43 minutes. 44 boulets et 48 minutes ont ensuite suffi pour faire ébouler les terres du parapet, qui ont paru ici plus légères que dans les brèches précédemment faites.

Etat de la brèche terminée.

La brèche était bien praticable et son talus général était de 35 degrés.

Résumé.

En résumé, la tranchée horizontale avait été ouverte sur une longueur de 21^{m}70 par 236 boulets en 3 heures 52 minutes;

Les tranchées verticales avaient demandé 60 boulets et 50 minutes;

Le revêtement était ainsi tombé après 296 coups et 4 heures 42 minutes.

On a tiré sur les maçonneries restées debout 48 coups en 43 minutes.

Pour achever la brèche on a tiré dans les terres 44 coups en 48 minutes.

Ce qui fait, au total, 6 heures 15 minutes et 388 coups de canon de 16, tirés à la charge du tiers, représentant 3,104 kilogrammes de fonte et 1,035 kilogrammes de poudre.

La brèche ayant 19m90 de largeur au parement, c'est par mètre courant 156 kilogrammes de fonte et 52 kilogrammes de poudre.

BATTERIE N° 12.

Brèche faite avec 3 canons de 16 tirant à la charge du tiers.

Tir dans un flanc casematé. (Pl. 7, fig. 1 à 8.)

36. La batterie n° 12, destinée à constater les effets des projectiles sur un revêtement adossé à des constructions voûtées, était placée dans le fossé de la courtine 3-4 et dirigée sur le flanc gauche du bastion 3. Ce flanc, très étroit et couvert par un orillon, n'avait que 7m50 de largeur et renfermait une casemate double, entièrement revêtue, dont les embrasures, demi-circulaires et de 0m60 de rayon, avaient leur fond à 4m20 au-dessus du fossé. Ces embrasures avaient été débouchées, ainsi qu'une troisième qui simulait une casemate supérieure au-dessus de l'embrasure la plus rapprochée de la courtine. Le pied droit qui séparait les embrasures

inférieures avait 3m50 de largeur au bas et son milieu était à 3m50 de l'angle formé par la rencontre du flanc avec la courtine. A l'intérieur, le pied droit qui séparait les casemates avait 1m80 d'épaisseur, et le revêtement à la hauteur des embrasures avait 3m45.

Conditions du tir en brèche.

L'escarpe avait 11m50 de hauteur totale, et la partie à battre était à une distance moyenne de 71 mètres de la batterie. Celle-ci, à cause du peu de largeur du fossé, n'était armée que de trois pièces. Les pièces extrêmes devaient croiser leurs feux pour mieux voir les extrémités de la brèche. Il résultait de ces dispositions que l'inclinaison du tir dans le plan vertical était au minimum de 4° au-dessus de l'horizon, et que l'angle d'incidence des projectiles dans le plan horizontal était, en moyenne, de 84°. La maçonnerie était en parfait état de conservation et le parapet suffisamment chargé de terre.

Marche du tir.

Le tir a d'abord été dirigé de manière à couper le pied droit à hauteur de la plongée des embrasures; les pièces extrêmes croisaient leurs feux pour prendre ce pied droit d'écharpe et pour le faire souffler vers l'intérieur des embrasures. La pièce du milieu tirait en plein sur le pied droit.

Après 48 coups de canon, l'embrasure de la casemate la plus rapprochée de la courtine avait sa joue droite démolie. La clef de la voûte de l'embrasure avait été chassée à 2 mètres dans l'intérieur. Le mur de masque en avant, entre les deux embrasures, n'avait plus que 1 mètre d'épaisseur. Trois boulets avaient frappé le mur au fond de la casemate, et y avaient fait des excavations d'environ un dixième de mètre cube; dans l'autre casemate, l'embrasure avait moins souffert; le mur de masque était aussi coupé jusqu'à un mètre du parement intérieur, du côté du pied droit.

Formation des tranchées verticales.

Après 66 coups, le mur de masque se trouvant complétement coupé entre les deux casemates et cette ouverture étant considérée comme une tranchée horizontale, on a commencé deux tranchées verticales tangentiellement aux bords extérieurs des embrasures qui formaient les extrémités de la tranchée horizontale. Les deux pièces de gauche furent dirigées à cet effet sur la tranchée de droite, et celle de droite sur la tranchée de gauche. A la sixième salve ainsi tirée, une grande partie du parement est tombée; ces débris amoncelés dans un petit espace ayant obstrué la tranchée horizontale, l'on a dû tirer trois salves pour la dégager. L'on a ensuite continué de monter les tranchées verticales.

Après 120 coups de canon, la casemate gauche avait sa voûte crevée sur le devant, celle de droite était encombrée de débris dans un tiers de son étendue.

Le tir ayant été continué dans les tranchées verticales, de larges bandes du parement sont tombées à la quarante-cinquième et à la quarante-septième salve. A la cinquante-septième tout le devant du mur s'est trouvé détruit jusqu'au niveau de l'embrasure supérieure.

Chute du revêtement.

Après 201 coups de canon, les tranchées verticales étant ouvertes jusquà la hauteur de cette embrasure, on a pointé les trois pièces sur le pied droit des voûtes, et au deuxième coup de la soixante-huitième salve le parement s'est écroulé jusqu'à 2 mètres du cordon, démasquant deux évents placés en arrière. Le pied de la brèche se trouva complétement obstrué par les débris, et l'on se décida à tirer sur ces débris afin de dégager, s'il était possible, le pied droit et de mieux voir les voûtes. 30 coups tirés de cette manière ne produisirent pas d'autre effet que de broyer les débris. On revint alors aux tranchées verticales. Après six salves dirigées, tant sur les tranchées verticales que sur les cheminées d'aérage, le reste du parement est tombé jusqu'à 1 mètre du cordon, et après cinq nouvelles salves, c'est-à-dire après la quatre-vingt-neuvième depuis le commencement de l'expérience, tout ce qui restait du revêtement s'est écroulé, laissant à découvert quelques fragments de maçonnerie vers la gauche et des terres à pic.

Récapitulation sommaire.

Il avait fallu pour obtenir ce résultat 267 coups de canon et 4 heures 58 minutes, 75 coups et 1 heure 6 minutes pour la tranchée horizontale, 192 coups et 3 heures 52 minutes pour les tranchées verticales. La brèche ayant $6^{m}40$ dans sa partie la plus étroite, c'est par mètre courant près de 42 boulets, et par mètre cube de maçonnerie détruite environ un boulet et demi.

Tir dans les restes de maçonnerie et dans les terres du parapet.

Il a suffi de 9 coups de canon pour abattre les débris de maçonnerie et les cheminées démasquées. On a ensuite tiré par salves dans les terres pour les faire ébouler, et l'on a cessé le feu à la cent troisième salve, c'est-à-dire après 309 coups de canon.

Etat de la brèche terminée.

En ce moment, la brèche, dont le talus général était de 34 degrés et qui était bien recouverte de terre, présentait au sommet un escarpement de 2 mètres de hauteur qui la rendait difficile à franchir. On ne voulut point, cependant, pousser plus loin le tir, parce qu'à la hauteur où il fallait pointer pour éviter toutes chances d'accidents, on eut dû consommer encore un grand nombre de boulets pour déterminer la chute d'un parapet soutenu de très près à droite et à gauche par les parapets de la courtine et de l'orillon.

Résumé.

En résumé, la tranchée horizontale avait été ouverte sur une longueur de $6^{m}70$ par 75 boulets en 1 heure 6 minutes;

Les tranchées verticales avaient demandé 192 boulets et 3 heures 52 minutes;

Le revêtement était ainsi tombé après 267 coups et 4 heures 58 minutes.

On a tiré sur les maçonneries restées debout 9 coups en 10 minutes.

Pour achever la brèche, on a tiré 33 boulets en 32 minutes.

Ce qui fait, au total, 5 heures 40 minutes et 309 coups de canon de 16, tirés à la charge du tiers, représentant 2,472 kilogrammes de fonte et 824 kilogrammes de poudre.

La brèche ayant $6^{m},40$ de largeur au parement, c'est, par mètre courant, $386^{k}2$ de fonte et $128^{k}7$ de poudre.

BATTERIE N° 1 BIS.

Rétablissement d'une brèche déblayée par la mine.
4 canons de 24 tirant à la charge du tiers. (Pl. 7, fig. 9 à 16.)

37. Le programme des expériences à exécuter par le génie comprenait le déblaiement d'une brèche au moyen d'un fourneau de mine. La brèche faite par la batterie n° 1 avait été choisie pour cette opération. Les mineurs, profitant de la galerie d'escarpe du bastion 6, avaient percé le pied du mur au-dessous du niveau du fond du fossé, et avaient disposé un fourneau de 1,100 kilogrammes de poudre sous l'éboulement de la brèche.

L'artillerie devait profiter de cette expérience, d'abord pour observer les effets du déblaiement sur la batterie, et ensuite pour essayer de rétablir la brèche.

On avait, en conséquence, remis en batterie quatre pièces de 24. Tous les objets d'armement étaient à leur place. Seulement, l'exiguïté des ressources en fascinage avait contraint à renoncer à revêtir de nouveau l'épaulement et les joues d'embrasures de la batterie. Celle-ci ne présentait donc plus que des merlons à demi-éboulés, qui, par conséquent, ne couvraient qu'imparfaitement l'intérieur de la batterie.

Etat de la batterie et de la brèche après le déblaiement.

L'effet du fourneau de mine fut celui d'une immense fougasse. La brèche et le fossé furent complétement nettoyés. Il ne resta rien, ni fragments de maçonnerie, ni terres, de ce que le canon avait fait tomber. Ces débris, projetés avec plus ou moins de force, couvraient le sol, depuis le chemin couvert en avant de la batterie, jusqu'à 240 mètres en arrière. Cependant, les dégâts causés au matériel d'armement de la batterie se réduisaient à peu de chose. La hampe d'un refouloir et un mètre curseur posés sur les chevalets étaient brisés. La pièce de gauche, atteinte par un bloc de maçonnerie sur la tête d'un flasque, avait reculé obliquement à droite, jusque dans le petit fossé situé au bas des plate-formes, où la crosse s'était enfoncée de $0^m,50$ dans la terre. Dans cette position, l'essieu était à $5^m,50$ de la genouillère. Du reste, il n'y avait rien de cassé dans l'affût. Le sol de la batterie et le fond des embrasures étaient recouverts d'une épaisseur variable de 0^m, 20 à $0^m,60$ de débris de la brèche. Ainsi tous les hommes placés dans la batterie et dans la tranchée eussent été atteints. Huit canonniers par pièce, armés de pioches et de pelles, furent immédiatement occupés à rétablir la batterie.

Les deux pièces de droite furent prêtes à faire feu, au bout de 23 minutes; la troisième, au bout de 40 minutes; la quatrième ne put être remise en batterie qu'au bout de 1 heure 55 minutes. Il convient d'ajouter qu'à la guerre il eût fallu attendre la nuit pour faire cette opération.

Quant à la brèche, elle n'existait plus et était remplacée par une nouvelle escarpe, composée, dans sa partie inférieure, de la portion du revêtement située au-dessous de la tranchée horizontale, et qui avait 3^m65 de hauteur, et au-dessus, d'un talus en terre incliné au dixième, au milieu duquel on apercevait des restes de contre-forts dont on n'avait détruit que le sommet dans la première brèche.

L'ébranlement produit par l'explosion du fourneau dans les terres du parapet avait fait couler, vers le milieu de la brèche, une partie de ces terres, et elles formaient un éboulement qui s'élevait jusqu'à la hauteur de l'ancienne tranchée horizontale.

Le feu des quatre pièces de 24, chargées au tiers du poids du boulet, fut d'abord dirigé sur les contre-forts à la hauteur du sommet de l'éboulement, et 28 coups de canon suffirent pour les faire disparaître et pour déterminer la chute d'une grande quantité de terre. On tira ensuite par salves dans le massif du parapet, en s'élevant progressivement à mesure que l'éboulement gagnait en hauteur, et 44 coups de canon ainsi tirés achevèrent de rendre la brèche praticable.

Etat de la brèche terminée.

Elle présentait, à la vérité, à son sommet, un ressaut de 4 mètres de hauteur; mais les terres qui formaient ce ressaut étaient presque partout en surplomb et eussent cédé au moindre ébranlement, si l'on eût osé continuer de tirer à cette hauteur. Le talus de l'éboulement était, d'ailleurs, très doux ; il n'était que de 32 degrés.

Résumé.

Ainsi, en résumé, il avait fallu, pour remettre deux pièces de la batterie en état de tirer, 23 minutes, 40 pour trois pièces et 1 heure 55 minutes pour les quatre; mais cette opération n'eût pas pu se faire avant la nuit, à la guerre.

La destruction des parties apparentes des contreforts avait demandé 28 boulets et 22 minutes ;

On avait tiré dans les terres 44 coups en 34 minutes.

Ce qui fait, au total, pour l'exécution de la nouvelle brèche, 56 minutes et 72 coups de canon de 24 tirés à la charge du tiers, et représentant 864 kilogrammes de fonte et 288 kilogrammes de poudre.

La brèche ayant 19 mètres de largeur au parement, c'est, par mètre courant, 45k50 de fonte et 15k20 de poudre.

BATTERIE N° 13.

Destruction d'un flanc casematé avec 4 canons de 24 tirant à la charge du tiers. (Pl. 8, fig. 1 à 8.)

Conditions du tir.

38. La batterie n° 13 était destinée, comme la batterie n° 12, à constater les effets des projectiles sur un revêtement adossé à des voûtes; mais cette fois le but spécial qu'on se proposait n'était point de faire une brèche, mais seulement de rechercher la marche à suivre pour mettre des casemates hors de service. La batterie n° 13 était placée sur le sommet du chemin couvert du bastion 2, et dans la position d'une contre-batterie, pour faire feu sur le flanc droit du bastion 3. Ce flanc présentait symétriquement la même disposition que le flanc gauche du même bastion, c'est-à-dire qu'il renfermait une casemate double, et qu'il était couvert par un orillon. La batterie était armée de quatre canons de 24, et il y avait une distance moyenne de 301 mètres de la genouillère des embrasures jusqu'au flanc à battre. Il résultait de cette disposition que l'angle de tir, dans le plan vertical, était de 2°,15, et l'angle moyen d'incidence des projectiles sur l'escarpe, mesuré dans le plan horizontal, était de 78 degrés. Enfin, par suite de la relation qui existait entre les diverses parties de la fortification du front 2-3, et notamment entre l'orillon du bastion 3 et le saillant du bastion 2, on ne découvrait

de la batterie, même en croisant les feux des pièces et après avoir fait sauter à la mine le saillant du bastion 2, que la portion du flanc compris entre la courtine et une ligne verticale passant par le milieu de l'embrasure de la casemate la plus éloignée de la courtine. D'un autre côté, l'ouverture des embrasures des casemates était tellement dirigée que c'est à peine si de la casemate la plus rapprochée de la courtine on découvrait quelques points du centre de la batterie. Ainsi, l'on se trouvait placé dans cette condition de pouvoir battre facilement, avec trois pièces au moins, deux embrasures de casemates dont une seule pouvait répondre par un tir d'un effet très incertain.

Marche du tir.

Cette disposition conduisit à croiser le feu des pièces, afin de tirer de chacune de celles-ci le meilleur parti possible. On pointa donc la pièce de droite sur la joue droite de l'embrasure la plus rapprochée de la courtine, et il fallut pour cela écorner l'orillon ; la deuxième pièce fut dirigée sur la joue gauche de la même embrasure ; la troisième dut tirer en plein sur le pied droit qui séparait les deux embrasures ; enfin la quatrième fut pointée sur la joue droite de la seconde embrasure. Malgré la distance qui séparait la batterie des points à battre, ce tir fut exécuté avec une précision remarquable. Dans les quatre premières salves, tous les coups furent à hauteur; quatre boulets pénétrèrent de plein fouet par les embrasures, trois dans la casemate la plus rapprochée de la courtine et un dans l'autre casemate; deux boulets avaient touché légèrement l'orillon, aucun n'avait manqué le flanc. Disons de suite que sur 228 coups de canon qui furent tirés dans cette expérience, un seul n'atteignit pas le flanc. Il toucha la courtine à 25 centimètres de l'angle de flanc et s'y enfonça. Plusieurs rencontrèrent l'orillon; mais ils avaient été pointés dans l'intention de le rencontrer afin de démasquer l'embrasure qu'il cachait à moitié.

Etat des embrasures après 16 coups.

Après seize coups, l'embrasure de droite était détruite jusqu'aux deux cinquièmes de sa profondeur. Le cintre extérieur avait disparu et était remplacé par une ouverture irrégulière dont les dimensions variaient entre 3^m60 et 3^m00. L'embrasure de gauche avait reçu deux boulets dans la partie supérieure de sa joue droite.

Etat des embrasures et des casemates après 32 coups.

Après 32 coups, l'embrasure de droite est démolie jusqu'à la moitié de sa profondeur. L'ouverture extérieure qu'elle présente a 4^m60 sur 3^m80.

La casemate a été traversée et ricochée en tout sens par cinq nouveaux boulets. Un panneau en planches, placé en arrière de l'embrasure, est complétement rasé. Les débris de maçonnerie encombrent l'emplacement de la pièce. On peut considérer cette casemate comme hors de service. Dans celle de gauche, le cintre extérieur de l'embrasure est détruit; les voussoirs de la joue droite et la clef sont enfoncés; il ne reste que les deux voussoirs de la joue gauche que l'orillon empêche de voir. Trois boulets ont traversé la casemate et détruit une partie du panneau qu'on y avait placé.

Etat des casemates après 72 coups.

Jusqu'alors les boulets n'avaient point traversé le mur de masque du flanc. Après 72 coups, le pied droit qui séparait les deux embrasures était percé du côté de la casemate droite, et le revêtement présentait une brèche continue entre la courtine et la partie visible de l'embrasure de la casemate gauche. Cette brèche avait $3^{m}00$ de profondeur. Les débris accumulés en dehors et en dedans des casemates encombraient les restes des embrasures et ne laissaient plus pénétrer le jour dans les casemates que par deux petits segments. L'intérieur de celles-ci est bouleversé. Des boulets, prenant d'écharpe le montant de l'entrée de la communication circulaire qui conduit aux casemates du flanc gauche, ont détruit ce montant et ont parcouru cette communication en ricochant.

Etat des casemates après 92 coups.

La casemate droite est ouverte jusqu'au niveau de sa voûte. L'entrée de la communication est démolie. Un boulet a enfilé la communication et est allé s'amortir sur l'éboulement de la casemate gauche du flanc gauche qui avait été battu en brèche par la batterie n° 12. Dans la casemate gauche du flanc droit, le revêtement de l'escarpe est percé et les débris commencent à s'y accumuler.

Etat des casemates après 152 coups.

Toute la voûte de la casemate droite est à découvert. Il en est de même, dans la casemate gauche, pour toute la partie visible par la batterie. Le pied droit qui sépare les deux casemates est détruit sur une longueur de $1^{m}80$. Le revêtement est coupé jusqu'à $0^{m}50$ au-dessus des clefs des voûtes.

Etat des casemates après 188 coups.

Le pied droit du côté de la casemate droite est coupé en biseau sur une longueur de $4^{m}25$, et du côté de la casemate gauche sur une longueur de $2^{m}60$. Le revêtement est ruiné jusqu'à deux mètres au-dessus des voûtes.

Etat des casemates après 228 coups.

Le pied droit du côté de la casemate droite est coupé en biseau sur une longueur de 7^{m}50, et du côté de la casemate gauche sur une longueur de 3^{m}80. Il se trouve ainsi coupé sur les trois cinquièmes de sa section. La partie antérieure des voûtes est entamée sur une épaisseur moyenne de 0^{m}50. Les débris amoncelés dans les casemates couvrent environ le tiers de leur superficie.

Dans ce moment, les casemates paraissant non-seulement hors de service, mais dans un état impossible à réparer promptement, le feu fut arrêté et l'expérience terminée.

Résumé.

En résumé, il avait fallu 32 coups de canon de 24 tirés à la charge du tiers pour mettre ces casemates hors d'état de répondre à la batterie, et 228 coups les avaient ruinées suffisamment pour qu'elles n'eussent pu être réparées pendant la durée du siége.

On évalue à 120 mètres cubes la totalité de la maçonnerie détruite. C'est donc par mètre cube, à peu près 1 boulet 9 dixièmes, ou 22^{k}80 de fonte et 7^{k}60 de poudre.

BATTERIE N° 14.

Brèche faite avec 4 canons de 24 tirant à la charge du tiers.
Tranchée horizontale à la moitié de la hauteur de l'escarpe.
(Pl. 8, fig. 9 à 16.)

39. La batterie n° 14, destinée à constater la possibilité de faire une brèche praticable en ouvrant la tranchée horizontale à la moitié de la hauteur de l'escarpe, était placée sur la crête du chemin couvert de la face gauche du bastion 1 pour faire brèche dans cette face. Cette batterie était armée de quatre canons de 24 qui avaient déjà servi au tir des batteries n°s 1, 8 et 1 bis, et ces canons devaient tirer à la charge du tiers du poids du boulet.

Conditions du tir en brèche.

L'escarpe à battre avait 12^{m}50 de hauteur totale, son talus était incliné au sixième, et sa distance moyenne à la genouillère de la batterie était de 43 mètres. La position de la tranchée horizontale avait été fixée à 6^{m}25 au-dessus du fond du fossé, et de manière que son milieu fût à 26 mètres du saillant du bastion. Par suite de ces dispositions, l'inclinaison du tir se trouvait être de 6°30 dans le plan vertical, et l'angle moyen d'incidence des projectiles, dans le plan horizontal, était de 90 degrés. Le parapet avait été remis en état. Il fut reconnu, après l'exécution de la brèche, que l'épaisseur du revêtement, au niveau de la tranchée horizontale, était de 2m72.

Marche du tir.

On a suivi, pour la formation de la tranchée horizontale, la même marche que dans les brèches directes précédentes. La profondeur moyenne des excavations produites par les quatre premiers boulets, les seules que l'on ait mesurées, était de 1m10. Dès la huitième salve, le parement en briques, qui était soufflé, a commencé à se détacher. A la dixième salve, il était complétement tombé. Cette circonstance était défavorable, puisque le poids de la partie du revêtement à renverser était diminué.

Relèvement de la tranchée horizontale.

Après cent coups tirés, on a mesuré les profondeurs de la tranchée horizontale. Cette tranchée se trouvait alors ouverte sur une longueur de 20m80, et sa profondeur moyenne était de 1m70. La surface de sa section était donc de 35 mètres carrés. Le revêtement avait été traversé sur un point.

Chute du revêtement.

On a tiré cinq nouvelles salves dans la tranchée

horizontale, et après la 30e salve on a commencé les tranchées verticales. Celles-ci durent être montées jusqu'au cordon, et il fallut revenir à la tranchée horizontale pour tâcher de saper les contreforts qui paraissaient retenir le revêtement. Enfin, à partir de la 50e salve, on fit feu des quatre pièces à la fois pour déterminer l'ébranlement du revêtement. Après la 55e salve, une fissure fut remarquée dans les terres du parapet. Cette fissure s'agrandit lentement, la terre commença à couler par les tranchées verticales; enfin, après trois minutes, l'escarpe tomba par rabattement, la partie supérieure en avant, et se brisa dans sa chute en deux morceaux principaux.

Le morceau de gauche avait 9^m50 de longueur et 3^m50 de hauteur sur une épaisseur de plus de 2 mètres. Ce morceau, qui était construit en moellons piqués, avec assises alternatives de 10 briques, avait emporté avec lui une cheminée arrachée au 2e contre-fort.

Le morceau de droite, construit en moellons ordinaires de craie, avait la même hauteur et la même épaisseur que le précédent, sur 5^m75 de longueur.

La chute du revêtement laissait à découvert quatre contre-forts montant jusqu'au niveau du cordon. Celui de droite contenait une cheminée d'aérage. Celui de gauche avait retenu une partie de la face postérieure du mur. Le 2e de ce côté qui renfermait aussi une cheminée, avait été en partie entraîné par le revêtement. La terre était partout à pic.

Récapitulation sommaire.

Pour obtenir ce résultat, il avait fallu 220 boulets et 4 heures 4 minutes. La brèche ayant 20^{m}80 de largeur dans sa partie la plus étroite, c'était donc 10 1/2 boulets par mètre courant de brèche, et par mètre cube de maçonnerie détruite, environ 7/10 boulet.

Tir dans les restes de maçonnerie et dans les terres du parapet.

Pour renverser les parties du revêtement restées debout et saper les contre-forts, on a employé 93 boulets et 1 heure 33 minutes. Il a fallu 1 heure 40 minutes et 95 boulets tirés dans les terres pour rendre la brèche praticable.

Etat de la brèche terminée.

Celle-ci était bien praticable, son talus général était de 33 degrés. Les gros blocs du revêtement étaient recouverts de terre, excepté vers la droite.

Résumé.

En résumé la tranchée horizontale avait été

ouverte sur une longueur de $20^{m}80$ par 160 boulets en 2 heures 36 minutes;

Les tranchées verticales avaient demandé 60 boulets et 1 heure 28 minutes;

Le revêtement était ainsi tombé après 220 coups et 4 heures 4 minutes.

On a tiré sur les maçonneries restées debout 93 coups en 1 heure 33 minutes.

Pour achever la brèche, on a tiré dans les terres 95 coups en 1 heure 40 minutes.

Ce qui fait au total 7 heures 17 minutes et 408 coups de canon de 24 tirés à la charge du tiers du poids du boulet, et représentant 4,896 kilogrammes de fonte et 1,632 kilogrammes de poudre.

La brèche ayant $20^{m}80$ de largeur au parement, c'est par mètre courant $235^{k}40$ de fonte et $78^{k}50$ de poudre.

BATTERIE N° 15.

Brèche faite avec 4 canons de 12 tirant à la charge du tiers. Tir direct ordinaire. (Pl. 9.)

40. La batterie n° 15 était placée sur la crête du chemin couvert de la face droite du bastion 1 pour faire brèche à cette face. Elle était armée des 4 canons de 12 de campagne qui avaient déjà servi au tir de la batterie n° 5. Ces canons devaient tirer avec des cartouches confectionnées de campagne. Comme on avait observé dans la batterie n° 5 que les pièces battaient la genouillère et détruisaient

rapidement les embrasures, on avait abaissé cette genouillère et réduit sa hauteur à 0^m50. La hauteur de l'épaulement ne se trouvant plus alors suffisante pour couvrir les canonniers, on avait creusé entre les plate-formes, pour les recevoir, un fossé de 0^m74 de profondeur, ce qui portait la hauteur totale de l'épaulement à 2^m30. Les plate-formes inclinées au septième étaient formées de trois madriers dont deux sous les roues et un sous la flèche.

Conditions du tir en brèche.

L'escarpe à battre avait 12^m50 de hauteur totale, son talus était incliné au sixième, et sa distance moyenne à la genouillère de la batterie était de 48 mètres. La position de la tranchée horizontale avait été fixée à 4^m50 au-dessus du fond du fossé et de manière que son milieu fût à 27^m50 du saillant du bastion. Par suite de ces dispositions, l'inclinaison du tir se trouvait être de $6°15$ dans le plan vertical, et l'angle moyen d'incidence des projectiles dans le plan horizontal était de 90°. Le parapet avait été remis en état. L'épaisseur du revêtement au niveau de la tranchée horizontale était de 2^m83.

Excavations produites par les premiers boulets.

On suivit la marche ordinaire pour former la tranchée horizontale, en espaçant les boulets à 1 mètre les uns des autres. Les excavations produites par les 16 premiers boulets, avaient, en moyenne, 0^{m}88 de profondeur, et celles formées par les 16 suivants 0^{m}97, profondeurs qui répondent sensiblement à celles trouvées dans le tir de la batterie n° 5 contre la contre-garde.

Après 120 coups tirés, on a mesuré de mètre en mètre les profondeurs de la tranchée horizontale, qui était ouverte sur une longueur de 20^{m}50. La profondeur moyenne était de 1^{m}26.

Après 220 coups, cette profondeur était de 2^{m}03. Le revêtement n'avait encore été percé sur aucun point, mais 4 coups étaient arrivés à 2^{m}80.

Formation des tranchées verticales.

Après 300 coups, la profondeur moyenne de la tranchée horizontale était de 2^{m}52 et le revêtement était traversé sur quatre points. La section était alors de 51^{m}66 de superficie, c'est-à-dire plus des cinq sixièmes de la totalité de la section du revêtement. Elle fut jugée suffisante et l'on commença les tranchées verticales, en les montant lentement et en s'attachant à ne pas quitter un point sans l'avoir creusé à profondeur de la tranchée horizontale. On eut soin aussi de bien dégager les angles formés par la rencontre des tranchées verticales avec la tranchée horizontale. A cet effet, pendant dix salves, on pointa encore les 2 pièces du milieu vers les extrémités de la tranchée horizontale.

A partir de la quatre-vingt-cinquième salve toutes les pièces furent dirigées dans les tranchées verticales et à la cent dix-huitième, après quelques secondes, le revêtement s'est renversé tout d'une pièce dans le fossé, en démasquant cinq contre-forts, dont deux se trouvaient précisément dans les tranchées verticales. Le revêtement en tombant se posa sur les débris de maçonnerie des tranchées, présentant ainsi un talus convenable pour la perfection de la brèche, et se fendit en trois morceaux principaux. La brèche était nette, il ne restait aucune partie du revêtement en place. Les terres, bien soutenues par les contre-forts, étaient complétement à pic.

Le renversement de l'escarpe avait exigé 472 boulets et 5 heures 16 minutes; 320 boulets et 3 heures 36 minutes pour la tranchée horizontale, 152 boulets et 1 heure 40 minutes pour les tranchées verticales. La brèche ayant 20 mètres de largeur dans sa partie la plus étroite, c'est par mètre courant 23 boulets six dixièmes et environ 16 minutes, et par mètre cube de maçonnerie détruite environ onze dixièmes de boulets et 45 secondes.

Tir dans les contre-forts et dans les terres du parapet.

Pour saper les contre-forts et obtenir leur renversement dans le fossé, on a employé 104 coups et 45 minutes. Enfin, pour rendre la brèche praticable, on a tiré par salves dans les terres 31 coups en 13 minutes.

Etat de la brèche terminée.

Cette brèche était fort belle. Son talus général était de 32 degrés, et les terres recouvraient bien les maçonneries.

Résumé.

En résumé, la tranchée horizontale avait été ouverte sur une longueur de 20^{m}50 par 320 boulets en 2 heures 36 minutes.

Les tranchées verticales avaient demandé 152 boulets et 1 heure 40 minutes.

Le revêtement était ainsi tombé après 472 coups et 5 heures 16 minutes.

On a tiré sur les contre-forts 104 coups en 45 minutes.

Pour rendre la brèche praticable, on a tiré dans les terres 31 coups en 13 minutes.

Ce qui fait, au total, 6 heures 14 minutes et 607 coups de canon de 12 tirés à la charge de 1^{k}958, représentant 3,642 kilogrammes de fonte et 1,189 kilogrammes de poudre.

La brèche ayant 20 mètres de largeur au parement, c'est par mètre courant 182^{k}10 de fonte et 59^{k}40 de poudre.

Résumé général et conséquences des expériences.

41. Les expériences exécutées à Bapaume par l'artillerie sont ainsi au nombre de quinze.

Neuf ont eu pour objet de faire brèche en tir direct ordinaire, c'est-à-dire, sous des angles d'incidence compris entre 76 et 90 degrés, dans des escarpes de différentes dimensions et construites en bonnes maçonneries moyennes, avec des batteries de 24, de 16 et de 12; sur ce nombre de batteries, il y en avait une de 24 et une de 16 tirant à la charge de la moitié du poids des boulets; toutes les autres ont tiré à la charge du tiers. Une des batteries de 16 tirant à la charge du tiers a exécuté en partie son feu pendant la nuit.

Trois batteries, dont deux de 16 et une de 24, ont été consacrées à l'étude du tir oblique, les deux premières tirant sous un angle d'incidence de 25 degrés et la dernière sous un angle plus petit. L'une des batteries de 16 a tiré à la charge du tiers, les deux autres ont employé la charge de la moitié des poids des boulets.

Une batterie de 16 tirant au tiers a été employée à faire brèche dans un flanc couvert par un orillon et casematé, et dont le revêtement présentait par conséquent de l'analogie avec ceux soutenus par des voûtes en décharge.

Une autre batterie armée de pièces de 24 et tirant

aussi à la charge du tiers, a été consacrée à constater la résistance que peut opposer un flanc casematé à l'action destructive d'une contre-batterie.

Enfin la dernière expérience a eu pour but de rétablir une brèche déblayée par l'explosion d'un fourneau de mine.

Batteries directes.

42. Les batteries directes ordinaires placées sur la crête des chemins couverts ou dans les chemins couverts eux-mêmes, à des distances des escarpes à battre comprises entre 32 et 53 mètres, ont fourni l'occasion de vérifier l'efficacité des principes du tir en brèche posés par la Commission de Metz et de compléter les notions que l'on possédait sur ce genre d'opération.

Position de la tranchée horizontale.

43. Il a été constaté que le tiers de la hauteur totale de l'escarpe à partir du fond du fossé est une hauteur très convenable pour y ouvrir la tranchée horizontale, qu'en adoptant cette hauteur on n'a point à craindre d'être gêné par les débris qui s'amoncellent au pied de l'escarpe; il a été démontré, en outre, par l'expérience de la batterie n° 14, que lorsque les circonstances y contraignent, on peut encore, avec confiance, ouvrir cette tranchée à la moitié de la

hauteur de l'escarpe. A cette hauteur, même avec un parapet d'une médiocre épaisseur, il y a encore assez de matériaux pour faire une rampe continue et praticable.

Espacement des premiers boulets.

44. L'espacement des premiers boulets, à raison de 1m25 d'axe en axe pour ceux de 24 et de 1 mètre d'axe en axe pour ceux de 16, afin de laisser produire à chacun d'eux le plus grand effet possible dans les maçonneries, a donné de bons résultats. Dans des maçonneries comme celles de Bapaume qui sont d'une consistance assez faible et qui, par conséquent, se désagrègent peu, on pourrait à la rigueur resserrer cet espacement; mais il n'y a évidemment aucun intérêt à le faire.

Mesure des excavations produites par les premiers boulets.

45. Dans ce genre de maçonnerie, les boulets forment des excavations profondes, mais de faible diamètre, comparées à celles trouvées à Metz.

Les troncs de cône antérieurs ont, en général, une hauteur égale à leur grand diamètre ou diamètre extérieur, et ce diamètre est à peu près trois fois et demi celui du projectile au lieu de cinq fois, comme on l'avait trouvé dans les expériences faites à Metz.

Le petit diamètre de ce tronc de cône, ainsi que

celui du tronc de cône postérieur est égal au diamètre du boulet ou très peu supérieur.

La profondeur totale de la pénétration des boulets varie avec le calibre et avec la charge de poudre. Si l'on fait abstraction des pénétrations obtenues avec la batterie n° 10, qui tirait sur la demi-lune 15 dont le parement en briques était presque complétement tombé, et qui sont relativement très grandes, on voit que ces pénétrations ont été pour les premiers boulets, c'est-à-dire pour ceux espacés comme il a été dit ci-dessus :

Boulet de	24 au 1/2,	24 au 1/3,	16 au 1/2,	16 au 1/3,	12 au 1/3.
En mètres,	1m21,	1m14	1m08	0m93	0m89
En calibres,	8.1	7.6	8.3	7.1	7.4

et pour les boulets de la deuxième série, c'est-à-dire, tirés dans des maçonneries déjà ébranlées :

En mètres,	1m52	1m34	1m21	1m04	0m99
En calibres,	10.2	9.0	9.3	8.0	8.3

Les différences entre les pénétrations correspondantes des deux séries décroissent régulièrement et sont :

0m31 0m20 0m13 0m11 0m10

ce qui montre que la désagrégation produite latéralement dans la maçonnerie autour des excavations croît avec les calibres et les charges. Pour le calibre de 24 et la charge de la moitié, l'augmentation de la profondeur, de la première à la deuxième série, est de plus d'un quart; pour le calibre de 12 et la charge du tiers, cette augmentation n'est que d'un neuvième.

Enfin, si l'on prend les moyennes des profondeurs des excavations produites par les boulets des deux séries, on trouve que ces profondeurs sont sensiblement comme les nombres suivants :

Boulet de 24 au 1/2,	24 au 1/3,	16 au 1/2,	16 au 1/3,	12 au 1/3.
En mètres, 1m40	1m25	1m15	1m00	0m95
En calibres, 9.5	8.5	8.9	7.8	8

On voit d'après cela que, proportions gardées, les pénétrations sont plus considérables pour les petits calibres que pour les gros, et que pour les boulets de 24 et de 16, il y a eu la différence d'un diamètre entre les pénétrations fournies par la charge de la moitié et par celle du tiers.

Quant aux sections méridiennes des excavations produites par les premiers boulets, sections que l'on est obligé de comparer ici, à défaut des volumes eux-mêmes qu'il eût été difficile de mesurer, pour avoir une appréciation des effets produits dans la maçonnerie par les projectiles, on a pour les divers calibres et les différentes charges

24 au 1/2,	24 au 1/3,	16 au 1/2,	16 au 1/3,	12 au 1/3.
0mc32	0mc29	0mc22	0mc20	0mc17

Ces sections sont donc plus considérables que celles trouvées dans les maçonneries de Metz, qui n'étaient en moyenne que d'un sixième de mètre carré, $0^{mc}17$, pour le boulet de 16 tiré à la charge de la moitié et d'un cinquième de mètre carré, $0^{mc}20$, pour le 24 tiré aussi à la charge de la moitié. On voit même, d'après ces chiffres, qu'un boulet de 16, tiré à la charge du tiers, produit dans la maçonnerie de Bapaume une excavation dont la section est égale à celle de l'excavation produite par un boulet de 24 tiré à la charge de la moitié dans la maçonnerie de Metz, et qu'un boulet de 12, tiré à la charge de campagne, produit à Bapaume une section égale à celle d'un boulet de 16 tiré à la charge de la moitié à Metz.

Les nombres trouvés à Bapaume montrent, d'ailleurs, que dans des maçonneries du genre de celles de cette place, les sections des excavations sont sensiblement proportionnelles aux poids des boulets, mais avec un léger avantage en faveur des petits calibres.

Tranchées horizontales.

46. La mesure des excavations eût permis de déterminer le nombre de boulets nécessaires à la formation des tranchées horizontales, si l'on eût connu l'épaisseur de la muraille au niveau de ces tranchées. Mais cette condition n'ayant pu être

remplie dans la plupart des cas et les revêtements ayant présenté, sur quelques points, une épaisseur plus considérable que celle à laquelle on s'attendait, la formation de ces tranchées a été quelquefois entravée par l'incertitude où l'on se trouvait sur leur degré d'avancement. La terre des parapets étant, d'ailleurs, peu coulante, on n'était point prévenu par son apparition du moment où le revêtement était traversé.

Ce n'est donc que par appréciation arbitraire qu'on a pu régler la profondeur à donner aux tranchées horizontales, et on les a, en général, jugées suffisamment ouvertes quand leur profondeur moyenne était de 2 mètres. Toutefois, comme, pour plusieurs brèches, il a fallu revenir à ces tranchées pour amener la chute du revêtement, on peut évaluer la profondeur moyenne donnée aux tranchées horizontales à $2^{m}25$, ce qui, en réalité, correspondait aux deux tiers de l'épaisseur moyenne des escarpes battues, qui est de $3^{m}36$.

En adoptant ce chiffre de $2^{m}25$, on trouve que pour une batterie de 24 (n° 1) tirant à la charge de la moitié du poids du boulet, il a fallu pour ouvrir une tranchée de 19 mètres de longueur, et par conséquent de 42,75 mètres carrés de section, 112 boulets, c'est-à-dire, 5,9 boulets par mètre courant de tranchée, et 2,8 boulets par mètre carré de section, ce qui donne $0^{mc}36$ pour l'effet d'un boulet.

En faisant un calcul analogue pour les batteries nos 2 et 14 de 24 tirant à la charge du tiers, on trouve que pour ouvrir 41m80 de tranchée horizontale avec une section de 94,05 mètres carrés, il a fallu 296 boulets, c'est-à-dire, 7 boulets par mètre courant de tranchée et 3,1 boulets par mètre carré de section, ce qui donne 0mc32 pour l'effet d'un boulet.

La batterie no 7 de 16 tirant à la charge de la moitié a employé 162 boulets pour faire une tranchée horizontale de 21 mètres de longueur et de 47mc25 de section. C'est donc 7,7 boulets par mètre courant de tranchée et 3,4 boulets par mètre carré de section, ce qui correspond à 0mc29 pour l'effet d'un boulet.

Les trois batteries de 16 tirant à la charge du tiers, nos 6, 10 et 11, ont consommé 512 boulets pour ouvrir 62m20 de tranchée horizontale avec une section de 139mc95. C'est 8,2 boulets par mètre courant de tranchée et 3,7 boulets par mètre carré de section, ce qui correspond à 0mc27 pour l'effet d'un boulet.

Les deux batteries nos 5 et 15 de 12 de campagne, tirant à cartouches ordinaires confectionnées, ont consommé ensemble 438 boulets pour ouvrir 46m10 de tranchée horizontale avec une section moyenne de 103mc72. C'est 9,5 boulets par mètre courant de tranchée et 4,2 boulets par mètre carré de section, ce qui correspond à 0mc24 pour l'effet d'un boulet.

Ces valeurs des effets produits dans la maçonnerie par les boulets de 24, de 16 et de 12 sont supérieures, comme on devait s'y attendre, à celles déduites de la mesure des excavations produites par les premiers boulets. Une maçonnerie déjà ébranlée et désorganisée par les premiers coups doit, en effet, opposer moins de résistance aux coups suivants. Mais ce qu'il y a de remarquable dans cette comparaison, c'est que l'avantage demeure aux petits calibres. L'augmentation entre l'effet d'un boulet de 24 mesuré au commencement du tir en brèche, et l'effet moyen du même boulet apprécié sur tous les coups tirés n'est que d'un huitième pour la charge de la moitié et d'un dixième pour celle du tiers. Cette augmentation est d'un tiers pour le calibre de 16 et de près de moitié en sus pour le calibre de 12.

En résumé, il résulte des expériences exécutées avec des canons de 24 à la charge de la moitié et du tiers, de 16 également à la charge de la moitié et du tiers, et de 12 à la charge de campagne ou de $1^{k}958$, que les effets de ces divers modes de tir peuvent être représentés par les nombres :

24 au 1/2,	24 au 1/3,	16 au 1/2,	16 au 1/3,	12 au 1/3.
9	8	7	6 1/2	6

nombres qui, sous le rapport des consommations et pour des maçonneries du genre de celles de Bapaume, indiquent qu'on peut attendre de bons effets des petits calibres et qu'on doit préférer la charge du tiers à celle de la moitié.

Sous le rapport du temps employé, il résulte de l'estimation faite sur la durée de la formation des tranchées horizontales, qu'il a fallu 4'12" par coup de canon et par pièce de 24, 3'44" par coup de canon et par pièce de 16, et 3'12" par coup de canon et par pièce de 12. Si l'on multiplie ces temps par les nombres de boulets nécessaires pour ouvrir un mètre courant de tranchée, on trouve par mètre courant de tranchée à exécuter par chaque pièce de la batterie :

Pour le 24 au 1/2,	24 au 1/3,	16 au 1/2,	16 au 1/3,	12 au 1/3.
24'48"	29'12"	28'48"	30'36"	27'16".

Ces nombres ne sont pas dans le rapport inverse des calibres, ainsi qu'on l'avait trouvé à Metz. Pour les pièces de siége, l'avantage est bien au 24 sur le 16 et à la charge de la moitié sur celle du tiers; mais cet avantage n'est que d'un septième en faveur du 24, et du huitième au seizième en faveur de la charge de la moitié. Quant au boulet de 12, l'infériorité absolue de ses effets est compensée par la rapidité de la manœuvre des pièces de campagne.

Tranchées verticales.

47. Les faits observés dans la formation des

tranchées verticales ne sont point susceptibles d'être résumés comme on vient de le faire pour les tranchées horizontales. La chute du revêtement, que les tranchées verticales ont pour objet de provoquer, dépend en effet de plusieurs circonstances favorables ou défavorables, difficiles ou impossibles à apprécier et à l'égard desquelles la masse du boulet et la vitesse dont elle est animée ne semblent pas jouer toujours un rôle décisif.

Ces circonstances sont la profondeur donnée à la tranchée horizontale par rapport à l'épaisseur totale du revêtement; le poids du massif, revêtement et parapet, en surplomb qui tend à écraser ou à disjoindre les assises sur lesquelles il repose vers les extrémités de la brèche; la nature des matériaux employés dans la maçonnerie qui présentent une plus ou moins grande résistance à cet effort; la présence ou l'absence des contre-forts en arrière du revêtement et dans le cas où ces contre-forts existent; leur plus ou moins de puissance à retenir le revêtement et leur position par rapport aux tranchées verticales; enfin la poussée exercée par les terres.

Dans les expériences faites à Bapaume, les tranchées horizontales ont été, en général, peu profondes, eu égard à l'épaisseur des revêtements; mais le poids des massifs découpés était considérable, et les matériaux dont était composée la maçonnerie offraient peu de résistance à l'écrasement. La poussée des terres était nulle, mais les contre-forts retenaient faiblement le mur et se sont tous brisés net à leur racine. Aussi le nombre de coups tirés dans les tranchées verticales a-t-il été restreint, et sans relation exacte avec le poids des boulets et des charges de poudre. La méthode indiquée par Bousmard, de ne faire que deux tranchées verticales dessinant les extrémités de la brèche, a pleinement réussi à Bapaume, et l'expérience de la batterie n° 5, où l'on a fait une troisième tranchée sur le milieu de la brèche, semble indiquer que dans ce genre de maçonnerie il est non-seulement inutile, mais même désavantageux de faire plus de deux tranchées, parce qu'en dépassant ce nombre suffisant et nécessaire, on provoque la chute de fractions considérables du revêtement et par conséquent la diminution du poids du massif en surplomb.

En se contentant de deux tranchées verticales, il a rarement été nécessaire, pour amener la chute du revêtement, de les monter plus haut que le milieu de l'intervalle compris entre la tranchée horizontale et le cordon. Pour la batterie n° 2, armée de quatre canons de 24, tirant à la charge du tiers, il a même suffi de huit boulets dans chaque tranchée. Ce nombre de coups n'a pas dépassé 60 pour les deux tranchées, dans les autres batteries de 24 et de 16. Pour le calibre de 12, il est allé jusqu'à 111 et 152; mais il convient d'observer que la batterie n° 5, qui a consommé 111 boulets dans les tranchées verticales, a fait trois de ces tranchées dont une dans un contre-fort, et que dans la batterie n° 15 qui a tiré 152 coups dans ses deux tranchées, celles-ci étaient tombées en plein sur deux contre-forts, circonstance qui ne s'est présentée que dans cette batterie. Voici, du reste, mis en regard, pour chaque calibre et pour chaque charge, les nombres moyens de coups tirés dans les tranchées verticales :

24 au 1/2,	24 au 1/3,	16 au 1/2,	16 au 1/3,	12 au 1/3.
24	38	46	45	131.

La marche suivie pour la formation des tranchées verticales a, d'ailleurs, été celle recommandée par la Commission des principes du tir. Le premier boulet de chaque tranchée a été dirigé à 1^{m}25 pour le calibre de 24, à 1 mètre pour les deux autres calibres au-dessus de la tranchée horizontale ; le deuxième boulet sur le milieu de cet intervalle, et les suivants sur les parties saillantes. Ce n'est qu'après avoir suffisamment approfondi cette amorce de tranchée, qu'on a entamé le mur plus haut. L'on a continué la même marche jusqu'à la chute du revêtement.

Chute du revêtement.

48. L'observation des diverses circonstances qui

ont amené la chute des revêtements, permet d'apprécier aussi exactement que possible l'efficacité relative des différents calibres et des différentes charges de poudre dans le tir en brèche ordinaire.

Si l'on groupe les quatre batteries nos 1, 2, 6 et 7, qui ont fait brèche sur les faces du bastion 6, et qui se trouvaient par suite dans des conditions presque identiques, on trouve les résultats suivants :

Batteries.	Calibres.	Charges.	Boulets employés. — Tranchées horizontales.	Boulets employés. — Tranchées verticales.	Boulets employés. — Total.	Temps employés.	Par mètre courant de revêtement. — Fonte.	Par mètre courant de revêtement. — Poudre.	Par mètre courant de revêtement. — Temps.	OBSERVATIONS.
							kil.	kil.		
1	24	1/2	112	24	136	3 h. 0'	85.89	42.95	9'24"	La brèche avait 19 mètres de largeur.
2	24	1/3	136	16	152	2 47'	95.50	31.83	8'42"	La brèche avait 19 m. 10 de largeur.
7	16	1/2	162	46	208	3 32'	83.20	41.60	10'36"	La brèche avait 20 mètres de largeur.
6	16	1/3	190	34	224	3 34'	90.10	30.03	10'54"	La brèche avait 19 m. 70 de largeur.

Il résulte incontestablement du rapprochement de ces chiffres que pour des maçonneries du genre de celles de Bapaume, et dans les circonstances habituelles du tir en brèche, l'efficacité du calibre de 16 est égal à celle du calibre de 24. Ici, comme à Metz, on trouve qu'il faut à peu près le même poids de fonte pour faire une brèche, quel que soit le calibre employé.

Comparaison des effets des charges de la moitié et du tiers.

49. Il en résulte encore que la charge du tiers est préférable à celle de la moitié ; car si les brèches faites au tiers ont exigé quelques boulets de plus que celles faites à la moitié, elles ont consommé notablement moins de poudre et fatigué moins les pièces et leurs affûts.

Enfin, sous le rapport du temps employé, l'avantage en faveur du gros calibre et de la grande charge n'est pas considérable.

Ces premiers résultats ont paru suffisamment décisifs à la Commission, pour trancher la question des charges de poudre égales à la moitié et au tiers du poids des projectiles et pour la déterminer à ne plus employer que la charge du tiers dans celles de ses expériences subséquentes où le tir devrait être à peu près direct.

Comparaison des effets des calibres de 24, de 16 et de 12.

50. Cette question résolue, on va mettre en regard les résultats obtenus dans les diverses brèches ouvertes par un tir direct, avec les calibres de 24, de 16 et de 12 tirés à la charge du tiers, pour arriver à l'estimation de l'efficacité relative de chacun de ces calibres.

On a pour cette comparaison :

1° Les batteries n°s 2 et 14, armées de pièces de

24, et qui ont ensemble ouvert 39m90 courants de brèche dans des revêtements de 3m54 d'épaisseur moyenne;

2° Les batteries nos 6 et 11, armées de pièces de 16, et qui ont ensemble ouvert 39m60 courants de brèche dans des revêtements de 3m70 d'épaisseur moyenne;

3° Les batteries nos 5 et 15, armées de pièces de 12, et qui ont ensemble ouvert 35m30 courants de brèche dans des revêtements de 2m33 d'épaisseur moyenne.

Les diverses batteries qui composent ces groupes ne se trouvaient point dans des conditions identiques; mais, balance faite des conditions favorables et défavorables particulières à chaque expérience, on trouve que les conditions moyennes propres à chaque groupe sont comparables.

On a laissé, à dessein, de côté la batterie n° 10, armée de canons de 16, qui a fait brèche dans le revêtement de la demi-lune 15, parce que ce revêtement a présenté moins de résistance à l'action des projectiles que ceux opposés aux autres batteries.

Les résultats moyens fournis par les trois groupes de batteries indiqués ci-dessus sont renfermés dans le tableau suivant :

Calibres.	Boulets employés.			Temps employé.	Largeur de brèche ouverte.	Par mètre courant de revêtement.		Observations.
	Tranchées horizontales.	Tranchées verticales.	Total.			Fonte.	Temps.	
					m.	kil.		
24	296	76	372	6 h. 51'	39.9	111.9	10' 18"	La quantité moyenne de fonte employée dans ces six brèches est de 113 kil. 50 par mètre courant.
16	426	94	520	8 h. 12'	39.6	105.6	12' 24"	
12	438	285	723	8 h. 1'	35.3	122.9	13' 36"	

On voit, d'après les chiffres contenus dans ce tableau, que pour ouvrir un mètre courant de brèche, il faut, à quelques kilogrammes près, au poids de deux boulets de 16 près, la même quantité de fonte, quel que soit le calibre employé.

Quant au temps nécessaire pour ouvrir 1 mètre courant de brèche, il est d'autant plus court que le calibre est plus fort; mais la durée de l'opération n'est pas dans le rapport inverse du poids des projectiles. Les poids des projectiles sont entre eux comme les nombres 6, 4 et 3, tandis que les temps employés avec chacun d'eux sont comme 5, 6 et 7.

On peut donc établir que pour ouvrir une brèche de 20 mètres de largeur, avec des batteries armées de quatre canons tirés à la charge du tiers, et dans des conditions moyennes de tir et de résistance analogues à celles où l'on était placé à Bapaume, il faut en nombres ronds :

Avec le calibre de 24, 190 coups de canon et 3 heures et demie.

Avec le calibre de 16, 285 coups de canon et 4 heures.

Avec le calibre de 12, 380 coups de canon et 4 heures et demie.

En employant la charge de la moitié du poids des projectiles, il faudrait environ 160 kilogrammes de fonte de moins, c'est-à-dire que l'on économiserait 13 boulets de 24, 20 boulets de 16 ou 27 boulets de 12, et le temps nécessaire pour les tirer, en faisant observer, d'un autre côté, qu'il faut plus de temps pour remettre en batterie avec la charge de la moitié qu'avec celle du tiers.

Influence des dimensions du profil de la fortification sur l'ouverture des brèches.

51. Les terres qui composent les terre-pleins et parapets de Bapaume étant très fortes et leur poussée pouvant être considérée comme nulle, on se serait trouvé dans des conditions très favorables pour étudier l'influence des dimensions du profil des maçonneries et du poids du massif découpé sur la chute du revêtement, si l'on eût pu connaître à l'avance les formes et la valeur relative des profils et régler en conséquence les conditions des expériences faites à ce sujet. Il n'en a pas été ainsi, et l'excessive variabilité des dispositions intérieures des revêtements d'escarpe ne permet pas d'établir

des rapports positifs entre les résultats obtenus.

Les batteries nos 2 et 14, armées de canons de 24, tirant à la charge du tiers, ont fait toutes les deux brèche dans des escarpes qui, extérieurement, avaient sensiblement la même valeur. La première ouvrait sa tranchée horizontale à 3m65 de hauteur dans une escarpe qui avait 10m30 de hauteur totale, de sorte que la hauteur du massif découpé était de 6m65. L'autre ouvrait sa tranchée horizontale à 6m25 de hauteur dans une escarpe de 12m50, de sorte que la hauteur du massif découpé était de 6m25. Ces deux massifs avaient donc sensiblement la même hauteur, et ce groupe d'expériences se trouvait propre à donner des indications sur l'influence de l'épaisseur du revêtement dans le cas où cette épaisseur n'eût pas été la même dans les deux murs. Il en était ainsi, en effet, puisque les épaisseurs au niveau de la tranchée horizontale se sont trouvées être de 4m36 pour la batterie 2, et de 2m72 seulement pour la batterie 14. Mais ici les contre-forts montaient jusqu'au niveau du cordon, et leur résistance agissait dans le même sens que la diminution du poids du massif pour retarder la chute du revêtement, tandis que dans l'autre expérience l'influence de la résistance des contre-forts a été beaucoup moins grande, puisque ces contre-forts ne s'élevaient pas à plus de 3 mètres au-dessus du niveau de la tranchée horizontale.

En résumé, avec la batterie n° 2, pour obtenir

le renversement d'un bloc de maçonnerie d'environ 400 mètres cubes, il a fallu 152 coups de canon, et avec la batterie n° 14, pour obtenir le renversement d'environ 315 mètres cubes, il a fallu 220 coups de canon. Ce résultat est bien dans le sens que la raison indique ; mais l'exactitude du rapport entre les chiffres obtenus est infirmée par l'inégalité des conditions de résistance que présentaient les contre-forts.

Pour apprécier l'influence de la hauteur du massif sur la chute du revêtement on a les trois batteries de 16 nos 6, 10 et 11, tirant toutes les trois à la charge du tiers du poids du boulet.

Pour la batterie n° 10, les dimensions du massif découpé étaient 2m43 d'épaisseur sur 4m 90 de hauteur, et la maçonnerie renversée mesurait approximativement 210 mètres cubes. Les contre-forts montaient jusqu'au cordon ; mais le mur était en partie dégradé et le boulet de 16 y pénétrait de 1m50, tandis que la pénétration moyenne de ce boulet n'a été que de 1 mètre dans les autres brèches. Il a fallu 128 coups de canon.

Pour la batterie n° 6, les dimensions du massif découpé étaient 4m34 d'épaisseur sur 7 mètres de hauteur, et le cube renversé était approximativement de 450 mètres. Les contre-forts ne s'élevaient que jusqu'à 3 mètres au-dessus du niveau de la tranchée horizontale. Le revêtement était en bon état. Il a fallu 224 coups de canon.

Pour la batterie n° 11, les dimensions du profil découpé étaient 3m07 d'épaisseur sur 9m20 de hauteur, le massif renversé était approximativement de 490 mètres cubes. Le revêtement était en bon état; les contre-forts s'élevaient jusqu'à 2 mètres du cordon. Les extrémités de la brèche étaient dans les massifs d'angle du saillant et de l'épaule du bastion. Enfin cette brèche a été exécutée en partie de nuit. Il a fallu 296 coups de canon.

Les chiffres obtenus, 128, 224 et 296 coups de canon, sont dans le sens des poids des maçonneries détruites et des hauteurs des massifs découpés; mais les circonstances de ces trois expériences ne sont pas assez comparables pour pouvoir tirer des conclusions de leurs résultats.

Comparaison des tirs de jour et de nuit.

52. L'expérience de la batterie n° 11, qui, sur les 296 coups de canon qu'elle a consommés pour amener la chute du revêtement, en a tiré 260 pendant une nuit fort obscure et les 36 autres au milieu d'un brouillard épais, montre qu'avec des dispositions convenables et faciles à prendre, le tir en brèche peut s'exécuter la nuit presque aussi sûrement et aussi promptement que pendant le jour. On a évalué plus haut que les consommations et le temps nécessaires pour faire brèche dans des conditions moyennes avec le calibre de 16 tiré à la charge du tiers, étaient 285 coups de canon et

4 heures. L'ouverture de la brèche 11, dans une face de bastion de 26 mètres de largeur et très solide, a été exécutée en 4 heures 42 minutes avec 296 coups de canon.

Tir dans les restes de maçonnerie et dans les contre-forts.

53. Les nombres de coups de canon qu'il a fallu tirer après la chute des revêtements pour débarrasser les brèches des portions de murailles restées debout et pour couper les parties visibles des contre-forts devaient être et ont été effectivement très variables. Pour les batteries nos 2 et 14, armées toutes les deux de canons de 24 tirant au tiers, ces nombres ont été 8 et 93. Pour les batteries de 16, nos 6 et 11, tirant également au tiers, il a fallu pour l'une 48 boulets et 96 pour l'autre. Cependant, si l'on prend les moyennes fournies par les trois groupes de batteries de 24, de 16 et de 12, tirant à la charge du tiers, on trouve encore des consommations de fonte peu différentes l'une de l'autre. Ainsi pour les deux batteries de 24 cette moyenne est de 606 kilogrammes de fonte; elle est de 576 pour les deux batteries de 16, et de 651 kilogrammes pour les deux batteries de 12. Ces nombres sont dans le même ordre que ceux trouvés pour le renversement des escarpes et indiquent encore un léger avantage en faveur du calibre de 16; le calibre de 24 vient ensuite, puis celui de 12. On peut encore tirer de ces résultats cette conséquence, c'est qu'en atta-

quant les restes de maçonnerie et les contre-forts d'une manière uniforme et rationnelle, comme cela a lieu pour la formation des tranchées, on doit arriver à les détruire, quel que soit le calibre employé avec une même quantité de fonte, et cette quantité de fonte doit être d'environ 600 kilogrammes, soit 50 boulets de 24, 75 boulets de 16 et 100 de 12.

Tir dans les terres pour achever les brèches.

54. On s'est trouvé à Bapaume, pour cette dernière opération, dans des conditions particulières peu favorables.

Le désir d'éviter toute chance d'accidents avait conduit la Commission, au risque même de ne point achever ses brèches, à rejeter l'emploi des projectiles creux et à ne se servir que de boulets.

On s'astreignit, en outre, à ne point dépasser dans le tir la hauteur du cordon, et même lorsque le parapet était bas, ce qui avait lieu presque partout, à se limiter à un mètre au-dessous de cette ligne.

A ces difficultés qu'on s'imposait volontairement s'ajoutait celle que présentait la nature particulière des terres des parapets, terres très fortes qu'il fallait attaquer comme des murs par des tranchées et qui ne tombaient qu'autant qu'elles se trouvaient en surplomb.

Cependant, malgré ces difficultés, toutes les brèches ont été terminées avec un assez petit nombre de coups de canon et ont pu être facilement franchies. Toutes, à la vérité, avaient dans le haut un ressaut qui n'eût pas permis à la guerre de les considérer comme praticables pour les colonnes d'attaque; mais il est hors de doute qu'avec le nombre de boulets employés et même avec un nombre moindre et en tirant à écrêter, comme on le fait à la guerre, on les eût complétement ouvertes dans le haut. Dans toutes les brèches qui ont été faites, les rampes étaient, d'ailleurs, convenablement unies et recouvertes de terre. L'inclinaison de leurs talus a varié entre 31 et 37 degrés. Si l'on réunit par calibres, et pour la charge du tiers, les nombres moyens de boulets employés à terminer les brèches, on trouve qu'il a fallu 69 boulets de 24, 67 boulets de 16 et 29 boulets de 12. Il n'y a évidemment aucun compte à tenir de ces chiffres, quant à la relation qui existe entre eux, relation qui a été déterminée par les circonstances particulières des expériences et surtout par l'état d'avancement où se trouvaient les brèches, quand on a commencé à tirer dans les terres. Mais ils montrent que l'efficacité des boulets pour faire ébouler les terres est assez grande, et qu'il ne sera pas nécessaire d'avoir recours à l'opération si difficile du remplacement des canons par des obusiers dans les batteries de brèche.

Récapitulation.

55. En réunissant, comme on l'a fait pour les

consommations employées à l'ouverture des brèches, les résultats moyens obtenus dans les groupes de batteries 2 et 14, 6 et 11, 5 et 15, armés respectivement de canons de 24, de 16 et de 12, et tirant tous à la charge du tiers des poids des projectiles, en ayant égard, toutefois, à ce que le poids de la charge de campagne du 12 est inférieure au tiers du poids du boulet, on trouve les résultats suivants:

Calibres.	PROJECTILES employés.		TEMPS employé.		Largeur de brèche ouverte.	PAR MÈTRE courant de brèche.	
	en nombre.	en poids.	en heures.	en minutes.		Fonte.	Temps.
		kil.			m.	kil.	
24	612	7344	11 h. 5'	665'	39.9	184.40	16' 40"
16	796	6368	12 h. 24'	744'	39.6	160.80	18' 48"
12	999	5994	10 h. 25'	625'	35.3	169.80	17' 42"
Moyennes		6535				171.67	

Ces chiffres, déduits de l'ensemble des opérations qui composent l'exécution des brèches, sont d'accord avec ceux précédemment présentés.

On voit que sous le rapport de la consommation en fonte la variation d'un calibre à l'autre est très peu considérable. Elle est d'un boulet de 24 en dessus et d'un boulet de 16 en dessous de la moyenne par mètre courant de brèche, et cette moyenne est sensiblement égale à la consommation du calibre de 12.

Sous le rapport du temps employé, il y a une anomalie apparente pour le 12; mais si l'on fait attention que dans l'évaluation des temps on n'a tenu compte que de la durée réelle du tir, sans s'occuper des interruptions que nécessitaient les délibérations de la Commission, interruptions qui laissaient aux pièces le temps de se refroidir et permettaient de reprendre ensuite le feu à raison de 2 coups en 3 minutes, on reconnaîtra que la durée portée ici pour le calibre de 12 est trop courte et qu'elle ne pourrait pas être dans la pratique au-dessous de 20 minutes.

On peut déduire de ces résultats que dans des conditions analogues à celles où la Commission s'est trouvée à Bapaume, il faudrait pour exécuter une brèche praticable de 20 mètres de largeur, avec 4 canons tirant à la charge du tiers, en nombres ronds:

Pour le calibre de 24, 285 coups de canon et environ 5 heures et demie.

Ponr le calibre de 16, 430 coups de canon et environ 6 heures.

Pour le calibre de 12, 575 coups de canon et environ 6 heures et demie.

Batteries obliques.

56. Il a été fait deux expériences complètes sur l'exécution des brèches par un tir oblique.

La batterie n° 3, armée de quatre canons de 16 tirant à la charge de la moitié, a fait brèche à la distance moyenne de 119 mètres et sous un angle d'incidence moyen de 25 degrés dans le plan horizontal. Les limites de la variation possible de cet angle, en croisant le feu des pièces extrêmes, étaient 19 degrés et 31 degrés.

La batterie n° 4, armée également de 4 canons de 16, mais tirant à la charge du tiers et à une distance moyenne de 159 mètres, a fait brèche sous un angle moyen de 25 degrés dans le plan horizontal, avec une variation possible comprise entre 20 et 30 degrés.

Ainsi, sous le rapport de la vitesse imprimée aux projectiles et sous celui de la distance, la seconde batterie se trouvait dans des conditions moins favorables que la première.

Une troisième expérience a été commencée, mais non terminée, avec la batterie n° 8, armée de quatre canons de 24 tirant à la charge de la moitié, à une distance moyenne de 260 mètres et sous un angle d'incidence qui pouvait varier entre 15 et 21 degrés.

Les maçonneries des trois courtines sur lesquelles ces expériences ont été exécutées étaient en très bon état, et comparables avec celles des batteries directes n°s 1, 6 et 7.

Tir des premiers boulets.

57. Dans deux de ces expériences, la première et la troisième, on a suivi pour le placement des premiers boulets une marche analogue à celle em-

ployée dans les batteries directes, c'est-à-dire que chaque pièce a été pointée sur la gauche de son champ de tir, de manière à marquer la tranchée horizontale par quatre trous, et les salves suivantes ont été dirigées de manière à allonger vers la droite les premières excavations, jusqu'à ce qu'elles se fussent rejointes et qu'elles ne formassent plus qu'une tranchée continue. Seulement, dans la batterie de 24, on avait croisé le feu des pièces, afin d'avoir un angle moins aigu vers la gauche de la brèche, où le ricochet eût été plus dangereux.

Pour la batterie n° 4, on a suivi une autre méthode. Toutes les pièces ont été pointées vers la gauche de la tranchée horizontale, de manière à n'ouvrir celle-ci que sur un seul point, et l'on a ensuite prolongé la déchirure vers la droite, en appuyant peu à peu les pièces vers ce côté. C'est la sape telle que l'entendait Vauban.

Ces deux méthodes ont paru également bonnes pour un tir oblique, car la différence des nombres des coups tirés par les batteries nos 3 et 4 pour former les tranchées horizontales s'explique suffisamment par la différence des distances du tir et des charges de poudre. Ce nombre de coups a été de 138 pour la batterie n° 3, et de 160 pour la batterie n° 4.

Mesure des excavations produites par les premiers boulets.

58. La forme des excavations produites dans la

muraille par les premiers boulets était celle d'un prisme ou coin irrégulier, et la réunion de plusieurs de ces excavations figurait une ligne à redans très propre à amortir les boulets subséquents et à annuler le ricochet. Cependant, quand un boulet était bas et rencontrait la partie inférieure et presque horizontale d'une excavation, il se relevait beaucoup et pouvait devenir dangereux. C'est ce qui est arrivé dans la batterie n° 8, et ce qui a forcé de suspendre cette expérience.

Les dimensions moyennes des excavations observées, pour les trois expériences de tir oblique, sont contenues dans le tableau suivant, ainsi que l'évaluation approximative des volumes de ces excavations : on n'a fait entrer dans ce calcul que les excavations produites sur des portions de murailles tout à fait intactes.

Nos des batteries.	Calibres.	Charge.	Distance du tir.	LARGEUR maxima de l'excavation.		PROFONDEUR maxima de l'excavation.		Surface de la section méridienne de l'excavation.	OBSERVATIONS.
				horizontale.	verticale.	dans le sens du tir.	perpendiculaire au revêtement.		
			mètr	m.	m.	m.	m.	m.	
3	16	1/2	119	1,70	0. 76	1. 47	0. 33	0. 28	Les dimensions pour la batterie n° 4 ne sont pas des moyennes, mais celles de l'excavation produite par le premier boulet.
4	16	1/3	159	2. 85	1. 20	2. 80	0. 62	0. 88	
8	24	1/2	260	1. 85	0. 86	1. 70	0. 38	0. 35	

On voit que les dimensions du seul trou qu'on ait pu observer dans le tir de la batterie n° 4 sont trop grandes pour n'être point une anomalie. Il ne reste donc plus, pour la comparaison, que les batteries nos 3 et 8, qui ont tiré toutes les deux à la charge de la moitié, l'une avec du 16, la seconde avec du 24.

Or, dans le tir direct ordinaire, à une distance de 48 mètres, on avait trouvé que les surfaces des sections méridiennes des excavations de ces mêmes boulets, tirés aussi à la charge de la moitié, étaient de 32 décimètres carrés pour le 24, et de 22 pour le 16. Celles fournies par le tir oblique sont un peu plus considérables, malgré la grande différence des distances du tir, et si elles ne sont pas exactement dans le même rapport que les premières, c'est-à-dire si l'augmentation de l'effet du calibre de 24 est moindre que l'augmentation de l'effet du calibre de 16, il ne faut pas perdre de vue que la batterie de 24 tirait sous un angle moyen d'incidence de 18 degrés, tandis que celui de la batterie de 16 était de 25 degrés.

Il résulte donc de cette comparaison deux faits essentiels :

C'est que, même sous un angle d'incidence horizontal de 18 degrés, les effets des projectiles sur une muraille construite comme celle de Bapaume, sont au moins aussi considérables que ceux que l'on obtient dans le tir direct, et que cet avantage du tir oblique serait encore marqué à une distance de 260 mètres, si la dispersion des coups ne tendait pas, à de grandes distances, à élargir la tranchée.

Tranchées horizontales.

59. En partant de ces chiffres, 35 et 28 décimètres carrés, qui représentent les effets produits dans la maçonnerie par les boulets de 24 et de 16, tirés à la charge de la moitié, on trouve que, pour ouvrir un mètre courant de tranchée horizontale sur une profondeur moyenne de 2^{m} 25, il faudrait 6,4 boulets de 24 et 8 boulets de 16. Ce fait n'a pas pu être complètement vérifié pour le 24, puisque l'expérience de la batterie n° 8 n'a pas été achevée. Cependant, on a vu que 40 boulets avaient produit une tranchée dont la section était déjà d'environ 16 mètres carrés, ce qui correspond à 5 boulets 6 dixièmes pour un mètre courant de tranchée horizontale, terminée à 2^{m} 25 de profondeur.

Quant à la batterie n° 3, qui a terminé sa brèche, on voit qu'il a suffi de 138 boulets de 16, tirés à la charge de la moitié, pour ouvrir la tranchée horizontale sur une longueur de $21^{m}70$. C'est par mètre courant de tranchée, 6.4 boulets, par mètre carré de section, 2.8 boulets, ce qui correspond, pour l'effet d'un seul boulet, à $0^{mc}35$. Ces chiffres sont plus forts que ceux fournis par l'évaluation portée ci-dessus, et que ceux qui résultent de calculs analogues faits d'après les résultats obtenus avec la batterie directe n° 7. Cet avantage du tir oblique sur le tir direct, qui n'est point balancé par l'augmentation de la distance qui sépare la batterie du but, doit donc trouver sa raison dans l'obliquité même du tir, et semble pouvoir s'expliquer par ce fait, que le boulet, qui rencontre une muraille sous un angle aigu et qui y pénètre, ne borne pas ses effets à la formation d'un entonnoir plus ou moins profond, au fond duquel il se loge, mais qu'il fait rejaillir en dehors toute la portion de maçonnerie comprise entre son passage et la surface extérieure du mur, et que, plus tard, lorsque la tranchée est déjà avancée, il prend d'écharpe et rase avec plus de facilité que le boulet direct les saillies et toutes les irrégularités que présente le fond de cette tranchée.

En analysant, comme on vient de le faire pour les batteries de 16 tirant à la charge de la moitié, les résultats fournis par les batteries oblique et directe du même calibre, tirant à la charge du tiers, on trouve que l'effet du boulet est le même dans les deux modes de tir, ce qui ne contredit point les conséquences que l'on vient de déduire. Le tableau suivant renferme les éléments de cette comparaison pour les deux calibres et les deux charges.

Mode de tir.	EFFET D'UN BOULET DE		
	24 au 1/2.	16 au 1/2.	16 au 1/3.
Batteries directes.	0 mc. 36	0 mc. 29	0 mc. 27
Batteries obliques.	0 mc. 40	0 mc. 35	0 mc. 27

Il résulte de là, quant à l'effet produit par un boulet sur une muraille, qu'avec la charge de la moitié, le tir oblique présente une assez grande supériorité sur le tir direct, même à des distances triple et quintuple, et qu'avec la charge du tiers, c'est-à-dire avec une vitesse qui donne au projectile plus de tendance à ricocher, l'effet du tir oblique est égal à celui du tir direct, même à une distance presque quadruple.

Tranchées verticales.

60. Comme on devait s'y attendre, la formation des tranchées verticales présente plus de difficultés dans le tir oblique que dans le tir direct, puisqu'on ne peut les approfondir qu'en les élargissant considérablement, et que les boulets devant toujours raser une surface sensiblement parallèle à leur plan de tir, sont dans des conditions très favo-

rables au ricochet. Cependant, soit que, dans la brèche oblique n° 3, tirant à la moitié, la tranchée horizontale fût plus avancée que dans les batteries directes, soit qu'un certain nombre des boulets tirés dans la tranchée verticale la plus rapprochée de la batterie, en passant derrière le revêtement, aient commencé à saper un contre-fort et à désagréger les terres, soit qu'il faille attribuer ce résultat au soin particulier qu'on a mis dans le pointage, il est arrivé que, pour cette batterie, il a fallu exactement le même nombre, 46 coups de canon, dans les tranchées verticales, pour déterminer la chute du revêtement que dans la batterie directe n° 7, qui tirait aussi avec des canons de 16 et à la charge de la moitié.

Il n'en a pas été ainsi de la batterie n° 4, qui tirait à une distance plus grande que la précédente et avec la charge du tiers. Un assez grand nombre de boulets ont ricoché, et il en a fallu 111 pour déterminer la chute du revêtement. Le même résultat avait été obtenu pour les batteries directes de 16 au 1/3 avec 45 coups de canon en moyenne.

La marche des expériences a indiqué qu'il y aurait avantage, dans l'exécution des brèches obliques, à incliner la tranchée la plus rapprochée de la batterie, de manière à élargir la brèche par le haut et à pouvoir atteindre le massif des terres, au sommet de la brèche, à une plus grande profondeur.

Chute du revêtement.

61. En résumant, comme on l'a fait pour les batteries directes, les circonstances qui ont amené la chute du revêtement dans les deux brèches obliques nos 3 et 4, on trouve les résultats suivants :

Batteries.	Charges.	BOULETS employés.			Temps employé.	Largeur de brèche ouverte.	PAR MÈTRE courant de revêtement.		OBSERVATIONS.
		Tranchées horizontales.	Tranchées verticales.	Total.			Fonte.	Temps.	
						m.	kil.		
3	1/2	138	46	184	3 h. 44'	18. 1	81. 32	12' 32"	Les consommations de fonte, par mètre courant, étaient, pour les batteries directes, de même genre, 83 kil. 20c et 90 kil. 10.
4	1/3	160	111	271	4 h. 28'	18. 3	118. 36	14' 38"	

Tir dans les restes de maçonnerie, les contre-forts et les terres.

62. Ainsi qu'on pouvait le pressentir, le tir oblique présente de l'avantage sur le tir direct pour la destruction des restes de maçonnerie et des contreforts, et pour provoquer l'éboulement des terres du parapet, quand la brèche est suffisamment large par le haut. Dans les deux expériences à tir direct nos 7 et 6, exécutées avec des canons de 16 tirant, dans la première, à la charge de la moitié, et dans la seconde, à la charge du tiers, il avait fallu

184 coups de canon pour terminer les brèches. Pour arriver au même résultat, la batterie oblique n° 3, qui a employé la charge de la moitié, n'en a tiré que 116, et la batterie n° 4, qui a employé la charge du tiers, n'en a tiré que 148. Cet avantage du tir oblique, que Vauban connaissait, et qui est dû, sans nul doute, à ce que les boulets prennent d'écharpe les matériaux qu'il s'agit de raser, est d'autant plus remarquable que la distance du tir pour les batteries nos 3 et 4 était le triple de celle des batteries directes, et que, par conséquent, les erreurs de pointage et les déviations des projectiles devaient être plus considérables dans les premières que dans les secondes. On peut encore ajouter que les batteries obliques, au lieu de voir leurs brèches sur une largeur de 20 mètres, ne pouvaient les apercevoir qu'en raccourci sur un plan perpendiculaire au tir, ce qui réduisait leur largeur apparente à moins de 10 mètres.

Récapitulation.

63. En récapitulant les faits constatés dans l'exécution des brèches obliques nos 3 et 4, et en les comparant à ceux constatés dans l'exécution des brèches directes de même genre nos 7 et 6, on trouve les chiffres renfermés dans le tableau suivant :

Désignation des batteries.		PROJECTILES employés. en nombre.	PROJECTILES employés. en poids.	TEMPS employé. en heures.	TEMPS employé. en minutes.	LARGEUR de brèche ouverte.	PAR MÈTRE courant de brèche. Fonte.	PAR MÈTRE courant de brèche. Temps.
						m.	kil.	
16 au 1/2	directe.	392	3136	6h. 7'	367'	20.00	156.8	18'
	oblique.	300	2400	5h. 37'	337'	18.10	132.2	19'
16 au 1/3	directe.	408	3264	6h. 9'	369'	19.70	165.7	19'
	oblique.	419	3352	6h. 44'	404'	18.30	183.2	22'

Il résulte de cette comparaison qu'en employant la charge de la moitié du poids des projectiles, le tir oblique a un avantage marqué sur le tir direct, même à une distance triple, et qu'en employant la charge du tiers, il y a un léger avantage en faveur du tir direct; mais que cet avantage se réduit à peu de chose, si l'on observe que la distance du tir de la batterie oblique était exactement le triple de celui de la batterie directe.

Ces résultats d'expériences sont de la plus haute importance et font désirer que l'étude de ce nouveau mode de tir soit continuée, surtout en ce qui regarde les effets du calibre de 24 qui permettrait probablement d'admettre, dans la pratique, des angles d'incidence dans le plan horizontal moindres que 25 degrés, et de placer les batteries à des distances du point à battre plus grandes que 160 mètres. Les faits déjà acquis montrent que le tir direct ordinaire, tel qu'il a été employé jusqu'ici, pourrait bien, contre des maçonneries de résistance moyenne, ne pas être le plus efficace possible, et que, dans tous les cas, à efficacité égale dans certaines limites, le tir oblique contre des maçonneries analogues à celles de Bapaume aurait encore sur le tir direct cet avantage très grand de donner aux assiégeants, dans un grand nombre de circonstances, la facilité de battre en brèche telle ou telle partie des escarpes des fronts attaqués qui n'aurait pas pu l'être si l'on n'eut dû employer que le tir direct.

Brèches dans des flancs casematés.

64. Deux expériences ont été faites pour mesurer les effets des projectiles sur des revêtements adossés à des voûtes.

Une batterie armée de trois canons de 16 tirant à la charge du tiers a fait une brèche praticable dans un flanc casematé.

Une batterie armée de quatre canons de 24 tirant aussi à la charge du tiers a été employée à ruiner les casemates d'un flanc symétrique au précédent. Le succès de la première expérience a déterminé la Commission à borner là le rôle de la batterie de 24.

Les conditions dans lesquelles étaient placées ces

deux batteries étaient difficiles. Les flancs à battre n'avaient que 7m50 de largeur au niveau des embrasures des casemates et étaient solidement étayés, d'un côté par les courtines, et de l'autre par des orillons qui en masquaient même une partie. Les revêtements avaient 3m45 d'épaisseur, les voûtes des casemates étaient très épaisses et le pied droit qui les séparait avait 1m80 d'épaisseur. Enfin, les voussoirs des embrasures étaient en pierre de taille.

La batterie de 16 a tiré à une distance de 71 mètres. La distance de la batterie de 24 était de 301 mètres. La direction du tir était de 78 à 87 degrés dans l'horizon.

Pour la batterie de 16, qui a fait brèche, il n'y a pas eu à proprement parler de chute de revêtement. Celui-ci, solidement étayé par la courtine et l'orillon, est tombé successivement par bandes horizontales à mesure que les tranchées verticales s'élevaient. Il a fallu pour exécuter la brèche 309 coups de canon et 5 heures 40 minutes, ce qui correspond à 386k20 de fonte par mètre courant de brèche. Les moyennes trouvées pour les autres batteries de 16 tirant à la charge du tiers sont 160k80 de fonte. C'est une consommation de boulets plus que double.

Si l'on envisage les effets des deux batteries sous le rapport de la mise hors de service des casemates, on trouve :

Qu'après 32 coups de 24 ou 48 coups de 16 les embrasures étaient démolies dans leurs parties visibles, et que les casemates avaient été ricochées dans tous les sens par plusieurs boulets;

Qu'après 72 coups de 24 ou 66 coups de 16, les deux embrasures ne formaient plus qu'une seule ouverture continue, que l'intérieur des casemates était encombré de débris et hors d'état de servir immédiatement;

Qu'enfin après 100 coups de canon de l'un ou de l'autre calibre, les casemates étaient complétement hors de service et n'auraient probablement pas pu être réarmées pendant la durée du siége.

Il ressort de là que des revêtements casematés et construits en bonne maçonnerie moyenne sont très rapidement mis hors de service par des canons tirant à la charge du tiers du poids du boulet, même à de grandes distances. Si l'on ajoute à cela, qu'après les résultats obtenus avec le tir oblique, il sera presque toujours facile de placer les batteries assiégeantes en dehors du champ de tir naturellement assez restreint des embrasures de casemates, et de diriger sur celles-ci un feu d'écharpe qui coupera en peu de temps tous les merlons, sans qu'il puisse y être répondu utilement, il est permis de penser que la valeur réelle des nouveaux systèmes de fortification à casemates étagées adoptés en Allemagne, n'est pas aussi grande que l'ont cru leurs constructeurs, et que la principale force de la défense continuera de résider dans les pièces établies sur le parapet.

Influence de la distance du tir.

65. La distance la plus grande à laquelle on ait tiré dans les expériences de Bapaume est de 301 mètres. A cette distance, il n'y pas eu d'erreur de plus d'un mètre à droite ou à gauche du but.

On a vu que dans les batteries obliques de 16 qui ont tiré à des distances de 119 et 159 mètres, la largeur des brèches était moindre que 20 mètres. Par conséquent, pour ces distances et malgré l'obliquité du tir, il n'y avait pas eu d'erreurs de pointage ou de déviations des boulets. Dans la batterie nº 8 de 24 qui tirait à une distance de 260 mètres et sous un angle moyen de 18 degrés, la longueur de la tranchée horizontale, qui devait être de 20 mètres, a été portée à 27 mètres, ce qui fait une erreur d'un tiers en sus ou de trois mètres et demi de chaque côté. Mais on doit observer qu'à cette distance et sous cette obliquité la batterie n'apercevait un but de 20 mètres que sous une largeur apparente d'environ 7 mètres, et que les erreurs dont il est question doivent être réduites dans le même rapport.

Les erreurs dans le sens vertical ont été moindres encore.

Observations particulières.

66. La Commission, pendant le cours de ses expériences, a recueilli toutes les observations qui pouvaient présenter de l'intérêt pour le service général de l'artillerie. On résume ici ces observations.

Constructions des batteries.

67. Les gabions employés au revêtement des joues d'embrasure ne résistent point pendant toute la durée de l'exécution d'une brèche. Leur destruction commence par les deuxièmes gabions à partir de la genouillère, qui se trouvent vis-à-vis le point où le souffle des pièces a le plus d'énergie. Le souffle des pièces commence par creuser le sol du fond de l'embrasure de 20 à 30 centimètres, ce qui fait descendre la terre contenue dans les deuxièmes gabions et les vide peu à peu. Quand ils sont à moitié vidés, et cela arrive après une trentaine de coups de la pièce, ces gabions sont bien vite disloqués et emportés et suivis successivement par les autres. Dès que cet effet commence à se produire sur les deuxièmes gabions, les premiers se déplacent, la portière tombe, et ces deux gabions, n'étant plus soutenus, s'inclinent l'un vers l'autre et en dedans, et tendent à faire basculer le

gabion qui forme genouillère, lorsque la batterie est revêtue en gabions. Il devient alors quelquefois impossible de mettre en batterie sans réparer le dégât. On s'est bien trouvé des harts en fil de fer qui résistent mieux que les harts en bois et des deux dispositions suivantes :

La première a consisté à placer les deuxièmes gabions un peu en retraite par rapport aux joues des embrasures. Leur fond se trouvant ainsi plus éloigné de l'excavation produite dans le sol de l'embrasure par le souffle de la bouche à feu, ils se vidaient moins vite ;

La seconde disposition, qui tendait au même but, a consisté à placer ces gabions verticaux sur le sol et à incliner fortement les premiers sur eux, ce qui donnait à ceux-ci moins de tendance à tomber en dedans.

On pourrait aussi remplir les gabions des embrasures avec des sacs à terre.

Plates-formes.

68. Avec une terre grasse commme celle de Bapaume, la longueur et l'inclinaison ordinaires des plates-formes sont insuffisantes pour le recul des pièces, surtout de celles tirant à la charge de la moitié, aussitôt qu'il a plu. Quand ce cas s'est présenté, les pièces ont quelquefois dépassé les plates-formes. Il a fallu prolonger celles-ci par une

queue d'une inclinaison du sixième et entraver la course des roues par des tasseaux. Avec les pièces de 12, il a fallu toujours employer ces précautions, quel que fût le temps.

Batteries de 12.

69. Dans les batteries de ce calibre, la hauteur de 0^m80 pour la genouillère est trop considérable. La volée des pièces baisse fortement dans le tir, frappe la genouillère et la détruit. Il a fallu réduire celle-ci à 0^m50, et, comme les canonniers n'étaient plus alors suffisamment couverts par l'épaulement, on a dû pratiquer entre les pièces des fossés de 0^m75 de profondeur, où ils se tenaient après le chargement. Pour garantir les hommes des coups de mousqueterie à travers l'embrasure, dans les batteries de 12, il serait peut-être préférable de couvrir l'embrasure avec quelques fascines ou avec un gabion, mis en travers comme une portière.

Blindages.

70. Le système de blindage adopté par la Commission des principes du tir pour mettre les canonniers à l'abri des éclats de pierre, a bien résisté à l'ébranlement produit par le tir. Du reste, les éclats qui revenaient dans les batteries étaient en petit nombre et de petite dimension.

Pointage.

71. La hausse a été donnée aux pièces au moyen du mètre à curseur et d'après les tables fournies par M. le commandant Didion. Ces tables, qui n'existaient point dans l'*Aide-mémoire*, ni ailleurs, pour des distances inférieures à celle du but en blanc, sont déduites des expériences faites à Metz en 1846. Leur exactitude a été confirmée à Bapaume, puisqu'on n'a pas eu à tâtonner sur la hausse. Dans le tir de nuit, on s'est servi, pour mettre les pièces en direction, d'un appareil construit par M. le capitaine Joly-Frigola, et qui a parfaitement rempli son but.

Chargement.

72. Le chargement en gargousses allongées a été, exclusivement à tout autre, employé pour les calibres de 24 et de 16. Les cartouches confectionnées de campagne, pour le calibre de 12, étant venues à manquer, on a pu leur substituer des gargousses de 16 allongées. Les 40 derniers coups de la batterie n° 15 ont été ainsi chargés.

Poudres d'Esquerdes et de Saint-Ponce.

73. On avait mis en comparaison, dans chaque batterie armée de canons de siége, les deux poudres

à canon d'Esquerdes et de Saint-Ponce, qui, avant les améliorations récemment introduites dans la fabrication des poudres de guerre, par suite des travaux de la Commission du lissage, s'éloignaient habituellement le plus l'une de l'autre, sous les rapports de la densité gravimétrique et de la dureté. Le point qu'on se proposait de vérifier était de reconnaître si la différence des densités, qui détermine une différence dans les longueurs des charges, avait une influence sensible sur la tension des gaz produits par la déflagration de la charge et, par suite, sur la détérioration des bouches à feu.

Dans chaque batterie, les deux canons de droite ont constamment tiré avec de la poudre d'Esquerdes, et ceux de gauche avec de la poudre de Saint-Ponce.

Les épreuves journalières auxquelles ces poudres ont été soumises ont constaté, pour la poudre d'Esquerdes, que la densité gravimétrique des divers barils a varié entre 0^k822 et 0^k885, et que la densité moyenne a été de 0^k865. La densité gravimétrique de la poudre de Saint-Ponce a varié entre 0^k790 et 0^k847, et la moyenne a été de 0^k823. Lorsque les poudres étaient tassées, ces densités moyennes étaient 0^k977 pour Esquerdes et 0^k929 pour Saint-Ponce. La poudre d'Esquerdes avait 287 grains au gramme et celle de Saint-Ponce 290 grains.

Il en est résulté que moyennement la hauteur de

la gargousse de 24 à la charge de 6 kilogrammes ou de la moitié, a été de $0^{m}455$ pour la poudre d'Esquerdes et de $0^{m}478$ pour celle de Saint-Ponce. La gargousse de 24 de 4 kilogrammes ou du tiers avait $0^{m}298$ avec la poudre d'Esquerdes et $0^{m}313$ avec celle de Saint-Ponce. La gargousse de 16 de 4 kilogrammes ou de la moitié avait $0^{m}388$ en poudre d'Esquerdes et $0^{m}408$ en poudre de Saint-Ponce. Enfin, la gargousse de 16 de $2^{k}667$, ou du tiers, avait $0^{m}255$ en poudre d'Esquerdes, et $0^{m}268$ en poudre de Saint-Ponce.

La moyenne des portées du globe du mortier-éprouvette a été de 245 mètres pour la poudre d'Esquerdes et de 247 mètres pour celle de Saint-Ponce.

Pour apprécier les effets comparatifs de ces deux poudres, on a d'une part les pénétrations des boulets dans la maçonnerie et de l'autre l'état des dégradations produites par le tir dans les bouches à feu.

Quant à la grandeur des effets produits sur la maçonnerie par les deux poudres, le tableau suivant donne les moyens de les comparer, en rapprochant les pénétrations obtenues avec les 16 premiers boulets tirés par les batteries directes n°s 1, 2, 6 et 7, qui se trouvaient dans des conditions aussi comparables que possible sous le rapport de l'état des pièces et de la qualité de la maçonnerie à battre, et que l'on a choisi pour cela. Des faits analogues à ceux que l'on va signaler se sont passés dans les autres batteries.

POUDRES.	24		16		OBSERVATIONS.
	au 1/2.	au 1/3.	au 1/2.	au 1/3.	
	mètres.	mètres.	mètres.	mètres	
Esquerdes. .	1.14	1.22	1.06	0.96	Les barils de poudre consommés pour les deux batteries de 24 marquaient : Esquerdes, densité, sans tassement, 0 k. 867, et avec tassement 0 k. 963. Saint-Ponce sans tassement, 0 k. 847, et avec tassement, o k. 947. Pour les barils consommés dans les deux batteries de 16, ces densités étaient, pour Esquerdes, 0 k. 880 et 0 k. 990, et pour Saint-Ponce 0 k. 850 et 0 k. 942.
Saint-Ponce.	1.28	1.15	1.12	0.89	
Moyennes. .	1.21	1.18	1.09	0.93	

Il résulte de ce rapprochement un fait remarquable, c'est que la poudre la moins dense a la supériorité d'effet avec la charge de la moitié, et passe au second rang avec la charge du tiers. Déjà, dans des expériences spéciales exécutées en 1842, par la Commission du lissage des poudres de guerre, expériences dans lesquelles on avait tiré au pendule à canon, et à la charge du tiers, des échantillons de poudres à canon françaises et étrangères, il avait été constaté qu'à cette charge les vitesses initiales imprimées au boulet se classaient dans le même ordre que les densités gravimétriques. Les expériences de Bapaume ont confirmé ce résultat; mais elles semblent indiquer un fait nouveau, c'est que, lorsqu'on passe de la charge du tiers à celle de la moitié, les effets des poudres se présenteraient en ordre inverse, et que les moins denses deviendraient les plus fortes.

Le fait qu'on vient de signaler ne ressort pas seulement de la grandeur des pénétrations des projectiles dans la muraille. On trouve sa confirmation dans l'état des bouches à feu après le tir. Si, en effet, on calcule les moyennes des augmentations des diamètres verticaux et horizontaux des pièces dans la première moitié de la longueur de l'âme à partir du tonnerre, et que l'on rapproche ces chiffres, on arrive aux résultats suivants :

Dans les pièces de 24 qui ont tiré à la charge de la moitié du poids du boulet, et après 52 coups par pièce, celles qui ont tiré avec de la poudre d'Esquerdes ont un excès moyen de diamètre de 0^m32, et celles qui ont été chargées avec de la poudre de Saint-Ponce ont un excès moyen de diamètre de 0^m42.

Pour les pièces de 24 qui ont tiré à la charge du tiers, et après 51 coups, cet excès est de 0^m25 avec la poudre d'Esquerdes, et de 0^m19 avec celle de Saint-Ponce.

Pour les pièces de 16 qui ont tiré à la charge de la moitié, et après 109 coups, cet excès est de 0^m35 avec la poudre d'Esquerdes et de 0^m41 avec celle de Saint-Ponce.

Enfin, pour les pièces de 16 qui ont tiré à la charge du tiers, et après 105 coups, l'excès est de 0^m54 avec la poudre d'Esquerdes et de 0^m26 avec celle de Saint-Ponce. Il est juste d'observer que dans cette catégorie l'une des pièces qui ont tiré avec de la poudre d'Esquerdes, l'Éteignoir, s'est dégradée avec une rapidité plus grande que les autres canons qui ont servi aux expériences, et que la cause de sa plus prompte détérioration ne peut pas être uniquement attribuée à l'effet de la charge de poudre.

Quoi qu'il en soit, tous les chiffres que l'on vient de rapprocher sont exactement dans le même sens que ceux fournis par les pénétrations des boulets dans la muraille, et confirment la réalité du fait. Ils montrent aussi que deux poudres de même espèce peuvent être alternativement plus destructives l'une que l'autre du métal des bouches à feu, que cela dépend des circonstances dans lesquelles elles sont placées, et que la poudre qui, dans un cas donné, développe la plus grande puissance balistique, est en même temps la plus brisante.

Ces faits remarquables n'ont, il est vrai, que la valeur d'une expérience isolée, mais ils méritent d'être notés et conservés, car ils semblent indiquer que pour deux poudres, qui ne paraissent différer entre elles que par la densité gravimétrique, il y aurait une charge, entre celle de la moitié et celle du tiers, pour laquelle les effets seraient égaux.

Etoupilles fulminantes.

74. L'emploi des étoupilles fulminantes présente des avantages incontestables. Il dispense d'avoir du feu dans les batteries. Leur transport et leur maniement sont sans danger. L'effet en est plus assuré que celui des anciennes étoupilles et le coup part au commandement. Cependant l'étoupille fulminante actuelle exige une certaine adresse de la part de l'homme qui est chargé de la faire partir. Il arrive souvent, et surtout lorsque la lumière de la bouche à feu est évasée, que, par suite d'un faux mouvement, l'étoupille sort en partie de la lumière. Alors elle se courbe ou se brise en deux et le jet de flamme ne pénètre pas dans la lumière. Quelquefois même la tête de l'étoupille est arrachée et la friction du rugueux n'a pas lieu. Il serait facile de remédier à cet inconvénient et d'avoir des étoupilles dont le départ fût rendu indépendant de l'adresse du canonnier. M. Dambry a présenté une étoupille dont le chapeau d'une forme tronconique permettait de la forcer dans la lumière, quelque dégradée que fût celle-ci, et qui a donné de bons résultats.

Boulets.

75. Un très petit nombre de boulets a été brisé dans le cours des expériences. Ceux qui l'ont été

présentaient dans leurs fragments les formes particulières signalées par la Commission des principes du tir.

Dégradation des pièces.

76. Les dégradations produites par le tir dans les canons, ont été peu considérables. D'ailleurs, aucune pièce n'a tiré 400 coups. L'excès moyen de diamètre au-dessus du calibre exact est compris entre 2 et 6 décimillimètres. Une seule pièce de 16, l'Eteignoir, a eu un refoulement moyen de plus d'un millimètre.

Dégradation des affûts.

77. Dans les affûts de siége, il n'y a eu, après la fin des expériences, que quelques boulons à resserrer. Ceux de 12 de campagne ont éprouvé quelques avaries plus graves. Trois étriers porte-écouvillons sur quatre ont été cassés. Deux essieux ont été dérangés de leur position. L'angle de tir n'a pas dépassé 9 degrés au-dessous de l'horizon et 6 degrés au-dessus.

Consommation totale en projectiles et en poudre.

78. Il a été tiré, dans les expériences de Bapaume, 1,144 coups de canon de 24, dont 208 à la charge de la moitié, 912 à celle du tiers et 24 à celle du

quart; 2,498 coups de canon de 16, dont 436 à la charge de la moitié et 2,062 à celle du tiers, et 1,017 coups de canon de 12 à la charge de 1k958 de poudre. C'est, au total, 4,659 coups de canon, représentant 39,814 kilogrammes de projectiles et 14,202 kilogrammes de poudre. Pour le même poids de fonte en boulets de 24, tirés à la charge de la moitié, comme cela avait généralement lieu dans le tir en brèche, il eût fallu 19,907 kilogrammes de poudre.

Conclusions et propositions.

79. Les conclusions qu'il est permis de tirer de l'ensemble des nombreuses expériences exécutées par l'artillerie sur les fortifications de Bapaume, ne sont applicables d'une manière absolue qu'à l'attaque des fortifications de même espèce, c'est-à-dire construites en maçonnerie de calcaire tendre avec revêtement en briques, ou entièrement en briques, mais ces conclusions acquièrent une grande importance par ce fait que la plus grande partie des places fortes existantes reproduisent les conditions de résistance et l'espèce de matériaux que la Commission a rencontrés à Bapaume. On doit observer, en outre, que les résultats obtenus à Bapaume s'accordent, en général, avec ceux obtenus à Metz, en 1834 et 1844, sur des matériaux plus durs, et

même avec ceux obtenus à Constantine, en 1837, sur une maçonnerie d'une résistance que l'on considère comme un maximum.

Si donc les conclusions que la Commission croit pouvoir prendre ne sont pas d'une application tout à fait générale, il sera toujours facile de reconnaître le petit nombre de cas où les principes du tir en brèche, tels qu'elle les déduit de ses expériences et des expériences antérieures, auront besoin d'être modifiés, et dans quel sens ils devront l'être.

Charges.

80. La charge du tiers du poids du boulet est suffisante pour l'ouverture des brèches.

La conviction de la Commission est complète à cet égard; cependant elle reconnaît qu'il serait désirable que son opinion fût appuyée par des expériences directes faites sur les matériaux les plus résistants qu'il sera possible de rencontrer.

Ce ne serait, en effet, que dans le cas d'une maçonnerie présentant une résistance supérieure à celle des remparts de Constantine, et contre laquelle il faudrait tirer à une distance plus grande que celle du tir en brèche ordinaire, ou dans le cas d'un tir oblique aussi à une grande distance, qu'il pourrait devenir nécessaire d'avoir recours à la charge de la moitié du poids du boulet.

C'est donc sous cette réserve que la Commission conclut à l'adoption de la charge du tiers du poids du boulet comme charge habituelle du tir en brèche, et à la suppression de la charge de la moitié, qui, indépendamment de l'accroissement de la consommation de poudre, détériore plus rapidement les bouches à feu, les affûts et les batteries, produit un grand recul, contraint à donner un poids considérable aux canons, et rend le service plus pénible.

Calibres.

81. Les expériences de Metz avaient déjà montré que les deux calibres de siége, 24 et 16, avaient sensiblement les mêmes effets sur de bonnes maçonneries moyennes, qu'il fallait avec ces deux calibres la même quantité de projectiles en poids pour l'ouverture des brèches, mais que le calibre de 24 avait un avantage sur le 16 sous le rapport de la durée de l'opération.

Les expériences de Bapaume ont pleinement confirmé ces résultats et ont appris de plus qu'on les obtenait encore avec le calibre de 12 de campagne.

Ainsi, dans des maçonneries analogues à celles de Bapaume, et dans les conditions ordinaires du tir en brèche, il faut sensiblement le même poids de projectiles pour ouvrir une brèche, quel que soit celui des trois calibres qu'on emploie, 24, 16 ou 12. Le 24 ébranle davantage les maçonneries, mais le 12 les coupe mieux, et le 16 participe des avantages et des inconvénients des deux autres.

Sous le rapport du temps nécessaire à l'opération, l'avantage est au calibre le plus fort, puisqu'il y a moins de coups de canon à tirer; mais cet avantage est en partie compensé par la rapidité de la manœuvre, qui est d'autant plus grande que la pièce est moins lourde. Les temps nécessaires pour faire une brèche praticable avec les calibres de 24, de 16 et de 12, sont entre eux comme les nombres 5, 6 et 7.

Les circonstances détermineront le choix du calibre qu'il conviendra d'employer dans une batterie de brèche; mais parmi les considérations qui pourront influer sur la composition d'un équipage de siége, il faudra se rappeler que le calibre de 24 a l'avantage sur les calibres plus petits contre les maçonneries très dures, que seul il produit de bons effets dans le tir à ricochet, qu'il permet aussi, à la rigueur, dans cette circonstance, de tirer des obus, et qu'enfin, produisant un effet déterminé avec un nombre de coups plus petit que les autres calibres, il épargne du temps et par conséquent des hommes.

Distance du tir.

82. Les exemples des brèches obliques exécutées à des distances de 119 et de 159 mètres avec des pièces de 16, aussi facilement qu'elles l'eussent été

en tir direct par des batteries placées sur le couronnement du chemin couvert, l'exemple de la batterie de 24 n° 13 détruisant un flanc casematé à une distance de 301 mètres, enfin celui de la brèche de Constantine, commencée à 550 mètres et terminée à 150, avec des pièces de 24 tirant à la charge du tiers, permettent de conclure que l'on pourra sans inconvénients, dans les cas ordinaires, et lorsque la disposition des localités le permettra, entreprendre l'exécution des brèches à 200 mètres avec le calibre de 16 et à 300 mètres avec celui de 24, sans rien préjuger pour de plus grandes distances.

Obliquité du tir.

83. Cette question, l'une des plus importantes de celles qui ont été abordées par la Commission, ne peut point être considérée comme suffisamment étudiée. La Commission des principes du tir avait été conduite, par quelques observations de l'effet que des boulets rencontrant une muraille sous un angle d'environ 25 degrés produisent sur la maçonnerie, à penser qu'il serait possible d'exécuter une brèche complète en tir oblique. Ces prévisions de la Commission des principes du tir ont été justifiées par les expériences de Bapaume. Ces expériences, en montrant avec quelle facilité on fait brèche dans des maçonneries de résistance moyenne, lorsqu'on les attaque sous un angle de

25 dégrés au plus et à des distances triples ou quadruples des distances ordinaires du tir en brèche, donnent lieu de penser aujourd'hui que ce nouveau mode de tir, loin d'avoir une utilité restreinte à quelques cas très exceptionnels, pourrait être susceptible, au contraire, d'applications étendues, et qu'il mérite par conséquent d'être l'objet de nouvelles études.

Sans parler des avantages particuliers que ce mode de tir paraît avoir, dans certaines limites, sur le tir direct, quant aux effets des projectiles sur la muraille et sur l'exécution de la brèche en général, il suffit de remarquer, qu'en employant le tir oblique on s'affranchira, dans beaucoup de cas (1), de la nécessité absolue de placer les batteries de brèche sur la crête des chemins couverts des faces du bastion à battre et parallèlement à ces faces, c'est-à-dire, dans une position nécessairement indiquée d'avance, contre laquelle la défense a organisé tous les moyens qui lui restent, et dans laquelle on a fort à redouter l'effet des coups de mousqueterie dirigés à travers les embrasures; que l'emplacement le plus convenable pour une batterie de brèche oblique dirigée contre une face de bastion se rapprocherait de la capitale

(1) Il est bien entendu qu'on ne raisonne point ici dans le cas d'une place régulièrement fortifiée et dont toutes les maçonneries sont bien couvertes.

de ce bastion et par conséquent d'un point qui serait moins en prise aux feux de flanc; que vis-à-vis de certaines places, sises en pays accidenté, et insuffisamment défilées, il serait possible de faire brèche à distance, en profitant de quelque mamelon négligé parce qu'il ne pouvait voir les faces d'ouvrage que sous un angle aigu; que toutes choses égales d'ailleurs, les batteries obliques ont sur les batteries directes l'avantage de mieux découvrir le fond du fossé et le pied des brèches, ce qui, quelquefois, peut être très important; enfin que vis-à-vis quelques places modernes, où les ingénieurs ont cru trouver un remède à l'infériorité reconnue de la défense, en accumulant les étages de casemates de manière à rendre impossible l'établissement d'une batterie directe, il sera, la plupart du temps, possible de trouver un emplacement pour asseoir une batterie de brèche oblique en dehors du champ de tir des embrasures des casemates, et qui par conséquent pourra impunément raser toutes ces embrasures par un tir d'écharpe.

Par ces diverses considérations, et par l'examen des faits déjà constatés, la Commission pense qu'il est d'un grand intérêt de continuer l'étude du tir en brèche oblique et de rechercher quelles seraient, pour les différents calibres tirant à la charge du tiers du poids des projectiles, les limites inférieures de l'angle sous lequel on peut attaquer les revêtements de diverse nature, et surtout les limites supérieures de la distance où ce mode de tir cesse d'être efficace.

Elle conclut provisoirement, et pour des revêtements du genre de ceux de Bapaume :

1° Qu'on peut, avec certitude de succès, employer le tir oblique jusque sous un angle de 20 à 25 degrés, et jusqu'à des distances de 160 mètres, avec le calibre de 16, et de 260 mètres avec celui de 24 ;

2° Que, sous de tels angles et à de telles distances, l'exécution des brèches étant encore assez facile, il sera avantageux, quand on le pourra, de placer les batteries de brèche près des capitales des bastions, de manière à battre les faces de ces ouvrages sous un angle de 50 à 60 degrés, et à une distance moyenne d'environ 80 mètres.

Tir contre des casemates.

84. Toute casemate que l'artillerie peut découvrir et dont les embrasures sont en maçonnerie, est mise hors d'état de répondre après un très petit nombre de coups. A 300 mètres de distance, il suffit, pour obtenir ce résultat sur deux casemates, de 80 coups de canon de 24, tirés à la charge du tiers.

Méthode de l'exécution des brèches, complétée d'après les expériences de Bapaume.

85. Pour faire brèche à une face d'ouvrage avec une batterie de brèche ordinaire, c'est-à-dire établie dans le couronnement du chemin couvert de cette face, ou dans le chemin couvert lui-même, on déterminera l'emplacement de cette batterie de manière que les lignes de tir des pièces fassent avec le revêtement un angle, mesuré dans le plan horizontal, compris entre 50 degrés et 90 degrés. Cet angle devra être d'autant plus ouvert que la maçonnerie sera plus dure. On évitera, autant que possible, de placer la batterie tout à fait parallèlement à la face à battre. Le point essentiel est d'avoir une direction de tir telle que les boulets ne ricochent pas. Dans la plupart des cas, l'emplacement qui répondra le mieux aux conditions du tir en brèche, sera près du saillant du chemin couvert de l'ouvrage, d'où les pièces verront les faces de cet ouvrage sous un angle d'environ 60 degrés, et à bonne distance de tir. Cette position n'exigera pas, d'ailleurs, pour l'établissement de la batterie, plus de mouvements de terre à faire, que toute autre position sur le couronnement du chemin couvert.

La hauteur la plus convenable pour la position de la tranchée horizontale est le tiers de la hauteur totale de l'escarpe, à partir de son pied. Cette hauteur est très suffisante pour que les matériaux placés au-dessus forment par leur éboulement une rampe continue recouverte partout d'environ un mètre de terre; elle est, d'un autre côté, assez considérable pour que la tranchée horizontale ne soit point obstruée, avant la chute du revêtement, par les débris qui s'accumulent au pied du mur. Cette position est d'ailleurs visible, dans la plupart des cas, d'une batterie placée sur le couronnement du chemin couvert. Dans les circonstances exceptionnelles où cette hauteur du tiers ne serait point visible de la batterie, on pourra relever la position de la tranchée horizontale jusqu'à la moitié de la hauteur totale du revêtement. On déterminera encore à cette hauteur la chute d'assez de matériaux pour rendre la brèche praticable.

La position de la tranchée horizontale étant déterminée, pour faire une brèche de 20 mètres de largeur avec une batterie de 4 canons, sous un angle tel que tous les boulets pénètrent, on suivra la marche ci-après :

Après avoir partagé idéalement l'étendue de la brèche en quatre parties égales correspondant à chacune des pièces de la batterie, on appuyera toutes les pièces à la fois vers l'une des extrémités de leur champ de tir particulier, vers la gauche, par exemple, et l'on tirera une salve, coup pour coup, dans cette position. On ramènera ensuite les pièces vers la droite, d'une quantité proportionnelle aux effets de leurs calibres, c'est-à-dire, ainsi que l'avait déterminé la Commission des principes du tir, d'environ 1^{m}25 pour les canons de 24, et d'un mètre pour ceux de 16. Si l'on emploie le calibre de 12, cette distance devra être de 80 à 85 centimètres. On tirera une seconde salve dans cette position, et l'on continuera d'appuyer les pièces vers la droite de leur champ de tir, de quantités égales à celles que l'on vient d'indiquer, jusqu'à ce que la tranchée horizontale soit complétement tracée par une série de trous régulièrement espacés. D'après ce qui précède, ce nombre de trous sera de 16, avec le calibre de 24, de 20 avec le calibre de 16, et de 24 avec celui de 12.

Après avoir ainsi tracé la tranchée horizontale, on pointera encore les pièces à un demi-intervalle sur la droite des derniers coups tirés, puis on les ramènera successivement vers la gauche de leur champ de tir, en pointant au milieu des intervalles de la première série de boulets. La tranchée horizontale sera alors marquée par un nombre de trous double de ceux formés dans la première série, et les intervalles qui les sépareront, réduits à 62 centimètres pour le 24, 50 pour le 16, et 42 pour le 12, seront déjà en partie tombés, ou du moins ébranlés et désagrégés, surtout si l'angle d'incidence des boulets est peu ouvert.

On continuera alors le feu des pièces dans leur champ de tir propre, en les pointant sur toutes les parties saillantes : cependant, il pourrait se présenter certains cas où le nettoiement de la tranchée horizontale se ferait plus vite en croisant le feu des pièces, de manière que la section de droite de la batterie dirige le sien sur la section de gauche de la brèche et réciproquement; car, au moyen de ce tir biais, on recouperait en travers les entonnoirs formés par les premiers boulets, au lieu de piler des débris au fond des trous déjà formés.

Quelle que soit la marche que l'on suive, on ne devra pas craindre de pousser trop loin l'approfondissement de la tranchée horizontale. L'expérience a démontré que la chute du revêtement et la perfection des brèches dépendent beaucoup de la perfection de cette tranchée. Plus la tranchée horizontale est profonde, et plus le poids du massif en surplomb tend à écraser les assises qui le retiennent vers les extrémités de la brèche, ce qui diminue le travail de l'exécution des tranchées verticales ; plus aussi décroît l'épaisseur de la partie de la face postérieure du revêtement, retenue par l'adhérence des contre-forts, ce qui diminue le travail ultérieur du nettoiement de la brèche.

Le meilleur indice qui puisse servir à reconnaître le moment où la tranchée horizontale est suffisamment approfondie, c'est l'écoulement des terres du rempart qui avertissent que le revêtement a été traversé. Mais cet indice manque quelquefois. Il en a été ainsi à Bapaume, où les revêtements avaient une très grande épaisseur, et où les terres étaient fortes. A défaut de ce renseignement, on pourra se laisser guider par la hauteur où se trouve la tranchée horizontale au-dessus du fond du fossé. Lorsqu'elle paraîtra avoir une profondeur égale à sa hauteur au-dessus du fond du fossé, on pourra considérer cette tranchée comme assez avancée pour que l'on se propose de passer à l'exécution des tranchées verticales.

En règle générale, deux tranchées verticales tracées chacune sur une des extrémités de la tranchée horizontale, de manière à isoler dans son entier le bloc de maçonnerie qu'on veut détacher, sont suffisantes. Les tranchées verticales intermédiaires ont l'inconvénient de diminuer le poids du massif découpé, de diminuer ainsi l'action de ce poids et d'obstruer de débris la tranchée horizontale et le milieu de la brèche, ce qui peut quelquefois avoir de graves inconvénients en arrêtant, lors de la chute du revêtement, des blocs de maçonnerie à une hauteur où ils ne peuvent pas être recouverts par la terre du parapet. On ne devra donc faire de tranchées verticales intermédiaires que dans des cas exceptionnels, dans ceux, par exemple, de maçonneries dont les matériaux auraient entre eux une grande adhérence et où les contre-forts auraient avec le revêtement une liaison qu'on ne pourrait pas détruire autrement, mais qui n'existe pas habituellement.

Le mode d'exécution des tranchées verticales a été indiqué par la Commission des principes du tir, ainsi que celui de la tranchée horizontale avec lequel il a de l'analogie. On développe ici ce mode d'exécution.

Les tranchées verticales seront commencées par le bas et dans la tranchée horizontale elle-même, c'est-à-dire qu'il faudra d'abord les ouvrir au pied et dégager complétement l'angle formé par la rencontre de la tranchée verticale avec la tranchée horizontale, parce que les débris qui vont s'accumuler sur ce point ne permettraient plus d'y revenir. On tirera ensuite un boulet à 1^m25 au-dessus de ce point, si l'on se sert du calibre de 24, à 1^m00, si l'on emploie le 16, et à 80 ou 85 centimètres, si c'est du 12. Le second boulet sera tiré au milieu de l'intervalle compris entre le premier et la tranchée horizontale, et l'on continuera de tirer sur les points saillants de cette amorce de tranchée jusqu'à ce qu'elle soit arrivée à sa profondeur. Ce n'est qu'alors qu'on entreprendra une nouvelle amorce de la tranchée, en suivant les règles énoncées ci-dessus.

En suivant cette marche dans des maçonneries d'une résistance moyenne, comme celles de Bapaume, il est rare qu'on soit obligé de monter les tranchées verticales plus haut que la moitié de l'espace compris entre le cordon et la tranchée horizontale. Si, cependant, il arrivait que, les tranchées verticales étant montées jusqu'au cordon, le revêtement ne parût pas prêt à se renverser, il faudrait tirer par salve, c'est-à-dire les quatre pièces au même commandement, dans la tranchée horizontale, et surtout vers les extrémités de cette tranchée, pour déterminer l'éboulement du massif. Si, enfin, ce moyen ne suffisait pas, il faudrait avoir recours à la formation d'une ou de deux tranchées verticales intermédiaires, en revenant de temps en temps au tir par salve dans la tranchée horizontale.

Quand on ne fait que deux tranchées verticales, chacune d'elles doit être exécutée par la section de deux bouches à feu, qui est devant elle. Quand on en fait plus de deux, on devra répartir les pièces suivant le nombre des tranchées, mais en observant toujours qu'il est essentiel que les tranchées verticales extrêmes marchent de front et soient à chaque instant au même degré d'avancement, pour éviter des chutes d'escarpe irrégulières. Elles devront aussi être montées plus vite que les tranchées intermédiaires.

La chute du revêtement entraîne habituellement celle des terres du parapet jusqu'au milieu de la plongée, et laisse à découvert les parties supérieures des contre-forts auxquels restent attachées quelques parties de la face postérieure du mur, surtout vers les extrémités de la brèche.

Quand les terres sont très fortes, comme à Bapaume, il ne tombe que celles qui reposaient immédiatement sur le revêtement, et le reste forme une nouvelle escarpe dans laquelle on n'aperçoit que les racines des contre-forts.

Dans l'un et l'autre cas, si le tir est presque direct, le mieux est de croiser le feu des sections de la batterie, comme on l'a dit plus haut, afin d'attaquer les contre-forts d'écharpe. On doit, d'ailleurs, tirer aussi bas que possible, c'est-à-dire au sommet de l'éboulement des terres, en relevant successivement le pointage, à mesure que cet éboulement augmente.

On suivra une marche analogue après la disparition de tous les restes de maçonnerie, pour saper les terres. L'effet des boulets est suffisant, même dans des terres très fortes, pour faire tomber le parapet et achever la brèche.

La marche à suivre dans l'exécution des brèches très obliques ne diffère de celle qui vient d'être tracée pour les batteries ordinaires, que dans la manière d'ouvrir la tranchée horizontale.

Dans une brèche oblique, et l'on entend ici sous cette désignation les brèches exécutées sous un angle tel que les boulets puissent ricocher sur le revêtement au lieu d'y pénétrer, on devra, pour l'ouverture de la tranchée horizontale, employer l'une des deux méthodes suivantes :

Si les chances du ricochet sont peu considérables, on dirigera d'abord chaque pièce sur le point de son champ de tir propre le plus rapproché de la batterie, et l'on tirera ainsi une première salve. Les pièces seront ensuite pointées sur ces premiers trous, de manière à les allonger et à les approfondir dans le sens de la tranchée horizontale, et l'on continuera de la même manière jusqu'à ce que ces quatre ouvertures se rejoignent et n'en forment plus qu'une seule.

Si le revêtement est dur et que l'on craigne de perdre trop de boulets par le ricochet, on pointera d'abord les quatre pièces sur l'extrémité de la tranchée horizontale la plus rapprochée de la batterie, et l'on commencera le feu par la pièce extérieure qui voit le point à battre sous l'angle le plus ouvert possible. Ce premier trou sera ensuite agrandi par les boulets des deuxième, troisième et quatrième pièces. Les salves suivantes seront pointées de manière à allonger et à approfondir cette première excavation, et l'on continuera la même marche jusqu'à ce que la tranchée horizontale ait atteint la longueur que l'on veut lui donner.

Pour obtenir avec des batteries obliques une brèche de 20 mètres de largeur, il conviendra de donner à la tranchée horizontale un peu plus de 20 mètres de longueur, en l'allongeant du côté de la batterie, parce que de ce côté la muraille ne peut être coupée que suivant un plan parallèle au plan de tir.

Il sera aussi utile d'incliner la tranchée verticale de ce côté, de façon que la brèche ait plus d'ouverture par le haut que par le bas, afin de mieux voir le haut de la brèche après la chute du revêtement.

Sauf les particularités que l'on vient de signaler, tous les principes généraux qu'on a posés sur l'exécution des brèches ordinaires, sont applicables à l'exécution des brèches en tir oblique, en en exceptant, bien entendu, ce qui a été dit de l'avantage qu'on peut retirer, en certains cas, du croisement des feux des pièces, croisement qui serait sans objet dans un tir oblique.

Les mêmes principes sont encore applicables à l'exécution des brèches dans des faces d'ouvrages casematées ou avec revêtements en décharge. La disposition ordinaire des ouvrages casematés indique, d'ailleurs, qu'on devra, toutes les fois qu'on le pourra, ouvrir la tranchée horizontale à la hauteur des plongées des embrasures de casemates, lorsque cette ligne se trouvera placée plus bas que le milieu de la hauteur totale du revêtement. Quant aux tranchées verticales, on ne devra jamais les tracer vis-à-vis des pieds-droits qui séparent les casemates. Dans ce genre de brèches, il sera toujours préférable d'employer le tir oblique, plus efficace que le tir direct contre les joues d'embrasures et les pieds-droits, et l'on devra chercher à placer la batterie de manière qu'elle se trouve en dehors du champ de tir des embrasures de casemates.

Le déblaiement d'une brèche par une mine fougasse a pour effet de replacer cette brèche au point où elle était après la chute du revêtement, moins les débris, et il faut, pour la rendre de nouveau praticable, sensiblement le même nombre de boulets et le même temps qu'on avait employés pour la terminer la première fois. Cependant ceci ne doit être entendu que pour le cas où la batterie est directe ou très peu oblique. Dans le cas d'une obliquité trop prononcée, il deviendrait difficile de rétablir la brèche avec la même batterie, parce que celle-ci ne verrait plus le fond de la brèche. Il faudrait alors ou rapprocher la batterie, ou élargir la brèche de son côté.

Cet inconvénient que présentent les batteries très obliques est compensé par un avantage. Quand une brèche est déblayée par la mine, la direction que prennent les débris est perpendiculaire à la face de l'ouvrage, et une grande partie des matériaux projetés s'abat dans la batterie, si celle-ci est directe ou presque directe, l'écrase et la met hors de service, au moins pour douze heures, puisqu'il faudrait attendre la nuit pour la nettoyer et la rétablir. Ce délai donnerait aux assiégés le temps d'entreprendre ou d'achever un retranchement intérieur. Rien de semblable ne se produirait avec une batterie assez oblique pour qu'aucune de ses parties ne se trouvât sur le passage du cône de matériaux projetés par la fougasse. Ainsi, une batterie de brèche, placée à cheval sur le saillant du chemin couvert d'un bastion, pour battre une des faces de ce bastion, pourrait continuer immédiatement son feu et poursuivre l'exécution d'une brèche que la mine viendrait de déblayer.

L'ouverture des tranchées qui limitent une brèche s'exécute facilement et d'une manière suffisamment régulière pendant la nuit, si l'on a eu soin, pendant le jour, de pointer chaque pièce sur les limites de son champ de tir propre, et de repérer les positions extrêmes qu'elle peut prendre. Les positions intermédiaires seront ensuite facilement obtenues au moyen de divers appareils connus. Pour les opérations qui suivent la chute du revêtement, on devra attendre le jour.

RÉCAPITULATION GÉNÉRALE.

Les expériences exécutées à Bapaume ont eu pour résultat :

1° De constater d'une manière définitive l'efficacité du mode d'exécution des tranchées de brèche proposé par la Commission de l'établissement des principes du tir ;

2° De reconnaître, avec la même Commission, que la hauteur la plus convenable à donner à la tranchée horizontale est celle du tiers de la hauteur totale de l'escarpe, et que, lorsque les circonstances l'exigeront, on pourra élever la position de cette tranchée jusqu'à la moitié de la hauteur du revêtement;

3° De s'assurer que, pour des maçonneries en briques et moellons tendres du genre de celles de Bapaume, on peut se borner à ouvrir deux tranchées verticales aux extrémités de la brèche;

4° De reconnaître, après Vauban, qu'il est avantageux, lorsque le revêtement est tombé, de croiser le feu des pièces pour saper les contre-forts et terminer la brèche;

5° De constater que l'on peut aisément et promptement terminer les brèches avec des boulets, même lorsque les terres du parapet sont très fortes, ce qui dispensera d'avoir recours à l'opération difficile et dangereuse du remplacement des canons par des obusiers;

6° De vérifier la justesse des conclusions de la Commission de Metz sur l'efficacité relative des calibres de 24 et de 16, et d'étendre ces conclusions au calibre de 12 de campagne;

7° De prouver que la charge du tiers du poids du boulet est suffisante, avec chacun des trois calibres employés, pour ouvrir une brèche aux revêtements de la plupart des places fortes, ce qui pourrait conduire à alléger les pièces de 24;

8° De prouver que les ouvrages voûtés ou casematés ne peuvent pas opposer une longue résistance à un calibre de siége, et de donner les moyens de les détruire;

9° D'agrandir considérablement les moyens de l'attaque, en montrant le parti qu'on peut tirer des batteries et des feux obliques ;

10° De constater que l'ouverture des brèches peut facilement s'exécuter pendant l'obscurité de la nuit ;

11° De reconnaître que, jusqu'à 300 mètres de distance, la précision du tir de l'artillerie actuelle permet de suivre avec exactitude tous les détails de l'exécution des brèches.

On peut donc répéter, comme conclusion générale, cette assertion de Vauban : « Avec le canon, on fait la brèche où l'on veut, quand on veut, et telle qu'on la veut. »

PIÈCES ANNEXÉES AU RAPPORT.

TABLEAU N° 1. (BATTERIE N° 1.)

Dimensions des entonnoirs formés par les boulets de 24 tirés à la charge de la moitié

NUMÉROS DES SALVES.	POUDRE D'ESQUERDES.								POUDRE DE SAINT-PONCE.							
	CAMBACÉRÈS.				LANGUISSANT.				COLONEL.				COLOSSE.			
	DIAMÈTRES des bases du tronc de cône.		Hauteur du tronc de cône.	Enfoncement total.	DIAMÈTRES des bases du tronc de cône.		Hauteur du tronc de cône.	Enfoncement total.	DIAMÈTRES des bases du tronc de cône.		Hauteur du tronc de cône.	Enfoncement total.	DIAMÈTRES des bases du tronc de cône.		Hauteur du tronc de cône.	Enfoncement total.
	Grande.	Petite.			Grande.	Petite.			Grande.	Petite.			Grande.	Petite.		
	mèt.	mèt.	mèt.	mèt.	mèt.	mèt.	mèt.	mèt.	mèt.	mèt	mèt.	mèt.	mèt.	mèt.	mèt.	mèt.
1	0,51	0.29	0.20	1,24	0,50	0,23	»	1.48	»	0.22	»	1,15	0,63	0,25	0.28	1.65
2	0,50	0,23	0.20	1,09	0,40	0,22	»	1.19	0.45	0,23	»	1,30	0,66	0,26	0.26	1,39
3	0.48	0,23	»	0.91	0.50	0.20	»	0.80	0,50	0,23	»	1.05	0.80	0.28	0.30	1.15
4	0.48	0.30	»	1.30	0.43	0.23	»	1.17	0.50	0.22	0.23	1.19	0.55	0.28	0.28	1.38
moy^e.	0,50	0,26	0,20	1,13	0,46	0,22	»	1,16	0.48	0,22	0,23	1,17	0,66	0,27	0,28	1.39

TABLEAU N° 2.

Pénétrations des boulets de 24, tirés à la charge de la moitié, dans les intervalles de la première série de coups.

5	»	»	»	1,40	»	»	»	1,65	»	»	»	1.03	»	»	»	2.60
6	»	»	»	1.38	»	»	»	1.85	»	»	»	1.35	»	»	»	1.70
7	»	»	»	1.47	»	»	»	1.53	»	»	»	1.40	»	»	»	1.80
8	»	»	»	1.45	»	»	»	1,44	»	»	»	1,40	»	»	»	1.48
moy^e.	»	»	»	1.42	»	»	»	1.62	»	»	»	1.27	»	»	»	1.89

TABLEAU No 3. (BATTERIE No 2.)

Dimensions des entonnoirs formés par les boulets de 24 tirés à la charge du tiers.

Numéros des salves.	POUDRE D'ESQUERDES.								POUDRE DE SAINT-PONCE.							
	ASSIÉGEANT.				DESTRUCTEUR.				AGRESSEUR.				DÉSASTREUX.			
	Diamètres des bases du tronc de cône.		Hauteur du tronc de cône.	Enfoncement total.	Diamètres des bases du tronc de cône.		Hauteur du tronc de cône.	Enfoncement total.	Diamètres des bases du tronc de cône.		Hauteur du tronc de cône.	Enfoncement total.	Diamètres des bases du tronc de cône.		Hauteur du tronc de cône.	Enfoncement total.
	Grande.	Petite.			Grande.	Petite.			Grande.	Petite.			Grande.	Petite.		
	mèt.	mèt.	mèt.	mèt.	mèt.	mèt.	mèt.	mèt.	mèt.	mèt	mèt.	mèt.	mèt.	mèt.	mèt.	mèt.
1	0.52	0.25	0.24	1.00	0.50	0.27	0.28	0.85	0.54	0.29	0.27	0.93	0.58	0.27	0.26	1.40
2	0.54	0.28	0.38	1.35	0.52	0.25	0.32	1.35	0.50	0.28	0.30	1.38	0.46	0.27	0.24	1.29
3	0.48	0.32	0.38	1.15	0.52	0.27	0.28	1.37	0.60	0.32	0.27	1.19	0.52	0.28	0.29	1.00
4	0.48	0.26	0.27	1.35	0.55	0.24	0.30	1.36	0.38	0.20	0.12	»	0.48	0.32	0.20	1.45
moye.	0.50	0.28	0.32	1.21	0.52	0.26	0.29	1.24	0.50	0.27	0.24	1.17	0.51	0.29	0.25	1.28

TABLEAU No 4.

Pénétrations des boulets de 24, tirés à la charge du tiers, dans les intervalles de la première série de coups.

5	»	»	»	1.25	»	»	»	1.50	»	»	»	1.35	»	»	»	1.30
6	»	»	»	1.45	»	»	»	1.24	»	»	»	1.35	»	»	»	1.22
7	»	»	»	1.80	»	»	»	»	»	»	»	1.38	»	»	»	1.26
8	»	»	»	1.55	»	»	»	1.38	»	»	»	1.26	»	»	»	1.22
moye.	»	»	»	1.51	»	»	»	1.37	»	»	»	1.33	»	»	»	1.25

TABLEAU No 5.

Relèvement de la tranchée horizontale après 80 coups.

ABSCISSES. . .	0 m.	1 m.	2 m.	3 m.	4 m.	5 m.	6 m.	7 m.	8 m.	9 m.	10 m	11 m	12 m	13 m
ORDONNÉES. .	1.18	1.53	2.03	1.30	0.80	1.00	1.74	1.01	2.40	1.50	1.40	1.12	1.60	3.77

ABSCISSES. . .	14 m	15 m	16 m	17 m	18 m	19 m	20 m
ORDONNÉES. .	1.30	1.48	3.95	1.76	1.45	1.60	0.65

TABLEAU N° 6. (BATTERIE N° 3.)

Pénétrations des boulets de 16, tirés obliquement à la charge de la moitié.

Numéros des salves.	Poudre d'Esquerdes.								Poudre de Saint-Ponce.							
	Mélodieux.				Mélancolique.				Mérowingien.				Monarque.			
	Diamètre du trou		Profondeur du trou		Diamètre du trou		Profondeur du trou		Diamètre du trou		Profondeur du trou		Diamètre du trou		Profondeur du trou	
	horizontal.	vertical.	perpendiculaire au parement.	dans le sens du tir.	horizontal.	vertical.	perpendiculaire au parement.	dans le sens du tir.	horizontal.	vertical.	perpendiculaire au parement.	dans le sens du tir.	horizontal.	vertical.	perpendiculaire au parement.	dans le sens du tir.
	mèt.	mèt.	mèt.	mèt.	mèt.	mèt.	mèt.	mèt.	mèt.	mèt.	mèt.	mèt.	mèt.	mèt.	mèt.	mèt.
1	1.65	0.65	0.31	»	1.90	0.85	0.50	»	2.70	0.90	0.80	1.28	2.70	1.30	0.95	1.33
2	1.55	0.90	0.40	»	1.85	1.15	0.42	0.28	2.30	1.00	0.65	»	3.00	1.40	0.45	0.55
3	1.55	0.90	0.35	»	1.65	1.00	0.34	»	2.80	1.10	0.42	»	3.20	1.00	0.42	»
4	2.03	0.75	0.45	»	1.30	0.65	0.35	»	2.80	0.80	0.50	»	4.00	0.85	0.45	»
moye	1.67	0.80	0.38	»	1.67	0.91	0.40	»	2.65	0.95	0.59	»	3.22	1.14	0.57	0.94

TABLEAU N° 7.

Pénétrations des boulets de la cinquième salve.

5	3.20	1.50	0.55	0.50	3.50	1.20	0.80	0.58	3.85	1.25	0.85	0.83	1.65	0.75	0.40	»

TABLEAU N° 8.

Relèvement de la tranchée horizontale après 85 coups.

Abscisses. . .	0 m.	1 m.	2 m.	3 m.	4 m.	5 m.	6 m.	7 m.	8 m.	9 m.	10 m	11 m	12 m	13 m
Ordonnées. .	0	0.50	0.50	1.10	1.20	1.28	1.55	1.20	0.95	1.04	1.25	1.26	1.60	1.25

Abscisses. . .	14 m	15 m	16 m	17 m	18 m	19 m	20 m	21 m	21 m. 75
Ordonnées. .	1.28	1.70	1.60	1.15	1.26	1.25	1.65	1.65	0

TABLEAU No 9. (BATTERIE No 4.)

Relèvement de la tranchée horizontale après chacune des cinq premières salves.

1re SALVE.				2e SALVE.				3e SALVE.				4e SALVE.				5e SALVE.			
DIAMÈTRES du trou.		PROFONDEURS du trou.		DIAMÈTRES du trou.		PROFONDEURS du trou.		DIAMÈTRES du trou.		PROFONDEURS du trou.		DIAMÈTRES du trou.		PROFONDEURS du trou.		DIAMÈTRES du trou.		PROFONDEURS du trou.	
horizontal.	vertical.	perpendiculaire au parement.	dans le sens du tir.	horizontal.	vertical.	perpendiculaire au parement.	dans le sens du tir.	horizontal.	vertical.	perpendiculaire au parement.	dans le sens du tir.	horizontal.	vertical.	perpendiculaire au parement.	dans le sens du tir.	horizontal.	vertical.	perpendiculaire au parement.	dans le sens du tir.
m. 3.05	m. 1.20	m. 0.62	m. 0.38	m. 3.60	m. 1.35	m. 0.75	m. 0.40	m. 3.60	m. 2.05	m. 1.25	m. 1.43	m. 5.20	m. 2.05	m. 1.25	m. 0.93	m. 5.35	m. 2.05	m. 1.65	m. 1.25

TABLEAU No 10.

Relèvement de la tranchée horizontale après 136 coups.

ABSCISSES.	0 m.	1 m.	2 m.	3 m.	4 m.	5 m.	6 m.	7 m.	8 m.	9 m.	10 m
ORDONNÉES.	0	0.55	1.02	1.60	1.60	2.01	2.10	1.94	1.85	2.00	1.75

ABSCISSES.	11 m	12 m	13 m	14 m	15 m	16 m	17 m	18 m	19 m	19.50
ORDONNÉES.	1.40	1.40	1.10	1.25	1.60	1.05	1.10	1.15	1.12	0

TABLEAU N° 11. (BATTERIE N° 5.)

Dimensions des entonnoirs formés par les boulets de 12 tirés à la charge de $1^{k}958$.

NUMÉROS DES SALVES.	MILTIADE. Diamètres des bases du tronc de cône. Grande.	Petite.	Hauteur du tronc de cône.	Enfoncement total.	JOURDAN. Diamètres des bases du tronc de cône. Grande.	Petite.	Hauteur du tronc de cône.	Enfoncement total.	LUTZEN. Diamètres des bases du tronc de cône. Grande.	Petite.	Hauteur du tronc de cône.	Enfoncement total.	SAUVEUR. Diamètres des bases du tronc de cône. Grande.	Petite.	Hauteur du tronc de cône.	Enfoncement total.
	mèt.	mèt.	mèt.	mèt.	mèt.	mèt.	mèt.	mèt.	mèt.	mèt.	mèt.	mèt.	mèt.	mèt.	mèt.	mèt.
1	0.38	0.20	0.13	1.00	»	»	»	0.45	»	»	»	0.94	»	»	»	0.92
2	»	»	»	1.17	»	»	»	0.74	»	»	»	0.83	»	»	»	0.73
3	»	»	»	0.93	»	»	»	0.75	»	»	»	0.62	»	»	»	0.67
4	»	»	»	1.00	»	»	»	0.63	»	»	»	0.97	»	»	»	1.17
moye	»	»	»	1.02	»	»	»	0.64	»	»	»	0.84	»	»	»	0.87

TABLEAU N° 12.

Pénétrations des boulets de 12, tirés à la charge de $1^{k}958$, dans les intervalles de la première série de coups.

NUMÉROS DES SALVES.	MILTIADE. Grande.	Petite.	Hauteur du tronc de cône.	Enfoncement total.	JOURDAN. Grande.	Petite.	Hauteur du tronc de cône.	Enfoncement total.	LUTZEN. Grande.	Petite.	Hauteur du tronc de cône.	Enfoncement total.	SAUVEUR. Grande.	Petite.	Hauteur du tronc de cône.	Enfoncement total.
5	»	»	»	1.10	»	»	»	»	»	»	»	0.75	»	»	»	0.94
6	»	»	»	1.72	»	»	»	0.90	»	»	»	0.84	»	»	»	0.80
7	»	»	»	0.98	»	»	»	0.80	»	»	»	0.94	»	»	»	1.40
8	»	»	»	1.02	»	»	»	0.84	»	»	»	0.87	»	»	»	1.32
moye	»	»	»	1.20	»	»	»	0.85	»	»	»	0.85	»	»	»	1.11

TABLEAU N° 13.

Relèvement de la tranchée horizontale après 84 coups.

ABSCISSES. . .	0 m.	1 m.	2 m.	3 m.	4 m.	5 m.	6 m.	7 m.	8 m.	9 m.	10 m	11 m	12 m	13 m
ORDONNÉES. .	0.65	1.22	0.80	0.81	0.83	1.95	0.78	0.50	0.70	1.30	1.32	1.63	1.00	0.78

ABSCISSES. . .	14 m	15 m	15 m.60
ORDONNÉES. .	1.09	1.63	0

TABLEAU N° 14. (BATTERIE N° 6.)

Dimensions des entonnoirs formés par les boulets de 16 tirés à la charge du tiers.

NUMÉROS DES SALVES.	POUDRE D'ESQUERDES. MISSIONNAIRE. DIAMÈTRES des bases du tronc de cône. Grande.	Petite.	Hauteur du tronc de cône.	Enfoncement total.	ÉTEIGNOIR. DIAMÈTRES des bases du tronc de cône. Grande.	Petite.	Hauteur du tronc de cône.	Enfoncement total.	POUDRE DE SAINT-PONCE. CAMÉLÉON. DIAMÈTRES des bases du tronc de cône. Grande.	Petite.	Hauteur du tronc de cône.	Enfoncement total.	MANDATAIRE. DIAMÈTRES des bases du tronc de cône. Grande.	Petite.	Hauteur du tronc de cône.	Enfoncement total.
	mèt.	mèt.	mèt.	mèt.	mèt.	mèt.	mèt.	mèt.	mèt.	mèt.	mèt.	mèt.	mèt.	mèt.	mèt.	mèt.
1	0.85	0.28	0.28	1.13	0.44	»	»	0.98	0.50	»	»	0.93	0.42	»	»	0.83
2	0.55	»	»	0.88	0.48	»	»	0.93	0.48	»	»	0.88	0.32	»	»	0.78
3	0.48	»	»	1.10	0.40	»	»	0.98	0.35	»	»	1.23	0.45	»	»	0.83
4	0.45	»	»	0.98	0.45	»	»	0.83	0.38	»	»	0.60	0.50	»	»	0.83
5	0.50	»	»	0.88	0.45	»	»	0.93	0.38	»	»	1.13	0.48	»	»	0.93
moyes	0.57	»	»	0.99	0.44	»	»	0.93	0.42	»	»	0.95	0.43	»	»	0.84

TABLEAU N° 15.

Pénétrations des boulets de 16, tirés à la charge du tiers, dans les intervalles de la première série de coups.

6	»	»	»	0.93	»	»	»	0.85	»	»	»	1.18	»	»	»	0.82
7	»	»	»	1.23	»	»	»	0.97	»	»	»	1.25	»	»	»	0.80
8	»	»	»	1.15	»	»	»	1.15	»	»	»	1.13	»	»	»	0.80
9	»	»	»	1.38	»	»	»	1.18	»	»	»	0.95	»	»	»	0.68
10	»	»	»	1.23	»	»	»	1.13	»	»	»	1.15	»	»	»	0.93
moyes	»	»	»	1.18	»	»	»	1.06	»	»	»	1.13	»	»	»	0.81

TABLEAU N° 16.

Relèvement de la tranchée horizontale après 80 coups.

ABSCISSES.	0 m.	1 m.	2 m.	3 m.	4 m.	5 m.	6 m.	7 m.	8 m.	9 m.	10 m	11 m	12 m	13 m
ORDONNÉES.	0.60	0.86	1.40	0.85	0.52	0.68	1.70	0.85	1.70	2.20	0.78	1.80	1.80	1.65

ABSCISSES.	14 m	15 m	16 m	17 m	18 m	19 m	20 m	20 m. 50
ORDONNÉES.	0.72	0.65	0.70	1.25	1.05	1.00	0.50	0

TABLEAU N° 17. (BATTERIE N° 7.)

Dimensions des entonnoirs formés par les boulets de 16 tirés à la charge de la moitié.

Numéros des salves.	Poudre d'Esquerdes.								Poudre de Saint-Ponce.							
	Mélodieux.				Mélancolique.				Mérovingien.				Monarque.			
	Diamètres des bases du tronc de cône.		Hauteur du tronc de cône.	Enfoncement total.	Diamètres des bases du tronc de cône.		Hauteur du tronc de cône.	Enfoncement total.	Diamètres des bases du tronc de cône.		Hauteur du tronc de cône.	Enfoncement total.	Diamètres des bases du tronc de cône.		Hauteur du tronc de cône.	Enfoncement total.
	Grande.	Petite.			Grande.	Petite.			Grande.	Petite.			Grande.	Petite.		
	mèt.	mèt.	mèt.	mèt.	mèt.	mèt.	mèt.	mèt.	mèt.	mèt	mèt.	mèt.	mèt.	mèt.	mèt.	mèt.
1	0.47	»	»	1.03	0.45	»	»	0.88	0.32	»	»	1.20	0.60	»	»	1.20
2	0.54	»	»	1.18	0.50	»	»	1.08	0.45	»	»	0.98	0.48	»	»	0.92
3	0.52	0.28	0.30	1.23	0.55	»	»	1.06	0.45	»	»	1.03	0.44	»	»	1.18
4	0.35	0.29	0.26	1.01	0.55	»	»	1.08	0.50	»	»	1.01	0.55	»	»	1.33
moye.	0.47	0.28	0.28	1.11	0.51	»	»	1.02	0.43	»	»	1.05	0.49	»	»	1.16

TABLEAU N° 18.

Pénétrations des boulets de 16, tirés à la charge de la moitié, dans les intervalles de la première série de coups.

5	»	»	»	1.43	»	»	»	0.93	»	»	»	1.43	»	»	»	0.93
6	»	»	»	1.35	»	»	»	1.31	»	»	»	1.23	»	»	»	1.15
7	»	»	»	1.23	»	»	»	1.15	»	»	»	1.03	»	»	»	1.35
8	»	»	»	1.08	»	»	»	1.18	»	»	»	1.13	»	»	»	1.43
moye.	»	»	»	1.27	»	»	»	1.14	»	»	»	1.20	»	»	»	1.21

TABLEAU N° 19.

Relèvement de la tranchée horizontale après 80 coups.

Abscisses. . .	0 m.	1 m.	2 m.	3 m.	4 m.	5 m.	6 m.	7 m.	8 m.	9 m.	10 m	11 m	12 m	13 m
Ordonnées. .	1.70	1.20	0.90	1.75	1.08	1.45	1.25	1.08	0.92	0.80	1.70	0.60	0.85	0.78

Abscisses. . .	14 m	15 m	16 m	17 m	18 m	19 m	20 m	21 m
Ordonnées. .	0.93	0.96	0.90	1.60	1.20	1.65	0.90	0

TABLEAU N° 20. (BATTERIE N° 8.)

Pénétrations des boulets de 24, tirés obliquement à la charge de la moitié.

NUMÉROS DES SALVES.	POUDRE D'ESQUERDES.						POUDRE DE SAINT-PONCE.					
	CAMBACÉRÈS.			LANGUISSANT.			COLONEL.			COLOSSE.		
	DIAMÈTRES du trou		Profondeur du trou.	DIAMÈTRES du trou		Profondeur du trou.	DIAMÈTRES du trou		Profondeur du trou.	DIAMÈTRES du trou		Profondeur du trou.
	horizontal.	vertical.		horizontal.	vertical.		horizontal.	vertical.		horizontal.	vertical.	
	mèt.	mèt.	mèt.	mèt.	mèt.	mèt.	mèt.	mèt.	mèt.	mèt.	mèt.	mèt.
1	2.00	1.10	0.50	2.00	0.90	0.32	2.00	0.70	0.28	1.00	0.60	0.30
2	3.00	1.10	0.55	2.00	0.90	0.45	1.85	0.70	0.40	2.00	0.60	0.30
3	2.00	1.00	0.50	3.30	1.10	0.35	2.00	0.90	0.35	1.65	0.90	0.25
4	1.80	1.10	0.45	2.00	1.25	0.40	»	0.80	0.32	2.00	0.80	0.25
5	1.90	0.70	0.35	0.80	0.85	0.25	»	»	0.65	»	1.15	0.55
moye	2.14	1.00	0.47	2.02	1.00	0.35	1.95	0.77	0.40	1.66	0.81	0.33

TABLEAU RÉCAPITULATIF DES EXPÉRIENCES FAITES PAR L'ARTILLERIE.

DATES. Août 1847.	Numéros des expériences.	OBJET DES EXPÉRIENCES.	DÉSIGNATION DES OUVRAGES. Numéros.	Face, flanc, courtine.	DIMENSIONS DES ESCARPES. Hauteur totale au-dessus du fond du fossé.	Épaisseur au niveau de la tranchée horizontale.	Talus. Extérieur.	Talus. Intérieur.	Contre-forts. Longueur.	Contre-forts. Épaisseur à la racine.	SERVICE ET ARMEMENT des batteries de brèche. Batterie du 12e régiment d'artillerie.	Nombre de canons.	Calibre.	Charge de poudre (en poids du boulet).
					mètr.	mèt.			mètr.	mètr.				
6-7	1	Tir direct ordinaire.	6	face droite.	10.30	4.30	1/6	1/10	2.80	1.80	12e	4	24	1/2
7-9	2	Tir direct ordinaire.	6	face droite.	10.30	4.30	1/6	1/10	2.80	1.20	12e	4	24	1/3
9-10	3	Tir oblique.	5-6	courtine.	12.48	4.16	1/6	1/10	2.70	1.30	12e	4	16	1/3
10-11	4	Tir oblique.	6-7	courtine.	11.60	4.28	1/5	1/10	2.70	1.30	12e	4	16	1/3
11-12	5	Brèche avec le canon de campagne sur une contre-garde.	17	face droite.	7.50	1.87	1/6	1/10	2.00	1.80	12e	4	12	1/3
12-13	6	Tir direct ordinaire.	5	face gauche.	10.16	4.24	1/6	1/10	2.85	1.30	12e	4	16	1/3
13-15	7	Tir direct ordinaire.	5	face gauche.	10.70	4.44	1/6	1/10	2.85	1.30	12e	4	16	1/3
15	8	Tir oblique à grande distance.	1-2	courtine.	12.00	»	1/5	»	»	»	12e	4	24	1/3
»	9	Tir oblique à grande distance.	1-2	courtine.	12.00	»	»	»	»	»	12e	4	24	1/3
14-15	10	Tir direct ordinaire sur une escarpe de petit profil.	15	face gauche.	7.40	2.45	1/4	1/10	2.00	»	12e	4	16	1/3
16-17	11	Tir direct ordinaire sur une escarpe de grand profil, exécuté la nuit.	5	face droite.	14.20	3.81	1/6	1/10	4.00	1.40	12e	4	16	1/3
17-18	12	Brèche dans un flanc casematé.	2	flanc gauche.	15.44	3.45	1/5	»	3.30	1.40	12e	2	16	1/3
18	13	Rétablissement d'une brèche déblayée par la mine.	6	face droite.	»	»	»	»	3.30	1.30	12e	4	24	1/2
19-20	13	Destruction des casemates.	3	flanc droit.	12.55	2.45	1/5	»	»	»	12e	4	24	1/2
19-20	14	Brèche à la moitié de la hauteur de l'escarpe.	1	face gauche.	12.50	3.73	1/6	1/10	3.70	1.20	12e	4	24	1/3
20-21	15	Brèche avec le canon de campagne sur un bastion.	1	face droite.	12.50	3.63	1/6	1/10	3.70	1.30	12e	4	12	1/3

DATES.	N°	CONDITIONS DU TIR ET BRÈCHE. Distance moyenne du tir.	Hauteur de la tranchée horizontale au-dessus du fond.	Angle de tir dans le plan vertical.	Angle moyen d'obliquité dans le plan horizontal.	RÉSULTAT. Pénétrations moyennes des premiers boulets. 1re série.	2e série.	Tranchée horizontale. Longueur.	Nombre de boulets.	Temps employé.	Tranchées verticales. Nombre de boulets.	Temps employé.	Chute du revêtement. Nombre de boulets.	Temps employé.
		mèt.	mèt.			mètr.	mètres.	mèt.						
6-7	1	48	3.05	3°.30'	52	1.31	1.45	19.0	172	»	24	»	130	1h. 0'
7-9	2	46	3.05	6.35	70	1.12	1.37	21.0	102	2h. 37'	46	2h. 20'	152	3.47
9-10	3	110	1.25	4.6	35	0.48	»	21.3	128	3. 0	48	5.44	184	3.44
10-11	4	150	1.80	2.40	25	0.62	»	19.4	150	2.17	111	2.15	272	4.28
11-12	5	34	2.75	9.0	65	0.30	1.08	15.6	118	1.24	153	1.11	251	2.45
12-13	6	32	4.30	7.12	77	0.93	1.01	20.5	490	2.53	34	0.42	224	3.54
13-15	7	48	3.30	7.12	61	1.08	1.31	21.0	103	1.33	46	0.47	208	3.22
15	8	368	1.40	2.5	18	0.40	»	27.0	»	»	»	»	»	»
»	9	720	1.40	2.0	»	»	»	»	»	»	»	»	»	»
14-15	10	32	2.50	5.15	30	1.04	1.35	20.0	86	1. 1	45	0.29	128	1.25
16-17	11	33	5.00	9.0	90	»	»	21.7	230	3.52	90	0.50	326	4.42
17-18	12	11	4.90	4.0	54	»	»	6.7	75	1. 5	132	3.39	207	4.58
18	13	48	3.65	3.30	57	»	»	19.0	»	»	»	»	»	»
19-20	13	281	»	3.15	18	»	»	»	»	»	»	»	»	»
19-20	14	48	6.25	5.30	90	1.30	»	20.2	160	2.36	60	1.58	220	4. 4
20-21	15	48	4.50	5.15	90	0.98	0.97	20.6	320	2.30	152	1.40	472	5.16

DATES.	N°	TIR DANS LES CONTRE-FORTS ET LES RESTES DE MAÇONNERIE. Nombre de boulets à la charge de Moitié.	Tiers.	Temps employé.	TIR DANS LES TERRES JUSQU'À LA BRÈCHE PRATICABLE. Nombre de boulets à la charge du Moitié.	Tiers.	Quart.	Temps employé.	TOTALITÉ DES Boulets.	Temps.	CONSOMMÉ EN Fonte.	Poudre.	CONSOMMATIONS PAR MÈTRE COURANT DE BRÈCHE. Fonte.	Poudre.	Temps.	ÉTAT DES BRÈCHES. Hauteur du parement.	Largeur du parement.	Talus général.	OBSERVATIONS.
											kilogr.	kilogr.	kilogr.	kilog.		mèt.	mèt.		
6-7	1	34	»	0h. 45'	»	»	24	1h. 40'	361	3h. 35'	3168	1500	168.3	88.5	17'	6.4	19.0	55°	On a amorcé une tranchée verticale au milieu.
7-9	2	»	6	0.10	»	44	»	3.44	204	3.48	2448	810	120.3	42.1	12	8.1	19.1	53	
9-10	3	20	»	1.28	20	»	»	0.75	300	3.37	3600	1200	132.2	65.1	12	3.8	18.1	44	
10-11	4	»	30	1. 3	»	32	»	1.14	420	6.44	3552	1117	168.3	54.1	22	6.4	18.3	32	
11-12	5	»	113	1. 7	»	28	»	0.29	392	4.11	2352	907	153.3	54.1	10	4.8	15.2	36	On a amorcé une tranchée verticale au milieu, et l'on est revenu deux fois à la tranchée horizontale.
12-13	6	»	93	1.56	»	88	»	0.50	408	6. 9	3264	1088	155.1	65.2	19	7.1	19.1	51	
13-15	7	40	42	1.26	»	96	»	1.17	393	6. 7	2196	1576	158.8	68.8	18	5.5	20.0	25	
15	8	»	»	»	»	»	»	»	40	0.40	480	240	»	»	»	»	»	»	Suspendue après 40 coups à cause du danger des ricochets, et supprimée.
»	9	»	»	»	»	»	»	»	»	»	»	»	»	»	»	»	»	»	Supprimée pour le même motif.
14-15	10	»	84	0.10	»	40	»	0.41	220	3.18	1821	908	88.5	29.6	9	4.2	20.6	27	
16-17	11	»	48	0.43	»	44	»	0.49	388	6.15	3104	1035	145.0	50.0	18	5.5	19.0	35	
17-18	12	»	0	0.10	»	20	»	0.03	309	5.40	3672	824	380.2	128.7	54	0.8	5.4	31	
18	13	»	28	0.22	»	44	»	0.74	72	0.58	654	265	45.5	15.2	3	»	19.0	»	On a employé 1 h. 26' à déblayer la batterie.
19-20	13	»	»	»	»	»	»	»	226	3.30	2728	917	»	»	»	»	»	»	
19-20	14	»	93	1.53	»	95	»	1.40	408	7.17	4896	1632	235.6	78.5	21	6.7	20.8	35	
20-21	15	»	104	0.45	»	31	»	0.19	607	6.14	3047	1499	172.1	50.4	10	7.0	20.0	33	

Expériences de Bapaume.

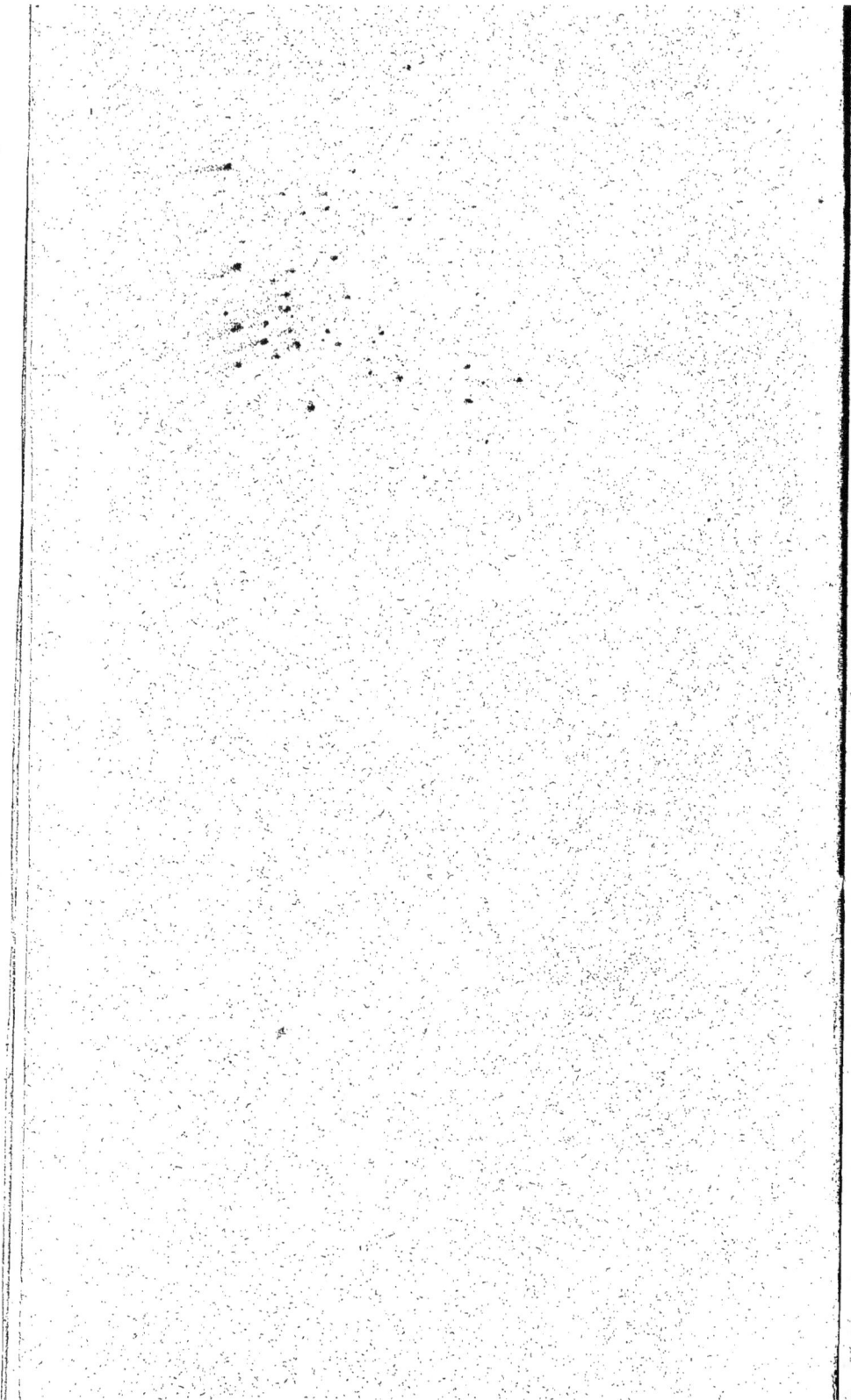

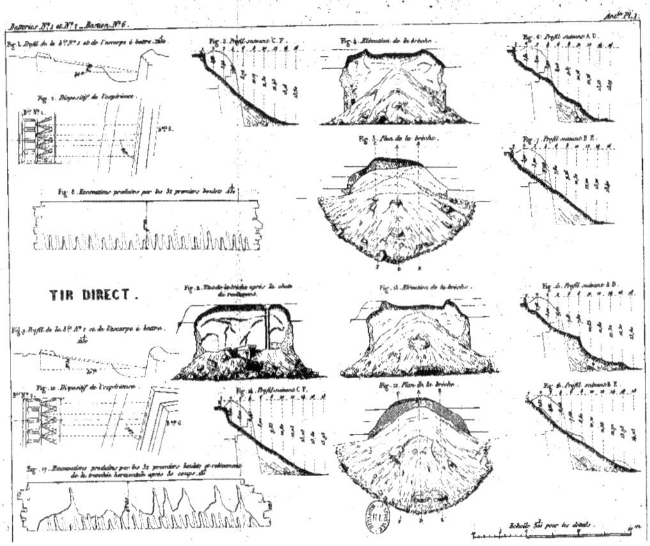
TIR DIRECT.

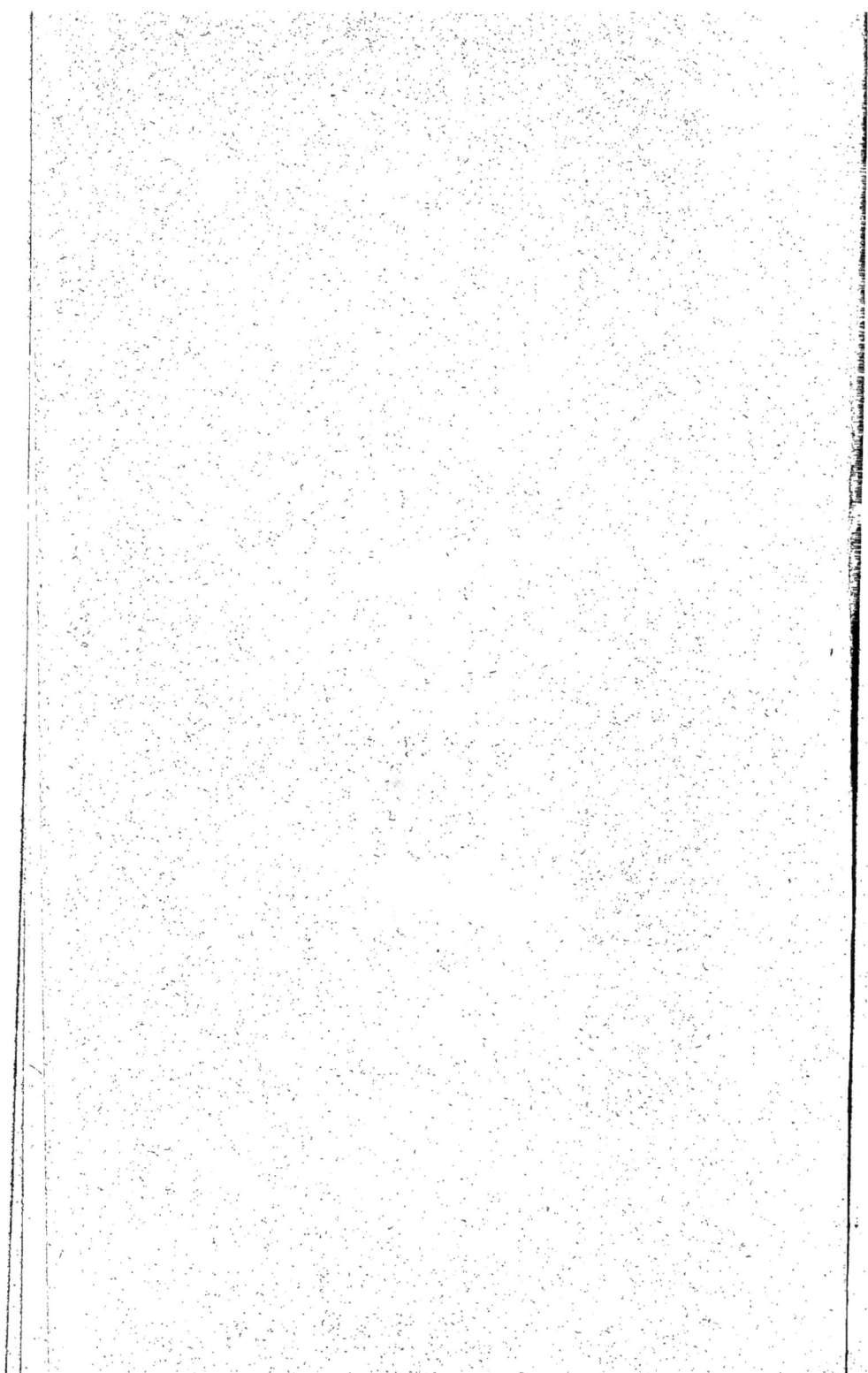

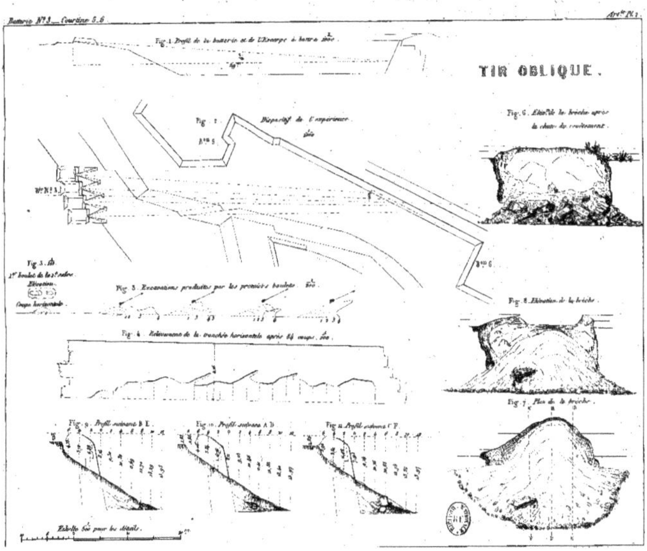

Batterie N°3 _ Courtine 5.6
TIR OBLIQUE.
Fig. 2. Dispositif de l'expérience.
Fig. 3. Excavations produites par les premiers boulets.
Fig. 4. Relèvement de la tranchée horizontale après 84 coups.
Fig. 6. État de la brèche après la chute du revêtement.
Fig. 8. Élévation de la brèche.
Fig. 7. Plan de la brèche.

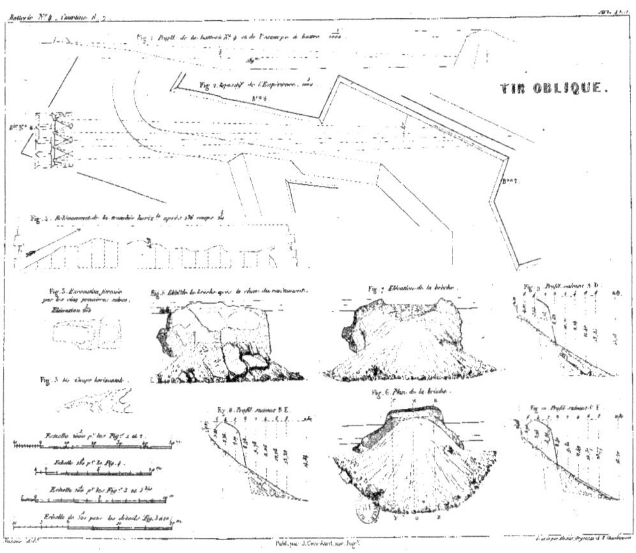
TIR OBLIQUE.
Fig. 7 Élévation de la brèche.
Fig. 6 Plan de la brèche.

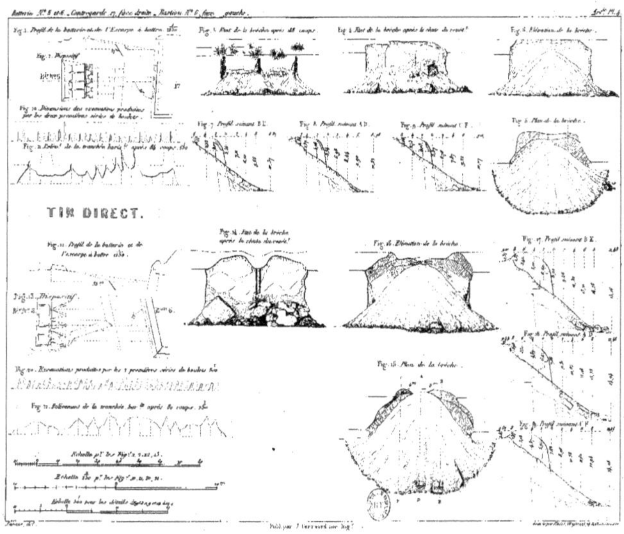

TIR DIRECT.

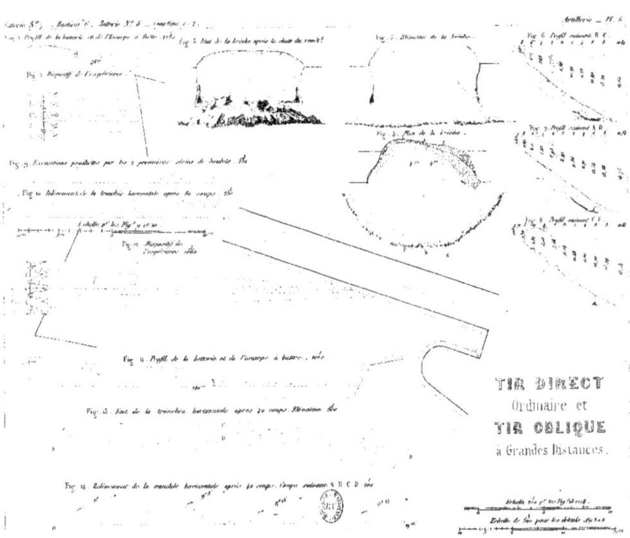
Artillerie — Pl. 6
TIR DIRECT
Ordinaire et
TIR OBLIQUE
à Grandes Distances.

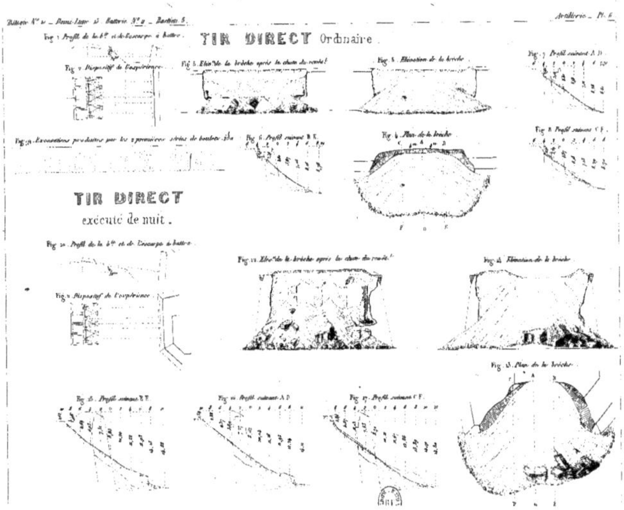
Artillerie _ Pl. 6
TIR DIRECT Ordinaire.
TIR DIRECT
exécuté de nuit.

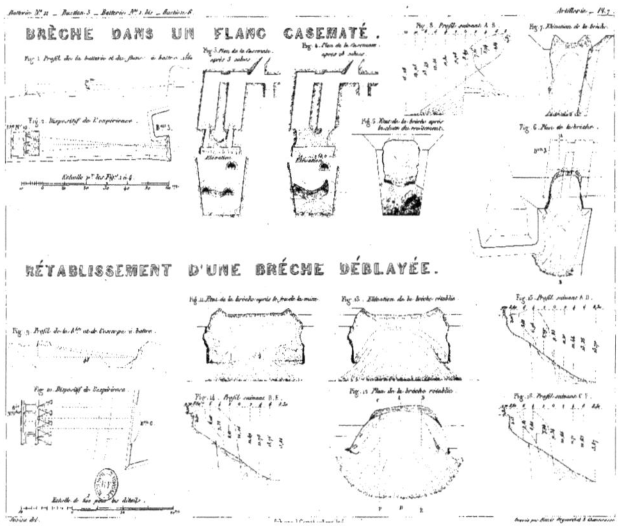
Batterie N° 11 _ Bastion 3 _ Batterie N° 1 bis _ Bastion 6
Artillerie _ 14.7
BRÈCHE DANS UN FLANC CASEMATÉ.
Fig. 2. Dispositif de l'expérience.
Fig. 3. Plan de la Casemate après 3 salves.
Fig. 4. Plan de la Casemate après 18 salves.
Fig. 5. Etat de la brèche après la chute du revêtement.
Fig. 6. Plan de la brèche.
Fig. 7. Elévation de la brèche.
Fig. 8. Profil suivant A B.
Echelle pr les Figs 1 à 4.
RÉTABLISSEMENT D'UNE BRÈCHE DÉBLAYÉE.
Fig. 10. Dispositif de l'expérience.
Fig. 13. Elévation de la brèche rétablie.
Fig. 12. Plan de la brèche rétablie.
Fig. 14. Profil suivant E F.
Fig. 15. Profil suivant A B.
Fig. 16. Profil suivant C F.
Echelle de bas pour les détails.

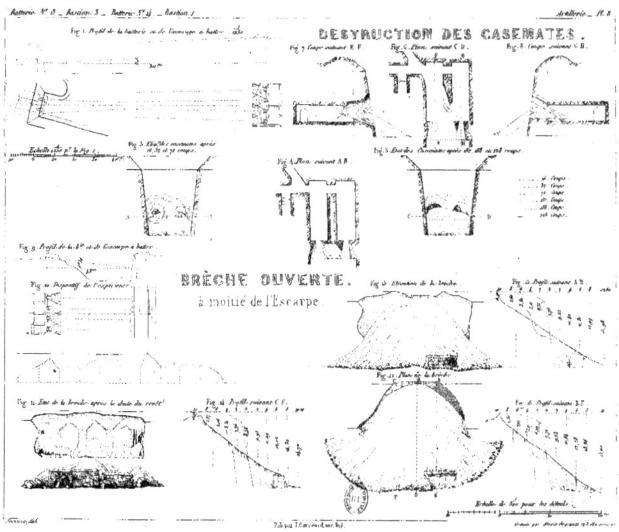
Batterie N° 3 _ Bastion 3 _ Batterie N° 4 _ Bastion 1
Artillerie _ Pl. 8
DESYRUCTION DES CASEMATES.
BRÈCHE OUVERTE.
à moitié de l'Escarpe.

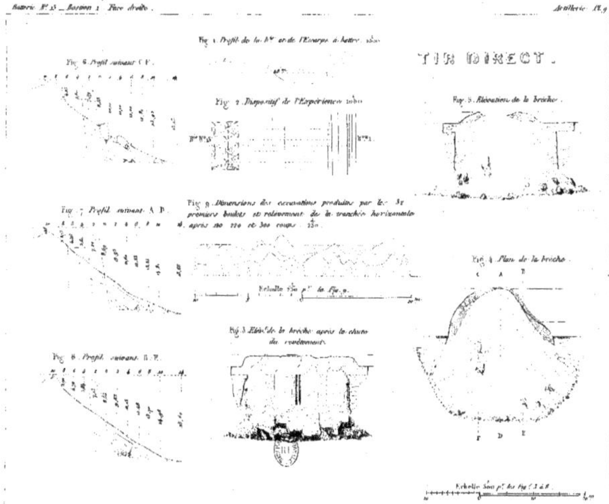

Publ. par J. Corréard sur lith.

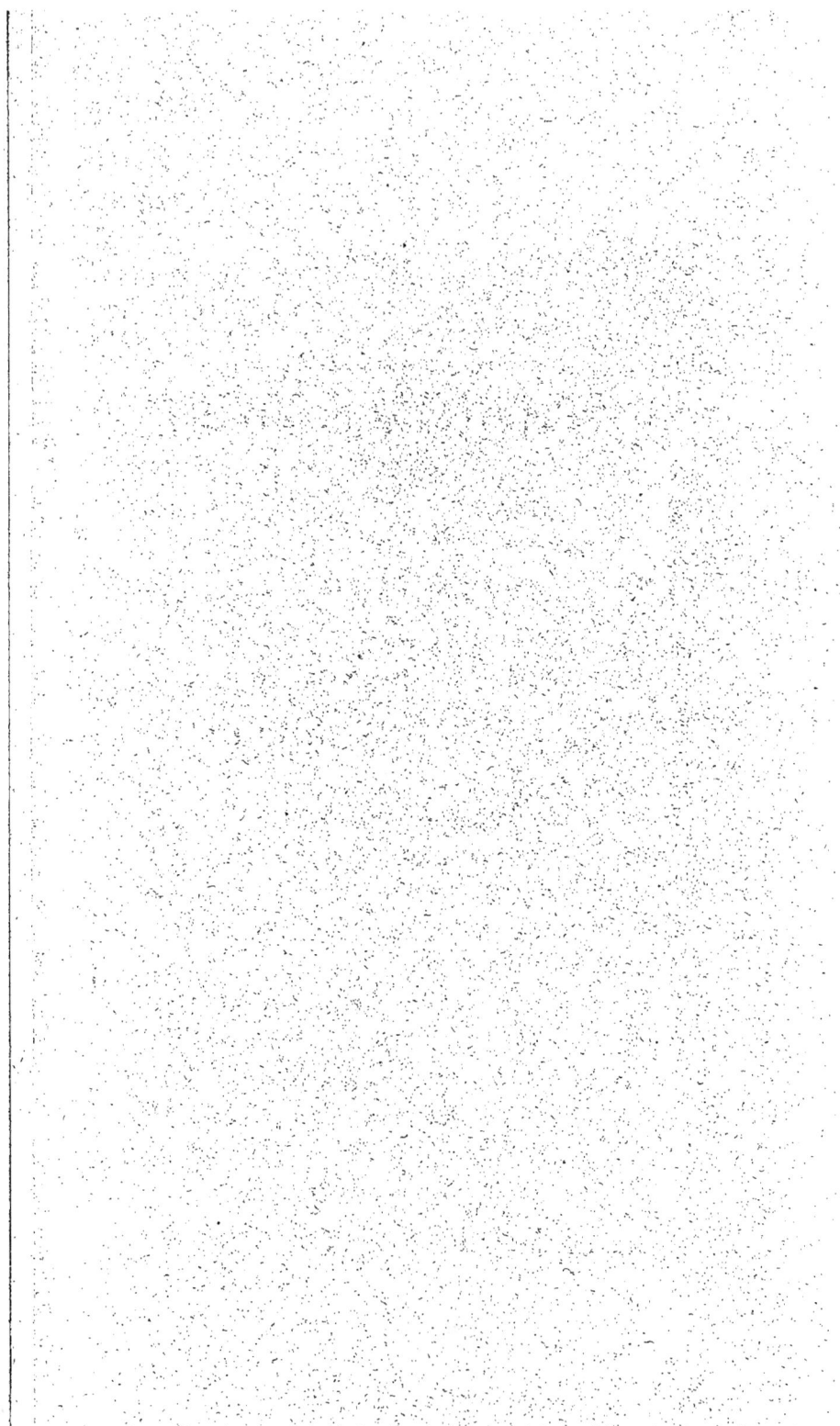

EXPÉRIENCES DE BAPAUME.

DEUXIÈME PARTIE :

DE

L'EXÉCUTION DES BRÈCHES

PAR LA MINE.

EXPÉRIENCES DE BAPAUME.

DE L'EXÉCUTION DES BRÈCHES PAR LA MINE.

Objet des expériences.

1. Les expériences qui font l'objet de cette partie du rapport avaient pour but de vérifier les règles prescrites sur l'emploi de la mine dans l'exécution des brèches, d'éclaircir des questions non encore complétement étudiées, de comparer dans les mêmes circonstances la poudre de guerre et le pyroxyle, enfin d'exercer les mineurs à des opérations qu'ils n'ont pas l'occasion de faire dans les écoles régimentaires.

Division du rapport.

2. Ce rapport est divisé en quatre chapitres.

Le chapitre Ier se compose de l'examen des expériences connues et des principes admis sur la manière de faire les brèches par la mine avec la poudre et le pyroxyle, des conclusions qui en résultent, des questions qu'il soulève.

Le chapitre II donne le programme général des expériences arrêté à Bapaume ; il expose la direction des travaux, les moyens de sûreté employés, et il donne le compte rendu des expériences avec leurs motifs et les conséquences qui en résultent.

Le chapitre III présente le résumé général du compte rendu des expériences et des conclusions tirées dans le chapitre II.

Le chapitre IV contient les procès-verbaux des expériences avec un tableau récapitulatif qui les résume toutes; il est terminé par les pièces justificatives, comprenant les ordres de sûreté, etc. Le tableau seul est imprimé ici; les autres pièces du chapitre IV sont classées au dépôt des fortifications.

CHAPITRE PREMIER.

3. Expériences connues et principes admis sur la manière de faire brèche par la mine avec la poudre et le pyroxyle. — Conclusions qui en résultent, questions qu'ils soulèvent.

4. Quoique la mine ait été employée pour faire des brèches dès les premiers temps de l'invention de la poudre, les principes suivis dans leur exécution ne sont pas encore assez bien établis, pour qu'il ne soit pas utile, avant de procéder à de nou-

velles expériences, de passer en revue celles qui ont été faites autrefois et dont on a gardé des procès-verbaux, ainsi que les formules et les opinions des auteurs qui ont écrit sur les mines. Cet examen devra se diviser en cinq sections relatives

A l'attachement du mineur aux escarpes;

A l'emplacement et à la charge des mines destinées à faire des brèches aux escarpes et aux contrescarpes, et à celles destinées aux simples démolitions;

A la résistance des galeries;

Aux expériences nouvellement faites sur le pyroxile, à sa nature chimique, et à ses effets comparés à ceux de la poudre;

A la nomenclature et aux formules à employer dans les mines.

Attachement du mineur.

5. Vauban attachait le mineur à environ 2 pieds au-dessus du fond du fossé; il regardait cette opération comme difficile et dangereuse, et conseillait d'amener une pièce dans le chemin couvert, ou au pied de la descente, pour tirer quelques coups et faire un trou où le mineur pût se loger d'entrée de jeu. Il préférait cela aux madriers avec lesquels on abrite le mineur.

On trouve la même opinion très développée dans le *Dictionnaire militaire* de La Chesnaye du Bois, édition de 1758, articles ***Brèche*** et ***Mineur***. Il conseille de ne se servir des madriers que lorsque la nécessité rend cette méthode nécessaire ; mais de préférer la méthode « plus nouvelle, plus « prompte et en même temps plus certaine, qui « consiste à placer à droite et à gauche des des- « centes, vis-à-vis l'endroit où on veut attacher « le mineur, une ou deux pièces de batterie avec « lesquelles on perce et enfonce le mur jusqu'à la « terre. »

6. Les fusées portant un boulet ont été essayées pour remplir le même objet que le canon, mais sans succès.

7. On a proposé d'employer l'explosion d'un sac de poudre contrebuté par quelques sacs à terre pour briser le parement de l'escarpe ; l'expérience n'a pas donné de résultats satisfaisants.

8. Le comité des fortifications (avis du comité en 1847) conseille d'essayer de passer par dessous les murs, en s'enfonçant par un puits, quand on ne doit rencontrer ni eau ni roc. (Cela est aussi conseillé dans l'*Aide-mémoire* du capitaine Laisné.)

9. Le comité recommande aussi, conformément à l'idée du commandant Rével, de faire deux attaques à 3 mètres l'une de l'autre, pour être sûr que l'une d'elles ne rencontrera pas les contre-forts.

Emplacement et charge des mines destinées à faire brèche aux escarpes.

10. Tous les ingénieurs sont d'avis que, pour faire une brèche, il vaut mieux mettre un peu trop de poudre que pas assez ; qu'il faut cependant ne pas projeter au loin les débris ; qu'il faut diviser les terres pour que la rampe soit immédiatement praticable : ils entendent tous que les brèches ne sont pas de simples démolitions.

11. Les préceptes de Vauban sur la charge et l'emplacement des fourneaux de brèche laissent beaucoup à désirer ; il semble que ce soit une suite de notes faites à des époques différentes, peut-être après lui, réunies malgré plusieurs contradictions ; il est important de les discuter avec soin, car les traités de mines sont fort peu explicites sur ce sujet : au moins Vauban traite les questions, et il y a un grand intérêt à les discuter avec lui. Les citations qui suivent se rapportent à l'édition du commandant Augoyat, 1829. Nous mettons en regard les observations auxquelles elles donnent lieu. Pour rendre comparables les tables et les formules de Vauban aux formules métriques adoptées actuellement, nous les transformerons en formules métriques et analogues à celle $c = 1,45\,h^3$, qui donne en kilogrammes la charge du fourneau ordinaire en terre ordinaire pour une ligne de moindre résistance h en mètres. (Voir § 53, les notations et formules.)

Pages.	CITATIONS DE L'ATTAQUE DES PLACES.	OBSERVATIONS de la Commission.
171	Pour enlever une toise cube de terre, il faut 12, 15, 18 livres de poudre, et 20 à 25 livres pour les grosses maçonneries solides de longtemps rassises.	Les mineurs admettent encore cela aujourd'hui. Cela est reproduit dans Belidor, *Œuvres diverses*, 1751.
172	Si on fait une mine en terrain dont la superficie soit de niveau (pl. 1, fig. 1), son effet formera un cône tronqué et renversé, la pointe en bas, dont la base sera double de la hauteur du cône.	On admet aussi aujourd'hui le cône tronqué, dont la hauteur est h, et dont la petite base a pour diamètre h, la grande base $2h$, et dont la solidité égale $1{,}83\,h^3$.
173	Supposez que vous ayez à faire brèche dans un rempart qui vous paraisse de 32 pieds d'élévation, si vous en rabattez 6 pour la hauteur du parapet restera 26 pour l'élévation du rempart que vous voulez ouvrir. La galerie n'aura que le tiers ou la moitié au plus de cette hauteur, c'est-à-dire 13 pieds, de peur que, si on la poussait plus loin, la mine ne fit son effet du côté de la place.	L'expérience de Metz, § 30, l'opinion du général Guilmain, § 33, devaient faire penser que cette crainte n'était pas fondée; les expériences 6, 7, 25 et 32, à Bapaume, sont venues mettre cette opinion hors de doute.
174	L'éboulis d'une mine fait l'effet d'un cône rectangle renversé dont la pointe est vers le milieu de la chambre du fourneau, le diamètre de sa base le double de sa profondeur h, et le solide égal au cube de cette ligne h^3.	Ceci est en contradiction avec le paragraphe de la page 172.
175	Pour savoir la quantité de poudre dont vous devez charger la mine, il n'y a qu'à multiplier h^3 par 15 livres, viendra, pour $h = 4$ toises, 960 livres, à laquelle, ajoutant 1/5 en considération de la maçonnerie et des humidités, viendra 1152 livres pour la charge la plus raisonnable de cette mine.	Cette charge revient à $c^k = 1{,}03\,h^3$, et à $c = 1{,}24\,h^3$. *Idem*, à $c^k = 124\,h^3$.
176	Il faut établir le fourneau A de sorte que l'effort se fasse du côté B (l'escarpe), non du côté C (le terre-plein). Pour connaître le degré de faiblesse qu'il faut donner à AB par rapport à AC, on a réglé la profondeur de la galerie dans les terres sur le pied de la moitié de la hauteur du rempart, de telle sorte que, s'il y a 30 pieds de haut, le mineur doit s'enfoncer de 12 à 15 pieds.	Répétition de la page 173 de l'*Attaque des places* (voir ci-dessus).
177	*Première démonstration.* Si la chambre était poussée aussi avant dans les terres que le rempart a de hauteur (pl. 1, fig. 2),	Cette démonstration est renversée par les expériences citées ci-dessus à

Pages.	CITATIONS DE L'ATTAQUE DES PLACES.	OBSERVATIONS de la Commission.
	il est certain que l'effet se ferait du côté de C comme le plus faible, et, pour lors, l'excavation formant le cône renversé EDF, toute la muraille de F en B resterait debout.	l'observation relative à la page 178.
	Deuxième démonstration. Faisant la chambre de 12 à 15 pieds de profondeur égale à la moitié de la hauteur du rempart, tout l'effort se fera du côté de B comme le plus faible, et pour lors l'effet cherchera à former le cône HAI; mais, étant empêché par le bas de B à I, l'effort, ne perdant rien, se retournera d'autant vers le haut qu'il a été retenu, et par conséquent de H à K, de sorte que l'effet de la mine fera l'excavation BAK qui est toute la muraille, qui, tombant entière, entraînera avec elle, non-seulement les terres qu'elle avait à soutenir, mais encore celles que l'effort de la mine aura ébranlées.	Ce second raisonnement, pour motiver l'enfoncement de la charge, mérite plus de considération; il n'est pas contredit directement par l'expérience des brèches; mais il ne paraît pas exact non plus, car si on l'appliquait à une mine D placée comme dans la figure 3, pl. 1, il ne paraît pas qu'un mineur puisse conclure que l'entonnoir sera augmenté d'autant vers le fossé qu'il est diminué du côté de l'escarpe. On aurait un maximum de cette augmentation, en considérant, d'après l'idée du chef d'escadron Didion, l'entonnoir qui se produira comme la moitié de celui qu'on aurait si, l'escarpe n'y étant pas, on avait en D une charge double. L'escarpe faisant l'effet d'un plan inflexible qui séparerait deux moitiés de fourneaux, cette méthode de calculer l'entonnoir, qui mérite d'être signalée et expérimentée, donnerait BC = 1,26 BD.
179	Table pour les différentes grandeurs de mines dont on peut se servir dans les siéges, réglées suivant la moindre épaisseur des terres qu'elles ont à chasser (calculée à raison de 18 livres par toise cube). Pour une brèche, Vauban ajoute 1/3, ou 1/4 aux charges de cette table, page 181.	Cette table revient à $c = 1,24\ h^3$; avec un tiers en sus, elle revient à $c = 1,65\ h^3$; avec un quart, à $c = 1,55\ h^3$. Elle est reproduite dans Belidor, *Œuvres diverses*, page 181, édition de 1758. La table de Vallière revient à $c = 1,42\ h^3$. Le titre de la table dit qu'elle est faite à raison de 18 livres, non de 15, ce qu'on peut vérifier par les chiffres.
180	Au défaut de cette table, prenant le cube de la moindre épaisseur (en pieds) et retranchant la dernière figure, le reste	

Pages.	CITATIONS DE L'ATTAQUE DES PLACES.	OBSERVATIONS de la Commission.
	sera la quantité nécessaire sur le pied de 18 livres par toise cube, nombre assez conforme à celui de la table, parce qu'on l'a faite à raison de 15 livres par toise cube.	
182	Quand il s'agit d'ouvrir de grandes élévations, il vaut mieux séparer la mine en plusieurs chambres, de sorte que, s'il s'agissait d'ouvrir un rempart de 80 pieds de haut, la quatrième colonne donnerait 5258 livres, et, en ce cas, on pourrait pousser la galerie en avant de 6 pieds de moins, ajouter environ le tiers de 5258, viendrait 7010 livres de poudre pour la vraie charge, qui, divisée en trois, produirait une mine tréflée à trois chambres de 2336; mais, attendu que celle du milieu doit être enfoncée de 7 à 8 pieds plus que les autres, j'y mettrais 3010 livres de poudre et 2000 livres dans chacune des autres. Ce qui ne pourrait manquer de produire un grand effet. (Cette instruction est reproduite dans Belidor, *Œuvres diverses*, page 158, édition de 1758.)	Vauban détermine ici la charge d'un seul fourneau, qu'il divise en trois, sans indiquer à quelle distance il les place l'un de l'autre, et tout le reste, quoique probablement bon dans ce cas, manque du caractère d'une règle.
183	Le plus sûr est de fortifier toujours la charge, le plus ne pouvant faire de mal, si bien ferait le moins.	
192	Différences des mines. La mine directe est celle qui n'a qu'une galerie et qu'une chambre établie, pour l'ordinaire, à la racine des contre-forts et emploie plus de poudre à proportion que les autres.	Cette règle, quoique différente dans la forme, revient, au fond, à celle des pages 173 et 176. Vauban n'avait pas parlé dans les chapitres précédents de graver les fourneaux dans les maçonneries, comme on le fait dans la figure de l'*Attaque des places*.
193	Mine double ou en T, celle qui, après avoir percé l'épaisseur du revêtement, se sépare en deux rameaux qui vont chercher la racine des deux contre-forts voisins dans la solidité desquels on les loge. Mine triple, celle où, non content de deux fourneaux séparés, on en pousse un troisième dans les terres qui va chercher le derrière des contre-forts; celle-ci en embrasse ordinairement trois et procure un grand éboulis de terre et une profonde excavation quand elle réussit bien; mais les porte-feux doivent être égalés avec	C'est l'idée de la disposition de Cormontaigne, mais il s'enfonce plus dans les terres. Il faut remarquer cette crainte, dont la supériorité de nos saucissons ne doit pas nous préserver entièrement.

Pages.	CITATIONS DE L'ATTAQUE DES PLACES.	OBSERVATIONS de la Commission.
	une grande justesse, autrement il y aurait danger que celui de quelqu'un de ces fourneaux ne s'étouffât.	
	La conduite des galeries ne doit pas être directe, il faut au moins la briser deux ou trois fois et faire mettre des feuillures de 4 à 5 pouces de large.	Dans la figure de Vauban, les rameaux font deux retours dans la maçonnerie; il y a là exagération de précautions au détriment de la rapidité d'exécution.
	Profil en travers d'une mine qui joue (fig. 11). Vue de front d'une mine qui joue (fig. 12). Nous reproduisons ici (pl. 1, fig. 4) la figure 11 seulement.	Ces figures n'ont aucun renvoi au texte de Vauban; on doit croire qu'elles sont d'un dessinateur qui n'avait jamais vu de mine, et qu'elles ont été ajoutées après coup. Elles donnent une idée tout à fait fausse de la manière dont une mine ouvre une escarpe avec des charges comme celles de Vauban. On sait, en effet, que la maçonnerie fait ventre, est lancée horizontalement à une petite distance peu différente de la hauteur de l'escarpe, sans fumée, et que les terres achèvent de couler en recouvrant les décombres.

Conclusions.

On voit que les charges de Vauban étaient plus faibles que celles qu'on emploie actuellement; qu'il sentait qu'elles l'étaient trop; qu'il a admis quelquefois la règle des mineurs, qui est celle suivie actuellement pour la terre ordinaire; qu'il finissait toujours par conclure que le trop était moins à craindre que le trop peu, dans les cas des brèches, mais cela pourtant dans des limites assez resserrées; qu'on ne s'éloigne pas de ses idées en chargeant de une fois un quart la charge actuelle du fourneau ordinaire ; que Vauban avait l'intention d'enfoncer la charge très avant dans les terres, et qu'il adoptait moitié de la hauteur du fossé au terre-plein : s'il ne l'enfonce pas plus, c'est par une crainte qui n'est pas fondée ; qu'il y a donc lieu de l'enfoncer au moins autant que lui ; qu'il croyait que lorsque l'on ne le fait pas, lorsqu'on se tient contre les maçonneries de l'escarpe, il faut charger plus fort.

Dispositif de Cormontiagne (Pl. 1, fig. 5).

12. Le dispositif de Cormontaigne est fait pour un saillant : il place ses fourneaux (fig. 4) sur l'alignement de la queue des contre-forts à 10 mètres de distance les uns des autres ; il ne s'assujettit pas à les mettre vis-à-vis des contre-forts ; il enfonce ses fourneaux à une distance égale à la longueur des contre-forts. (Vauban prenait, pour cette distance, moitié de la hauteur du terre-plein du rempart au fond du fossé). Dans l'exemple de Cormontaigne, ces deux quantités se confondent. Le fourneau en arrière doit partir un peu après les autres. Cet ingénieur charge d'après la règle des mineurs, qui revient à $c = 1,45\,h^3$. Il croit qu'il vaut mieux forcer cette charge que la diminuer, mais qu'il y aurait de l'inconvénient à la forcer trop de manière à lancer des débris dangereux dans les tranchées et à escarper la brèche.

Dans l'*Aide-mémoire Laisné*, 1re édition, page 349, on dit, à propos de cette méthode, qu'il est bon de ne pas renverser le saillant, attendu qu'il peut servir de masque pour le passage du fossé. Vers 1722, on enseignait dans les écoles d'artillerie à faire brèche en dehors du saillant.

Dispositif de Gillot (Pl. 1, fig. 6).

13. On trouve dans Gillot, page 159 : Après que le mineur s'est abrité avec des madriers de 3 mètres de long sur 0m33 de large et 0m10 d'épaisseur, il ouvre l'œil de la mine à 1 pied au-dessus de l'eau; il s'enfonce par une galerie horizontale; arrivé dans les terres, il perce à droite et à gauche, il place les chambres de mine à moitié dans la maçonnerie, ne négligeant pas de les mettre dans les contre-forts, quand il peut; il espace les fourneaux de deux fois la ligne de moindre résistance, de manière que les entonnoirs soient tangents; entre les fourneaux placés derrière le revêtement, il en met d'autres plus en arrière dans les terres.

Gompertz.

14. Gompertz a un chapitre sur les démolitions seulement (*Traité des mines*, page 223). Il en parle très au long. Il pose en principe que les charges dans les maçonneries sont proportionnelles à la qualité des milieux.

Lefebvre.

15. Lefèvre, page 14, dit : Si c'est une mine pour faire brèche, il importe peu qu'elle soit dans la maçonnerie ou dans les terres, pourvu qu'il y ait assez de résistance vers le haut pour faire l'effet désiré.

Général Chasseloup. Fourneau surchargé.

16. Dans l'*Essai sur quelques parties de l'artillerie et des fortifications*, le général Chasseloup dit qu'il faut faire les démolitions de fortification avec des fourneaux surchargés, parce qu'on efface bien mieux les parapets, et qu'on regagne en déblais de terre ce qu'on perd en poudre. Pour les fourneaux surchargés, il prend $n=2$ et il admet que les charges doivent être augmentées simplement dans le rapport du rayon des entonnoirs et non dans celui des cubes des rayons d'explosion, ce qui montre qu'il avait remarqué que les murs verticaux ne se comportaient pas comme les terres horizontales.

Idem. Effet du vide.

17. Après avoir fait l'essai des différents vides autour des chambres de poudre, il conclut que le vide égal à dix fois le volume de la charge est celui qui augmente le plus l'effet de la poudre dans les terres

ordinaires; que le vide doit être d'autant plus augmenté que la terre a moins de ténacité. (Voir sur ce sujet le ***Mémoire sur l'action de la poudre dans les pétards, les mines et les armes à feu; Mémorial de l'officier du génie***, n° 7.)

Idem. Fourneaux dans les angles.

18. Il fait remarquer que les fourneaux placés dans les angles aigus font plus d'effet que ceux placés dans les angles obtus, ceux-ci que dans les surfaces droites, et ces derniers que dans les angles rentrants; que si on appelle (a) l'angle de démolition dont le sommet est au centre du fourneau et les côtés tangents aux excavations, une même charge, placée d'une manière semblable pour démolir une escarpe droite, un angle saillant ou un angle rentrant, produira des angles de démolition qui seront entre eux comme a, $a+90$; $a-90$.

Citadelle de Milan.

19. La destruction de la citadelle de Milan en l'an IX fut entièrement un travail de démolition. Les beaux dessins des commandants Rossi et Chevalot montrent clairement que lorsqu'on n'avance pas assez les fourneaux dans les terres, on détruit les escarpes, mais que les terres s'éboulent mal, et qu'on court risque de n'avoir pas de brèche pra-

ticable; qu'au contraire on a de belles brèches avec des fourneaux enfoncés dans les terres et surchargés.

La terre était réputée terre ordinaire; les escarpes avaient 13 mètres de hauteur, 2 mètres d'épaisseur en bas, $1^m,60$ en haut, avec talus extérieur au 1/4, talus intérieur au 1/5, contre-forts de 1 mètre d'épaisseur et $5^m,60$ de queue, espacés de 4 mètres, reliés dans le haut par des voûtes de $0^m,65$ d'épaisseur; les fourneaux avec $3^m,25$ de ligne de moindre résistance étaient incrustés dans les contre-forts et chargés de $78^k,30$, ce qui correspond à 1 fois 1/2 la charge des tables § 53 ou 3/2 1,45 h^3 dans la terre ordinaire; les maçonneries furent très fortement projetées, formant dans le bas un talus au 1/5 environ, raccordées avec des talus en terre presque verticaux dans le haut. Sur dix exemples pris au front AB, il n'y a que 2 brèches qu'on pourrait peut-être escalader, mais difficilement; au contraire, dans les brèches faites avec 3 fourneaux, deux espacés de 4 mètres avec $2^m,27$ de ligne de moindre résistance, chargés chacun de $50^k,80$, et un en arrière avec $5^m,50$ de ligne de moindre résistance, chargé de $50^k,80$, les brèches sont très praticables.

Dans les contrescarpes de $5^m,30$ de hauteur, $1^m,50$ d'épaisseur à la base, avec des fourneaux de $1^m,62$ de ligne de moindre résistance, chargés de $19^k,60$, on avait des brèches à peine praticables. Il faut remarquer que ces 19^k,60 étaient égaux à trois fois la charge en terre ordinaire, tandis que, pour les hautes escarpes, on n'avait été que jusqu'à une fois et demie.

20. Les expériences de Milan furent terminées par des brèches faites dans les hautes escarpes décrites ci-dessus, avec un seul fourneau mis à la queue des contre-forts. Le fourneau avait 6^m,80 de ligne de moindre résistance chargé de 1,280 kilogrammes, qui correspondent à un coefficient 2,80 par rapport à la charge en terre ordinaire. Le rayon de l'entonnoir fut de 13^m,70, c'est-à-dire qu'on eut $n=2$ et les entonnoirs très évidés, ce qu'on n'aurait obtenu dans un terrain horizontal qu'avec une charge 6,8 fois celle ordinaire. (Ce résultat se rapproche de ceux indiqués par la loi du général Chasseloup, § 16 ci-dessus.) La projection des débris alla à plus de 100 mètres. Cependant les brèches étaient très praticables, contrairement à l'opinion de Cormontaigne (page 136, *Attaque des places*, édition de 1809).

On voit donc que les fourneaux bien engagés dans les terres font de bonnes brèches soit avec la charge ordinaire, soit avec des charges doubles et triples.

Démolition d'Ulm en 1806 (Pl. 1, fig. 7 et 8).

21. M. le commandant Breuille, qui dirigea la

démolition d'Ulm en 1806, se proposa de supprimer presque complétement le bourrage.

La maçonnerie était réputée correspondre à $1^k,25$ par mètre cube, la terre à $0^k,75$.

22. Le puits n° 1 (pl. 1, fig. 6) fut fait en 8 heures, le fourneau en 1/2 heure, la charge en 1/4 d'heure; elle était de 36 kilogrammes. Dans la terre ordinaire, la ligne de moindre résistance $h = 1^m,70$ correspondrait à une charge $c = 9^k,5$; avec le coefficient 1,25, c'eût été $11^k,87$. On mit devant la charge un masque de deux madriers de $0^m,09$ arcboutés, sans autre bourrage. Il y eut une forte détonation, la contrescarpe fut enlevée sur 7 mètres, les décombres n'allèrent pas à 8 mètres et formaient une brèche praticable sur une étendue de 3 mètres de chaque côté du puits.

23. Le puits n° 2 (pl. 1, fig. 7), reculé d'un mètre en arrière, avait $2^m,87$ de ligne de moindre résistance, et fut chargé de même. Dans la terre, $h = 2^m,87$ correspond à $c = 34^k,500$. On reboucha le puits, on eut 9 mètres de brèche.

Le puits n° 4, disposé comme le n° 2, fut chargé de 72 kilogrammes; il y eut 9 mètres de contrescarpe renversés.

Le puits n° 5 était pareil au n° 4, mais placé à 2 mètres du parement intérieur et $3^m,87$ du parement extérieur; la charge en terre ordinaire eût été 84 kilogrammes. On eut un entonnoir du côté des terres de 4^m40 de rayon; le mur sortit un peu de son aplomb et avait des crevasses à 4 mètres du fourneau. La détonation fut très forte, des morceaux du cadre à oreille tombèrent à 200 mètres.

24. Le puits n° 6, placé à $1^m,50$ du parement intérieur, $3^m,43$ du parement extérieur, fut chargé de 87 kil. étrésillonné et non bourré; le mur marcha de $0^m,25$ vis-à-vis du fourneau, les crevasses s'étendaient à 8 mètres de chaque côté, l'entonnoir dans les terres avait 5 mètres de diamètre et 1 mètre de profondeur, la détonation fut extraordinaire; un morceau de bois fut lancé à 800 mètres.

25. Le puits n° 7, de 5 mètres de profondeur, fut placé à 2 mètres du parement intérieur du revêtement, chargé de 182 kil. disposés comme précédemment. Le mur fut renversé sur 14 mètres et la brèche praticable; il y avait 9 mètres de mur renversés du côté d'une ancienne brèche et 5 mètres de l'autre.

Démolition de Vienne en 1809 (Pl. 1, fig. 9).

26. Le colonel Constantin, lors de la démolition des remparts de Vienne en 1809, admit les règles suivantes.

Il faut 20 livres de poudre pour enlever une toise cube de maçonnerie (c'est $1^k,32$ par mètre cube, charge indiquée dans les manuels pour les maçonneries médiocres, c'est la charge $0^k,793$ de poudre par mètre cube de terre ordinaire multipliée par 1,66).

Le cube des fourneaux égale $\frac{11}{6}h^3$: ils doivent avoir leurs entonnoirs tangents. Dans le cas d'une galerie adossée, la distance de cette galerie au parement est la ligne de moindre résistance. D'après cela on détermine la charge comme pour une suite de fourneaux tangents, on ajoute moitié en sus pour le vide de la galerie et du faible bourrage, et on a la charge de la galerie. On l'augmente encore si la galerie est plus vaste que les galeries ordinaires.

La poudre, au lieu d'être répartie d'après le calcul des fourneaux, l'est par gros tas; on obtient des effets plus sûrs.

Pour une destruction complète des escarpes, les fourneaux doivent être au-dessus des fondations, d'une quantité qui ne peut être plus grande que la ligne de moindre résistance, afin qu'on ne puisse plus rebâtir sur les mêmes fondements.

Les brèches faites d'après ces règles furent trouvées convenables; les explosions eurent lieu sans grand bruit, sans projection, sans secousses violentes; les bourrages formés de quatre longueurs de bûches furent refoulés dans les galeries; quelques débris de cheminées d'aérage avec leur bourrage en bois furent lancés à 200 mètres. Quand on attaqua tout un bastion, les angles saillant et d'épaule résistèrent.

Les escarpes étaient fort élevées, 15 à 17 mètres; on démolit quatre fronts, on brûla 151,000 livres de poudre de guerre et on dépensa 30,000 fr. en journées, huile, etc. On fit 2 mètres courants de rameau et de puits par jour avec un atelier de 4 mineurs.

27. Pour la commodité du service pendant les expériences, le capitaine Lebrun substitua à la règle donnée plus haut, de 20 livres par toise cube, les deux premières colonnes du tableau suivant :

Ligne de moindre résistance en pieds.	Charge en livres.	Ligne de moindre résistance en mètres.	Charge en kilogr.	Cube du fourneau.	Charge par mètre cube.
h.	*c.*	*h.*	*c.*	m. cube.	kil.
6	50	1,95	24,50	13,35	1,86
7	75	2,27	36,60	21,4	1,71
8	95	2,60	46,4	32,1	1,45
9	125	2,92	62,0	45,7	1,35
10	170	3,25	83,1	63,0	1,33
11	230	3,57	112,5	83,3	1,33
12	300	3,90	146,2	109,0	1,33
13	370	4,22	181	138,2	1,38
14	465	4,55	227	173,0	1,37
15	570	4,87	278	212,0	1,32
16	700	5,20	342	257,0	1,33
17	830	5,51	405	306,0	1,32
18	990	5,83	483	363,0	1,32
19	1160	6,16	567	426,0	1,32
20	1350	6,49	660	502,0	1,32

Les troisième et quatrième colonnes de ce tableau sont la traduction en mètres et en kilogrammes des chiffres des deux premières, la cinquième représente, en mètres cubes, le cube du fourneau, et la sixième la charge par mètre cube. On voit, qu'à partir de 3ᵐ25 de ligne de moindre résistance, la charge est de 1ᵏ32 par mètre cube, comme l'indiquait l'ordre du colonel Constantin, tandis que pour les lignes inférieures la charge par mètre cube passe à 1ᵏ45, 1ᵏ71, 1ᵏ86. Il en faut conclure que Lebrun pensait que, dans les maçonneries, les faibles lignes de moindre résistance exigeaient une charge proportionnellement plus forte que les grandes.

Inspection de Montpellier en 1833 (Pl. 1, fig. 10).

28. Dans l'inspection de Montpellier, en 1833, M. le général Valazé fit exécuter un renversement de contrescarpe pour cheminer sur les débris, traverser le fossé et atteindre la brèche. Cette disposition fut regardée comme peu avantageuse; mais on n'examine ici que l'effet par rapport aux mines. La contrescarpe avait 6ᵐ40 de hauteur, 2ᵐ00 d'épaisseur à la base, en mauvaise maçonnerie. Un puits fut descendu à 5ᵐ00 de profondeur, la chambre des poudres fut placée dans un retour, à 2ᵐ60 du parement extérieur. La charge 170 kilogrammes fut celle du fourneau ordinaire pour 5 mètres de ligne de moindre résistance, même en admettant que les maçonneries valussent le double

des terres, le fourneau eût été un peu surchargé du côté des maçonneries. L'explosion fut forte, les éclats de pierre projetés comme avec une fougasse. L'entonnoir eut un rayon de 5^m00 du côté du terre-plein du chemin couvert, il en eut un de 7 mètres du côté des maçonneries; le talus était au 1/2. Pour ouvrir dans les terres horizontales un entonnoir de 7^m00 de rayon avec 2^m60 de ligne de moindre résistance, ce qui donne $n = \frac{7}{2,60} = 2,68$, il eût fallu (formule 5' § 53) un côté de boîte aux poudres $B = \frac{T}{8,5}(1,05 - 0,05\ n) = \frac{7}{8,5}(1,05 - 0,05 \times 2,68) = 0,82\ (0,916) = 0^m745$ correspondant à 375 kilogrammes, ce qui est plus du double des 170 kilogrammes employés pour faire cet entonnoir dans la maçonnerie verticale.

Cette expérience nous montre deux choses également importantes à noter :

1° Que la maçonnerie verticale n'a exigé pour un même rayon d'entonnoir que la moitié de ce qu'auraient exigé des terres horizontales ;

2° Que, malgré la facilité avec laquelle cette maçonnerie a été renversée, l'entonnoir du côté du chemin couvert a conservé les dimensions qu'il aurait eues, s'il avait été terminé par une surface entièrement horizontale.

Siége de la citadelle d'Anvers (Pl. 1, fig. 11 et 12).

29. Au siége de la citadelle d'Anvers, en 1832,

à la face gauche de la lunette Saint-Laurent, l'escarpe était en voûtes en décharge de $2^m,50$ de diamètre intérieur avec des pieds-droits de $1^m,00$ d'épaisseur, 3^m40 de longueur, y compris l'épaisseur du mur de masque de $1^m,00$. Les deux fourneaux latéraux étaient en arrière de ces pieds-droits dans les terres, le fourneau du milieu encore un peu plus en arrière; la charge, qui, d'après Vauban, n'aurait été que de $95^k,30 + 1/3\ 95,30 = 127$ kilogrammes, qui n'aurait pas exigé 140 kilogrammes, d'après les règles suivies à Metz, en 1834, fut portée à 400 kilogrammes par fourneau, à cause qu'on craignait que les voûtes en décharge ne devinssent une cause d'anomalie. Le général Haxo penchait pour 500 kilogrammes. Une très forte explosion eut lieu, le colonel Vaillant, qui était à 180 mètres en arrière, s'élança, avec le garde Négrier et le capitaine Richepanse, dans le chemin couvert et put voir que le pont de fascines n'était pas rompu; mais en ce moment une seconde explosion le couvrit de débris et leur projection alla encore fort loin au-delà. Cette fois le pont de fascines rompu avait fait presqu'un quart de conversion, le colonel Vaillant avec ses deux compagnons ne put aborder l'éboulis de la brèche qu'au moyen d'un petit radeau qui se trouvait là, en ramant avec les mains et une pelle sans manche. La brèche qu'il visita jusqu'en haut était belle en pente douce et uniforme. La crête intérieure du parapet n'avait pas été abattue. Il revint avec le même radeau ; les eaux qui étaient basses permirent de réparer et de compléter promptement le pont. La première explosion parut due au fourneau du milieu, la deuxième aux deux fourneaux latéraux. L'effet total était énorme, le saillant avait été poussé en avant, la face droite était ouverte.

Aide-mémoire du capitaine Laisné.

30. A la page 212, on place les fourneaux engagés de moitié dans l'épaisseur du revêtement et espacés de deux fois la ligne de moindre résistance.

Expériences de Metz en 1834 (Pl. 1, fig. 12 et 13).

31. Dans les expériences de Metz, en 1834, on renversa une contrescarpe avec deux fourneaux placés dans les terres à $14^m,50$ de distance l'un de l'autre ; la ligne de moindre résistance était de $2^m,40$ du côté des maçonneries, $3^m,06$ du côté des terres ; la charge pour $h = 2^m,40$ dans la terre est de 20 kilogrammes. On chargea de 60 kilogrammes, parce que c'étaient des maçonneries du coefficient 2, et parce que la hauteur de terre au-dessus était faible. Les rayons extérieurs des entonnoirs furent de près de $4^m,00$, donnant $n = 1,67$ correspondant à un fourneau de 83 kil. dans la terre ; la maçonnerie verticale n'avait donc pas résisté plus que des terres horizontales, les rayons intérieurs furent de $7^m,25$ environ, puisque toute la

maçonnerie fut entraînée et que les fourneaux étaient à 14^{m}50 de distance, ce qui donne $n = 3,02$ et eût exigé en terrain horizontal des charges de 557 kilogrammes au lieu de 60.

Expériences de Metz en 1834 (Pl. 1, fig. 15 et 16).

32. Dans l'expérience sur les escarpes, on attaqua par quatre contre-forts; les charges des fourneaux extérieurs étaient dans les contre-forts, à la queue, chargés de 210 kilogrammes, celles des fourneaux intermédiaires, à la racine, chargés de 90 kil., un fourneau de 100 kilogrammes était en arrière; on prit pour coefficient des maçonneries le nombre 2, et, pour ne pas projeter, on ne donna que 3/4 de charge, moyenne contre la charge totale, qui fait un entonnoir ordinaire, et la charge moitié, qui n'en fait pas; la charge était donc $3/4.2c$ ou $3/2\,c = 210$ kilogrammes, moitié en sus de celle dans les terres. Après l'explosion, la brèche était belle et praticable, elle avait 30 mètres d'ouverture, au lieu de 20 mètres qu'on avait projeté de faire, le rayon T de l'entonnoir pour les fourneaux extrêmes égalait 6 mètres, pour une ligne de moindre résistance de 4^{m}50; on croit que l'effet du fourneau en arrière avait été plus nuisible qu'utile.

33. Dans un examen du compte rendu des expériences de Metz, de 1834, fait par le commandant Belmas, en 1837, il conclut qu'on aurait dû mettre tous les fourneaux à la queue des contre-forts.

Général Guillemain.

34. Le général Guillemain, ancien capitaine de mineurs, à la fin d'un mémoire sur la démolition des contrescarpes dit : « J'ai remarqué d'ailleurs, « dans nombre d'expériences de démolition faites « par des fourneaux engagés dans les terres, en « arrière du revêtement, qu'il avait suffi d'une « hauteur de terre-plein au-dessus du fourneau, « égale, à peu près, à la ligne de moindre résis- « tance du côté du fossé, pour déterminer la chute « du mur et je n'ai pas vu manquer de démolition, « à raison d'une différence de ténacité dans des « milieux composés d'un côté de terre, de l'autre « de maçonnerie. »

Projet du commandant de l'école d'Arras en 1847.

35. Dans les projets pour 1847, le commandant de l'école d'Arras place les fourneaux en retour dans le mur, à la racine des conforts. Il charge comme dans la maçonnerie sans réduction (c'est ainsi qu'on dispose les mines pour démolitions dans le *Traité des Mines* de Vauban, édition Foissac, Pl. 4).

Observations du colonel de Cassières.

36. Dans ses apostilles de 1847 le colonel de

Cassières fait observer qu'on a coutume, pour les démolitions, de ne pas tenir compte du sens de la ligne de moindre résistance, c'est-à-dire si elle est horizontale ou verticale. Il lui semble que cette direction doit avoir de l'influence sur la forme des entonnoirs, et qu'en outre, pour une même ligne de moindre résistance, la charge devrait être d'autant plus grande que le revêtement est plus élevé : cependant il prend comme vrai le principe généralement admis, d'avoir égard au coefficient des maçonneries. Il place un fourneau dans chaque contre-fort; il regarde les maçonneries de Bapaume comme moyennes; il admet que la charge des fourneaux intermédiaires doit être diminuée en raison du recroisement des entonnoirs; que les fourneaux extrêmes, bien que se recroisant d'un côté, doivent conserver leur charge entière afin d'obtenir la largeur voulue pour la brèche.

Résistance des galeries. — Expériences des écoles d'Arras, de Metz et de Montpellier.

37. On voit, dans le compte rendu de l'École de Montpellier, que quelques expériences avaient été faites à Metz et à Arras en 1831 sur la résistance des galeries en maçonnerie. On les a soumises à l'explosion de 200 kilogrammes de poudre déposés dans un puits de boule sans bourrage, ayant $4^m,10$ de ligne de moindre résistance. On avait

doublé la charge à cause de la suppression du bourrage. On concluait des effets obtenus :

1° Qu'une galerie en maçonnerie résistait à un fourneau placé au-dessus ou sur le flanc à une distance $\frac{6}{8}$ h, et était écrasée à $\frac{5}{8}$ h.

2° Qu'un rameau avec parois de même épaisseur résistait à un fourneau placé à $\frac{4}{8}$ h sur le côté, un peu au-dessus de l'extrados.

L'expérience de l'École de Montpellier, en 1837, avait pour but de savoir si un rameau résistait à un fourneau placé au-dessus de sa voûte à $\frac{3}{8}$ h.

La ligne de moindre résistance du côté du sol était 4 mètres, la charge 200 kilogrammes, était double de celle qui correspondait à cette ligne de moindre résistance, la distance des poudres à la galerie égalait $\frac{3}{8}$ $h = 1^m,5$. Le bourrage du puits consistait en terre jetée rapidement à la pelle sans être régalée ni damée. Le rameau fut crevé sur 3 mètres de longueur. On a conclu de cette expérience qu'un rameau en maçonnerie de $0^m,45$ d'épaisseur à la voûte était rompu par l'explosion d'un fourneau ordinaire, lorsque l'extrados de la voûte ne se trouvait éloigné du centre des poudres que de $\frac{3}{8}$ de la ligne de moindre résistance de ce fourneau. Cette conclusion n'est pas entièrement incontestable, parce que le bourrage n'a pas été supprimé et qu'alors les 200 kilogrammes correspondant à $h = 5^m,1$ ont brisé jusqu'à $\frac{5}{8} 5^m,1 = 3^m,17$ comme dans le cas du fourneau latéral.

Epreuve du globe de compression faite à Mézières, le 11 août 1845.

38. On se proposait d'éprouver la résistance de galeries maçonnées contre les globes de compression. Le sol était formé de bancs alternatifs d'argile compacte et de calcaire fissuré de $0^m,70$ d'épaisseur pour les premiers, $0^m,25$ pour les seconds. On fit un puits de manière à avoir $h = 2^m,70$ et $T = 7^m,10$. 700 kilogrammes de poudre déterminés par la formule $c' = c\,(0^m,09 + 0^m,91\ n)^3\,K$, en supposant $n = 3, K = 1,25$. La charge était placée à $3^m,30$ verticalement au-dessus de l'intrados de la galerie et à 3 mètres de parement intérieur de son pied-droit.

La violence de l'explosion fut extrême, l'entonnoir de $4^m,50$ de profondeur avait $13^m,90$ de diamètre. La gerbe s'éleva à plus de 60 mètres; les terres qui en provenaient avaient été projetées dans un cercle de 40 à 60 mètres de rayon ; des pierres en grand nombre lancées dans un second cercle de 150 à 200 mètres, quelques-unes même jusqu'à 400.

La commotion produite dans l'air fut tellement forte que, dans une maison située dans le cours d'Orléans, à 800 mètres de l'explosion, une cloison, contre laquelle de petites glaces étaient placées, fut ébranlée et que les glaces se brisèrent en tombant.

Dans la partie la plus rapprochée du fourneau, où les pieds-droits avaient $0^m,80$ d'épaisseur, la galerie voûtée résista sur 5 à 6 mètres, au-delà où ils n'avaient plus que $0^m,50$, avec un ciel en madriers, la galerie fut complétement remplie de décombres provenant de la chute des pieds-droits et de débris de roc.

L'énorme projection obtenue avec ce fourneau provient de ce que les poudres avaient été placées au fond d'un puits qui rendit l'enlèvement des terres beaucoup plus faciles. L'entonnoir avait d'ailleurs un rayon moins grand que celui $3 \times 2^m,70 = 7^m,1$ sur lequel on avait compté, et cela devait être, puisque d'un fourneau d'épreuve on devait conclure le coefficient de la terre $K = 1^m,38$ au lieu de $1^m,25$ qu'on avait adopté.

39. **Note sur le résultat des expériences faites comparativement avec le pyroxyle, la poudre de guerre et la poudre de mine, dans les mines militaires et le tirage des pierres.** *(Extrait des Comptes rendus à la Commission du pyroxyle.)*

Dans le printemps de 1847, la commission du pyroxyle, présidée par M. le duc de Montpensier, a fait faire, au polygone de Vincennes, deux séries d'expériences sur les mines militaires, en employant le pyroxyle, la poudre de mine et celle de guerre sous la direction du commandant Le Blanc.

Un peu après, elle a fait faire une série d'expériences sur le tirage des pierres, en employant les mêmes matières, sous la direction de M. Combes. M. Pelouze a analysé le pyroxyle. Ces expériences ont conduit aux résultats suivants.

Densité du pyroxyle.

40. Le pyroxyle mis en tonneau et pressé à la main a une densité qui n'est que le 1/10 de celle de la poudre, c'est-à-dire 0,084 environ. Dans des cartouches on lui donne facilement une densité double 0,17. En le comprimant dans les tonneaux, au moyen d'une presse, on lui donne une densité quadruple 0,34. Si l'on pousse plus loin la compression, on casse les tonneaux. Avec la densité 0,34, il se comporte de la même manière que le pyroxyle comprimé à la main.

Composition du pyroxyle, de la poudre, de leurs éléments et des produits de leur détonation.

Pour discuter facilement les propriétés des poudres et du pyroxyle, nous réunissons dans deux tableaux ci-après, leurs poids atomiques, celui de leurs composants et des produits de leur détonation. § 51 et 52.

Valeur comparative du pyroxyle, de la poudre de guerre et de la poudre de mine.

Soit *c* la charge en poudre de guerre d'une mine de guerre, C^{py} la charge en pyroxyle correspondante, on a trouvé qu'avec $C^{py} = 0,43\ c$ les effets d'ouverture de l'entonnoir, de rupture latérale étaient les mêmes; mais qu'avec le pyroxyle les terres étaient moins fortement lancées et retombaient en plus grande quantité dans l'entonnoir. Pour rendre l'évidement pareil, il fallait aller jusqu'à $C^{py} = 0,60\ c$.

On a expliqué cette espèce d'anomalie, en remarquant que la vapeur d'eau qui entre pour 34/92 dans les produits de la déflagration du pyroxyle a, à l'origine, une tension plus forte que les gaz permanents, et que lorsqu'elle se mêle aux terres divisées elle doit se condenser presque entièrement et agir de moins en moins; qu'au contraire les produits de la déflagration de la poudre sont, à l'exception du sulfure de postassium et d'un peu de vapeur d'eau accidentellement, des gaz permanents qui ne sont pas susceptibles de se condenser.

La même anomalie ne se remarque pas dans les armes, parce qu'il y a moins de surface en contact avec les gaz et que l'action est plus instantanée.

Pyroxyle dans les petites armes.

Dans les petites armes, le coefficient du pyroxyle par rapport à la poudre de guerre est environ 0,35. Dans le tirage des pierres calcaires de Paris, ce coefficient a été trouvé égal à 0,33, par rapport à la poudre de guerre, 0,25, par rapport à la poudre de mine.

Supériorité de la poudre de guerre sur la poudre de mine.

43. Pour un même poids, la poudre de guerre s'est montrée également supérieure à la poudre de mine dans le rapport de 0,33 à 0,25. On s'est rendu compte de la différence entre la poudre de guerre et la poudre de mine, en remarquant que celle-ci, qui est moins dosée en salpêtre, donne autant d'oxyde de carbone que d'acide carbonique, et que la poudre de guerre ne donne que de l'acide carbonique. L'oxyde de carbone et l'acide carbonique ayant le même volume pour la même quantité de carbone, la chaleur dégagée par la formation de l'acide carbonique doit être plus considérable, et la force élastique des produits gazeux également supérieure.

Si on était dans le cas d'employer de la poudre de mine, on ferait bien d'y ajouter un simple mélange de nitrate de potasse ou de soude, conformément aux indications du tableau, § 51, comme l'a indiqué M. Combes.

Combustions nouvelles des gaz du pyroxyle après une explosion.

44. Dans les produits de la déflagration du pyroxyle, l'oxyde de carbone entrant pour les 2/3, il doit pouvoir se rallumer de nouveau après une explosion.

Quand M. Combes a fait cet essai dans une carrière, après l'explosion des pétards, il s'est présenté deux cas : si le gaz sortait par une petite fente, il obtenait un gaz allumé ; s'il sortait par une large ouverture, l'air qui rentrait alors dans les fentes formait avec l'oxyde de carbone un mélange détonant, et on avait une seconde explosion avec un bruit assez fort, mais sans danger pour celui qui mettait le feu.

On explique, par ce phénomène d'une seconde inflammation de l'oxyde de carbone, les apparences de flamme ou de combustion du pyroxyle à l'air, que le président de la commission a fait remarquer dans les expériences de Vincennes. Cette seconde inflammation, qui a lieu dans le tir des petites armes, explique encore pourquoi on n'a pas été incommodé quand on a fait les expériences de tir dans une chambre fermée.

Amélioration du pyroxyle.

M. Combes a conclu qu'on devait chercher à faire confondre cette deuxième détonation avec la première, en ajoutant au pyroxyle une matière qui pût fournir de l'oxygène.

L'expérience a confirmé ces prévisions; l'addition à un kilogramme de pyroxyle de 830 grammes de chlorate de potasse, ou 818 grammes de nitrate de potasse, ou 690 grammes de nitrate de soude (§ 51), a donné des effets sensiblement égaux à ceux d'un poids égal de pyroxyle pur. On obtient par là, en même temps, diminution du volume de la charge et du prix.

En plongeant le pyroxyle dans une dissolution à chaud de nitrate, on n'obtient pas de bons résultats; le sel couvre trop le pyroxyle et la communication du feu n'a plus lieu; mais cette expérience, reprise avec des dissolutions à froid, semble en donner de meilleurs.

Asphyxie par le pyroxyle, la poudre de mine et la poudre de guerre.

Dans les recherches sur la composition de l'air confiné, par M. Félix Le Blanc (*Annales de Chimie et de Physique*, tome 5, 3e série, page 245), on voit que la vie d'un chien peut se prolonger quelque temps dans 70 d'air et 30 d'acide carbonique; que dans une atmosphère contenant 94 d'air et 6 d'acide carbonique, la flamme d'une bougie s'éteint, les hommes éprouvent un malaise profond, mais ne courent pas encore danger d'asphyxie; qu'un air vicié par la combustion du charbon, et contenant :

19, 19 d'oxygène,
75, 62 d'azote,
4, 61 d'acide carbonique,
0, 54 d'oxyde de carbone,
0, 94 d'hydrogène carboné,

dans lequel les chandelles brûlent bien, est mortel pour un chien et un oiseau. L'acide carbonique n'entre ici que pour 4,6 p. 0/0 ; l'hydrogène carboné n'est pas un poison, il n'y a que l'oxyde de carbone qui le soit, et on voit quelle petite quantité il en faut pour déterminer l'asphyxie.

Moyen de corriger les propriétés asphyxiantes de la poudre de mine et du pyroxyle.

47. D'après le tableau présenté ci-dessous, les gaz produits par la poudre de mine et le pyroxyle, contenant une grande quantité d'oxyde de carbone, doivent être considérés comme produisant l'asphyxie par empoisonnement; et, sous ce rapport, l'addition à cette poudre et au pyroxyle de nitrates destinés à transformer l'oxyde de carbone en acide carbonique, devrait être recommandée, même quand elle n'augmenterait pas les effets de l'explosion.

Asphyxie par les gaz de la poudre après leur séjour dans la terre.

48. Quand on tire dans une casemate, on peut être plongé dans une atmosphère très épaisse de fumée, éprouver de la gêne dans la respiration, tous-

ser, voir la fumée de la poudre se précipiter sur les habits et sur les cheveux, et cependant ne pas encore courir risque d'asphyxie. Quand on remue la terre qui a été divisée par l'explosion d'un fourneau chargé en poudre de guerre, dans des cas où les gaz qui s'échappent dans la galerie ne suffisent pas pour éteindre les chandelles, il arrive souvent que le mineur, qui travaille immédiatement à la terre près du fourneau, tombe subitement asphyxié et sans qu'il ait éprouvé de malaise au préalable. Voici comment il paraît qu'on peut se rendre compte de cette anomalie apparente.

A l'air, le sulfure de potassium qui est noir passe à l'état de sulfate de potasse qui est blanc; mais quand l'acide carbonique et le sulfure de potassium sont renfermés dans une poche de terre humide et contenant peu ou point d'air, ils réagissent l'un sur l'autre au moyen de l'eau, et se transforment en hydrogène sulfuré et en carbonate de potasse : le mineur qui rompt la poche est donc soumis immédiatement à l'hydrogène sulfuré qui est un poison à la dose 1/800, et on conçoit qu'il succombe, tandis que celui qui est derrière lui éprouve peu d'incommodité parce que le gaz délétère est beaucoup plus étendu quand il arrive à lui.

Préservatif.

49. On conçoit aussi que les ventilateurs soient alors d'un grand secours; mais on doit penser que,

si on n'avait pas de véritable ventilateur, il suffirait peut-être de remuer l'air avec un éventail, à côté du mineur.

On tendrait aussi à neutraliser les effets de l'hydrogène sulfuré, soit par un dégagement de chlore ou d'ammoniaque, soit par le masque en éponge chargé d'eau de chaux de Gosse.

Action de la pile de Bunzen sur le pyroxyle.

50. On a essayé l'action de la pile de Bunzen sur le pyroxyle; un seul élément a toujours mis le feu à petite distance; il faut une batterie de 2 éléments à 50 ou 60 mètres. Mais il faut avoir grand soin de mettre le coton en contact immédiat avec le fil métallique en le tordant autour de ce fil, sans cela on a souvent des ratés.

Quand on a fait détoner 8 ou 10 fois du pyroxyle à l'extrémité d'un conducteur en cuivre, il se couvre d'une espèce de vernis qui détruit la conductibilité et on a des ratés jusqu'à ce qu'on ait gratté le conducteur pour enlever cet enduit.

54. TABLEAU de la composition des poudres et du pyroxyle, et des produits de leur détonation.

POUDRES. Désignation de la poudre.	Désignation des atomes composants.	Formules atomiques.	Poids atomiques.	Poids en centièmes déduits de la théorie.	Poids en centièmes adoptés dans la pratique.	PRODUITS DE LA DÉTONATION. Désignation des produits.	Formules atomiques.	Poids atomiques.	Poids en centièmes déduits.	Volumes relatifs des gaz.
Poudre de guerre.	1 de nitre.	AZO^5KO	1264	75	75	Azote.	AZ	175	10,36	2
	1 de soufre.	S	200	11,85	12,5	Sulfure de potassium.	SK	689	40,74	(a)
	3 de charbon.	3 C	225	13,15	12,5	Acide carbonique.	$3\ CO^2$	825	48,90	6
			1689	100	100			1689	100	
Poudre de mine.	1 de nitre.	AZO^5KO	1264	64,40	62	Azote.	AZ	175	8,9	2
	2 de soufre.	2 S	400	20,35	20	Bisulfure de potassium.	S^2K	889	45,2	(a)
	4 de charbon.	4 C	300	15,25	18	Acide carbonique.	$2\ CO^2$	550	28,1	4
			1964	100	100	Oxyde de carbone.	2 CO	350	17,8	4
								1964	100	
Pyroxyle.	2 de coton.	$2\,(C^{12}H^{10}O^{10})$	4050,0	57,2	»	23 oxyde de carbone.	$C^{23}O^{23}$	4025	56,7	46
	5 acide nitrique monohydraté.	$5\,(AZO^5HO)$	3937,5	55,5	»	1 acide carbonique.	CO^2	275	3,78	2
			7987,5	112,7		5 azote.	5 AZ	875	12,72	10
	Moins 8 eau.	8 HO	900,0	12,70	»	17 vapeur d'eau.	17 HO	1912,5	26,8	34
	Reste.		7087,5	100				7087,5	100	
Poudre au nitrate de soude.	1 nitrate de soude (1).	AZO^5NO	1062	71,4	»	Azote.	AZ	175	11,75	2
	1 soufre.	S	200	13,45	»	Sulfure de sodium.	SN	487	32,80	(a)
	3 charbon.	3 C	225	15,15	»	Acide carbonique.	$3\ CO$	825	55,45	6
			1487	100				1487	100	
Complément de la poudre de mine.	Poudre de mine.	$AZO^5KO+2S+4C$	1964	100	»	Azote.	8/6 AZ	233	11,9	16/6
	Nitrate de potasse.	$2/6\ AZO^5KO$	422	21,5	»	Sulfure de potassium.	4/6 SK	460	23,4	(a)
			2386	121,5		Bisulfure de potassium.	$4/6\ S^2K$	593	30,2	(a)
						Acide carbonique.	$4\ CO^2$	1100	56,0	6
								2386	121,5	
Idem	Poudre de mine.	$AZO^5KO+2S+4C$	1964	100	»	»				
	Nitrate de soude.	$2/6\ AZO^5NO$	354	18,5	»					
			2318	118,5						
Complément du pyroxyle en nitrate de potasse.	Pyroxyle.	$C^{24}H^{17}O^{17}$ $5\ AZO^5$	7087,5	100	»	4,60 carbonate de potasse.	$4,6\ CO^2KO$	3974,6	55,7	»
						19,40 acide carbonique.	$19,4\ CO^2$	5335,0	75,6	38,8
						9,60 azote.	9,6 AZ	1680,0	23,75	19,2
	Nitrate de potasse.	$4,60\ (AZO^5KO)$	5814,4	82	»	17 vapeur d'eau.	17 HO	1912,3	26,95	34,0
			12901,9	182				12901,9	182,0	92,0
Idem en nitrate de soude.	Pyroxyle.	$C^{24}H^{17}O^{17}$	7087,5	100	»	4,60 carbonate de soude.	$4,6\ CO^2NO$	3045,2	42,9	»
	Nitrate de soude.	$4,60\ AZO^5NO$	4885,2	68,7	»	19,40 acide carbonique.	$19,4\ CO^2$	5335,0	75,2	38,8
						9,60 azote.	9,6 AZ	1680,0	23,7	19,2
						17 vapeur d'eau.	17 HO	1912,3	26,9	34,0
			11972,7	168,7				11972,5	168,7	92,0

(1) Des expériences faites avec soin sur des nitrates purs ont montré que le nitrate de soude était plus hygrométrique que le nitrate de potasse. 10 grammes de celui-ci, placés pendant 48 heures à la cave, n'avaient pas augmenté de poids, tandis que 10 grammes de nitrate de soude pesaient au bout de ce temps 10 gr. 56. C'est donc avec raison qu'on préfère le nitrate de potasse dans la fabrication de la poudre; mais ce n'est pas une raison pour ne pas employer le nitrate de soude en addition à la poudre de mine pour compléter son dosage.

(a) Les volumes des sulfures n'ont pas été déterminés, ces corps se condensant entièrement.

52. TABLEAU de la composition atomique des corps qui entrent dans la fabrication des poudres et du pyroxyle.

NOMS.	Formules.	Poids de l'atome.	NOMS.	Formules.	Poids de l'atome.
Oxygène. . .	O	100			900
Azote. . . .	AZ	175	Coton. . . .	$C^{12}H^{10}O^{10}$	1125
Acide nitrique.	AZO^5	675			
Hydrogène. . .	H	12.5			2025
Eau.	HO	112.5	Potassium. . .	K	489
Acide nitrique monohydraté.	AZO^5HO	785	Sodium. . . .	N	287
			Potasse. . . .	KO	589
Carbone. . .	C	75	Soude. . . .	NO	387
Oxyde de carbone. . . .	CO	175	Nitrate de potasse. . . .	AZO^5KO	1264
Acide carbonique. . . .	CO^2	275	Nitrate de soude.	AZO^5NO	1062
			Soufre. . . .	S	200

Nomenclature et formules sur les mines.

53. Les formules admises ont été faites spécialement pour la poudre agissant dans la terre ou dans un milieu terminé par un plan horizontal. On était porté à les considérer comme applicables dans tous les cas ; mais bien que cela ne soit pas exact, elles paraissent néanmoins devoir servir comme établissant des rapports correspondants dans les mines, placées comme celles des escarpes dans un milieu terminé par un plan vertical, sauf à voir quelles modifications il faudrait leur faire subir pour qu'elles fussent tout à fait applicables à ce

cas. Il est donc nécessaire de les avoir présentes.

Les formules 5 bis et 6 bis ne renfermant plus que des rapports de charge restent peut-être entièrement applicables à la comparaison des charges des fourneaux et de leurs effets dans le cas des brèches, et on devra s'en servir d'abord.

Ces formules sont d'ailleurs commodes à employer parce qu'elles sont en fonction du rayon des entonnoirs, la seule ligne qu'on puisse mesurer facilement après une expérience. C'est cette propriété qui avait conduit à chercher les formules 5 et 6 pour le cas des fourneaux dans la terre, et il est probable qu'il suffira d'une modification dans leur coefficient pour rendre ces dernières applicables au cas des brèches.

Soit en mètres h la ligne de moindre résistance d'un fourneau, t le rayon de son entonnoir, r son rayon d'explosion, d son rayon de rupture horizontal, d' son rayon de rupture vertical.

Soit $\frac{t}{h} = n$. Le fourneau est dit ordinaire quand $t = h$ ou $n = 1$, surchargé quand $t > h$ ou $n > 1$, sous chargé quand $t < h$ ou $n < 1$.

Soit c la charge en kilogrammes du fourneau ordinaire dans la terre, dite terre ordinaire des mineurs, terminée par un plan horizontal, exigeant 0,793 de poudre d'une densité 0,91, par mètre cube de terre enlevée, c'' la charge d'un fourneau surchargé, c, la charge d'un fourneau sous chargé.

La charge c est celle qu'on trouve toute calculée dans la table du ***Manuel pratique du Mineur*** par le capitaine Villeneuve; nous l'appellerons, pour abréger, charge des tables.

Soient $bb'b$, les côtés des boîtes cubiques capables de contenir les charges $cc'c_{,}$.

On aura (1) $c = 1000\, b^3\, 0{,}91$.

Désignant par les petites lettres comme ci-dessus les quantités qui se rapportent à un premier fourneau, par les grandes celles qui se rapportent à un second. On appelle loi des mineurs la relation.

(2) $\frac{c}{C} = \frac{h^3}{H^3} = \frac{t^3}{T^3} = \frac{r^3}{R^3}$. Si on y remplace c C par leurs valeurs en fonction de b en B déduites de l'équation (1) et qu'on extraie la racine cubique, elle devient (2') $\frac{b}{B} = \frac{h}{H} = \frac{t}{T} = \frac{r}{R}$

Si l'on fait la même opération pour les différentes formules récapitulées à la page 73 du ***Manuel pratique du Mineur***, on aura les deux séries de formules suivantes, dont la première est celle du ***Manuel du Mineur*** en fonction de c et de h^3, l'autre sera une série simplement fonction de b et de h.

Les valeurs données par ces formules doivent d'ailleurs être multipliées par un coefficient dépendant de la nature des milieux, et indiqué dans la table ci-après.

Fourneau dans la terre ordinaire des mineurs.		
Ordinaire, $n = 1$.	(3) $c = \frac{11}{6} h^3\, 0{,}795 = 1{,}45\, h^3$. Correspond à la règle des mineurs.	(3') $b = \frac{h}{8.5}$.
Surchargé depuis $n=1$ jusqu'à $n=5$.	(4) $c' = c\,(0.15 + 0.85\, n)^3$.	(4') $b' = b\,(0.15 + 0.85\, n)$.
Id. depuis $n = 1$ jusqu'à $n = 5$. .	(5) $c' = 1.45\, T^3\,(1.05 - 0.05\, n)^3$.	(5') $b' = \frac{t}{8.5}\,(1.05 - 0.05\, n)$.
Id.	(5 *bis*) $\frac{C'}{c'} = \frac{T^3\,(1.05 - 0.05\, N)^3}{t^3\,(1.05 - 0.05\, n)^3}$	(5' *bis*) $\frac{B'}{b'} = \frac{T}{t}\,\frac{(1{,}05 - 0{,}05\, N)}{(1{,}05 - 0{,}05\, n)}$
Id. à peu près depuis $n = 1$ jusqu'à $n = 1.50$.	(6) $c' = 1.5\, t^3$.	(6') $b' = \frac{t}{0.5}$.
Dans le même cas.	(6 *bis*) $\frac{C'}{c'} = \frac{T^3}{t^3}$	(6' *bis*) $\frac{B'}{b'} = \frac{T}{t}$
Sous-chargé $n < 1$.	(7) $c' = c\left(\frac{4 + 3n}{7}\right)^3$	(7') $b, = b\,\frac{4 + 3\, n}{7}$
Ordinaire, surchargé, rayon de rupture horizontal.	(8) $d = \frac{7}{4}\, h$.	(8') $b = \frac{1}{15}\, d$.
Ordinaire et sous-chargé, rayon de rupture vertical.	(9) $d' = 1.41\, h$.	(9') $b = \frac{1}{12}\, d'$.

Camouflet dans la terre ordinaire des mineurs.	Maximum à une distance h du sol.	(10) $c' = c\left(\frac{4}{7}\right)^3 = 0.27h^3$ et même $0.74h^3$	(10') $b_{,} = \frac{1}{15} h$ et même $\frac{1}{10.7} h$.
	Minimum contre une galerie située à une distance d au même niveau.	(11) $c' = 1.45\, d^3 \left(\frac{4}{7}\right)^3 = 0.27\, d^3$.	(11') $b_{,} = \frac{1}{15} d$.
	Minimum à une distance d' compté verticalement en dessous. . . .	(12) $c_{,} = 1.45\, d'^3 \left(\frac{1}{\sqrt{2}}\right)^3 = 0.516\, d'^3$.	(12') $b_{,} = \frac{1}{12}\, d'$.
Fougasse pierrier. Q est la charge en mètres cubes.		(13) $c = 1$ kil. $+ 4^k80\,Q$.	(13') $b = 0.06 + \frac{h}{7.40}$
Pétards dans la roche destinés à fendre seulement.		(14) $c = \frac{1}{2} h^3$.	(14') $b = \frac{1}{12.2} h$.

Déduite de la formule 7, en faisant $n = 0$ et prenant un coefficient 2 pour la roche.

Le bourrage des rameaux exige, en gazon et terre, 15 à 20 minutes, en bois et terre *idem*, en sacs à terre 10 à 12; celui d'un puits en terre exige 5'.

TABLE indiquant le rapport des charges dans les différents milieux avec celle en terre ordinaire, ou le coefficient de c, et le rapport des côtés des boîtes aux poudres dans les mêmes cas, ou le coefficient de b.

DÉSIGNATION DES MILIEUX.	Densité.	Coefficient de c.	Coefficient de b.
Terre ordinaire des mineurs.			
Grosse terre mêlée de sable et de gravier. .	1.88	1.00	1.00
Terre commune.	1.37	1.12	1.038
Sable fort.	1.79	1.25	1.079
Sable humide.	1.91	1.31	1.092
Terre mêlée de petites pierres.	1.92	1.41	1.120
Argile mêlée de tuf.	2.01	1.55	1.157
Terre grasse mêlée de cailloux.	2.31	1.69	1.190
Roc.	2.31	2.25	1.310
Nouvelles ou vieilles maçonneries humides, non hydrauliques.	2.31	1.30	1.090
Maçonnerie ordinaire.	2.31	1.66	1.183
Nouvelle maçonnerie très bonne.	2.31	2.25	1.310
Maçonnerie dite romaine.	2.31	2.90	1.425

Les formules 4, 5, 7, 12 et 13, toutes les formules en fonction de b, et la colonne b de la table sont extraites d'un mémoire non publié du cap le Blanc, qui a reçu une mention honorable du comité des fortifications. Elles présentent souvent une grande simplification dans les calculs relatifs aux mines, et il est facile de s'en rendre compte ; dans les formules ordinaires on compare des lignes à des cubes ; dans ces nouvelles formules, ce sont des lignes qu'on compare à des lignes.

On trouve dans le même mémoire les deux lois suivantes :

1° Pour une même charge, le fourneau ordinaire est celui dont le cube de l'entonnoir est un maximum.

2° Pour une même charge, le fourneau surchargé qui a $n = 2$ est celui qui déblaie sur le terrain une surface maximum; cette surface varie peu, comme le montrent les formules 6 et 6'.

Discussion et conclusions à tirer des expériences et des théories citées ci-dessus.

Absence de règles pour la charge des brèches.

54. Le général Millet Mureau, chargé en 1797 de faire au comité des fortifications un rapport sur la démolition de la Brunette, disait : « Il nous « manque un traité de la théorie des mines ap« pliquées aux démolitions. Malgré des expé« riences faites depuis, on en est encore pour la « théorie à peu près au même point; il convient « de chercher, par la comparaison des formules « avec les résultats des expériences, ce que la « théorie peut renfermer de bon, de spécieux ou « de mauvais; » ces quelques lignes résumaient bien l'état de la science alors. Aujourd'hui, comme les expériences de Metz sont celles dont les résultats sont les mieux et les plus minutieusement constatés, c'est sur elles principalement que notre attention se portera; nous avons déjà discuté d'ail-

leurs, au § 11, les règles qu'on trouve dans l'*Attaque des places* de Vauban.

Conclusions qui résultent des expériences et théories citées par rapport à la charge des fourneaux de brèche.

55. Plusieurs points de la théorie des brèches sont donc obscurs; il semble qu'un des premiers à éclaircir, est celui-ci : des maçonneries terminées par un parement vertical ou très incliné résistent-elles autant à un fourneau placé en arrière que des maçonneries ou même que des terres terminées par un plan horizontal, à un fourneau placé au-dessous? La plupart des mineurs ont admis qu'il n'y avait pas de différence entre les deux cas. Voyons ce que nous disent les expériences de Metz et de Montpellier.

Dans les brèches faites à Metz, en 1834, on a vu § 32 qu'on considéra le fourneau comme fait dans des maçonneries auxquelles on attribua un coefficient 2, et qu'on ne chargea qu'aux 3/4 pour avoir, disait-on, un fourneau sous-chargé. Si ces suppositions eussent été vraies, l'entonnoir aurait dû avoir un rayon T $= 4^m,15$; au lieu de cela, on trouve que T égalait 6 mètres, c'est-à-dire qu'il était supérieur à la ligne de moindre résistance $4^m,50$, et que le fourneau qu'on avait fait s'était comporté comme un fourneau surchargé dans lequel $n = \frac{6}{4,5} = 1,33$.

La brèche de Metz a été convenablement faite, les pierres peut-être lancées un peu trop loin; mais il est évident qu'elle n'a pas été faite comme on le supposait.

Pour bien faire comprendre la question, examinons comment on aurait dû charger un fourneau dans les terres horizontales pour obtenir un entonnoir d'un rayon $T = 6$ mètres. On aurait eu (formule 5 bis) $c = 1,45\ T^3 (1,05 - 0,05\ n)^3 = 1,45 . 6^3 (1,05 - 0,05 .\ 1,32)^3 = 294^k$. Nous voyons par là qu'un entonnoir de 6 mètres de rayon qui serait fait avec 294^k dans la terre horizontale, a été fait dans un mur terminé par un plan vertical, avec 210^k seulement, c'est-à-dire avec une charge inférieure à celle nécessaire dans la terre ordinaire terminée par un plan horizontal et égale à cette charge multipliée par un coefficient 0,71.

Charges pour les escarpes.

56. Il paraît résulter de toutes ces considérations que, pour des escarpes de 6 mètres au moins de hauteur, la charge réglée comme dans les terres ordinaires est à peu près suffisante pour faire brèche à des murs verticaux, ainsi que le disaient Vauban et Cormontaigne, et que la poudre qu'on peut mettre en plus est plutôt utile pour l'éboulement des terres et la projection des maçonneries que pour le renversement de celles-ci; enfin, qu'il n'y

a pas de danger de voir l'entonnoir se faire par en haut, et les escarpes ne pas être renversées comme tous les mineurs le craignent tant qu'il y a de ce côté une ligne de moindre résistance supérieure à celle des maçonneries, conformément à la remarque du général Guillemain, § 34. Une fois admis que la distance au terre-plein peut être plus petite que deux fois la ligne de moindre résistance, on conclura facilement qu'il est avantageux, pour mieux pousser les maçonneries au vide dans le fossé et pour mieux ébranler les terres, de relever le fourneau le plus possible, c'est-à-dire de commencer le rameau à 0^m60 au-dessus du fond du fossé, et de le faire montant pour arriver au fourneau; c'est ce que dit le général Chasseloup, en ajoutant que cela ne doit se faire toutefois, qu'autant qu'on ne craint pas de contre-mines en-dessous, car alors il faut se tenir le plus bas possible.

Pour remuer suffisamment les terres, on ne doit pas loger les poudres dans les maçonneries du revêtement comme on est porté à le faire aujourd'hui en considérant l'opération comme une simple démolition. L'importance extrême qu'il y a d'ailleurs à aller vite doit faire rejeter tout encastrement de la boîte aux poudres dans les maçonneries.

Une brèche de vingt mètres sera faite en général par trois fourneaux. Les entonnoirs se recroisant beaucoup, la charge du fourneau intermédiaire pourrait être réduite, si on n'avait pas en vue d'agir sur les terres comme dans les démolitions.

Charges pour les contrescarpes.

57. On a vu au § 31 qu'aujourd'hui à égalité de ligne de moindre résistance, les mineurs chargeaient pour renverser des maçonneries plus fort que pour enlever des terres : aux § 11 et 12 que Vauban et Cormontaigne, qui ne donnaient que des charges égales pour ces deux cas, tenaient à avoir du côté des terres une ligne de moindre résistance double de celle des maçonneries. Au § 36, qu'il semblait au colonel de Cassières, directeur à Arras, qu'il y avait peut-être lieu de tenir compte du sens de la ligne de moindre résistance. Au § 34, que le général Guillemain remarquait qu'il avait suffi d'une hauteur de terre à peu près égale à la ligne de moindre résistance du côté des maçonneries pour déterminer la chute de celle-ci. Au § 55, que les expériences de Metz, en 1834, conduisaient aux mêmes conclusions. Au § 28, qu'il en était de même des expériences de Montpellier, en 1833. Quand on fait brèche à une escarpe, on est ordinairement placé de manière à satisfaire à la règle de Vauban d'avoir du côté des terres une ligne de moindre résistance double de celle du côté des maçonneries; mais il n'en est plus ainsi lorsqu'on renverse une contres-

carpe, circonstance que le génie est appelé à rencontrer maintenant plus fréquemment que l'autre, à cause de la perfection avec laquelle l'artillerie fait ses brèches. Il en résulte que la profondeur et la charge d'un fourneau destiné à renverser une constrescarpe est un des sujets d'expériences nouvelles les plus importants.

Résistance des galeries en maçonnerie.

58. Les conclusions de l'École de Montpellier en 1837, § 37, savoir, qu'un rameau ne résiste pas à un fourneau placé à 3/8 h. au-dessus de sa voûte doivent être vérifiées.

Conclusions par rapport au pyroxyle.

58 bis. Il résulte des § 39 à 50 que le pyroxyle peut s'employer à la densité 0,34 ; que son coefficient par rapport à la poudre de guerre est 0,25 dans le tirage des pierres calcaires de Paris, 0,35 dans les petites armes ; 0,43 dans les mines de guerre, quant à l'ouverture de l'entonnoir, et 0,60 quant à son évidement ;

Que le gaz oxyde de carbone qui forme les 2/3 des produits de la déflagration est délétère ; mais que si on ajoute 80 de nitre à 100 de pyroxyle, on n'a plus que de l'acide carbonique et que l'effet est égal à celui de 180 de pyroxyle ; que la poudre de mine inférieure à la poudre de guerre peut s'améliorer par le même moyen; enfin que le pyroxyle est facile à enflammer par la pile Bunzen.

CHAPITRE II.

Programme général et compte rendu des expériences avec leurs motifs et leurs conséquences.

59. L'état de la science ayant été exposé comme nous venons de le voir au chapitre Ier, un premier programme fut rédigé à Paris, et soumis à la commission et à M. le ministre de la guerre, pour être exécuté, sauf les modifications et additions qui pourraient être jugées nécessaires sur les lieux. Le commandant de l'école d'Arras se rendit sur le champ à Bapaume pour faire commencer les travaux préparatoires et reconnut que quelques modifications tenant à l'état des fortifications seraient nécessaires. M. le maire de la ville avait donné l'autorisation d'étendre le champ des expériences en dehors des terrains réservés à l'État; la commission présidée par M. le duc de Montpensier, s'étant réunie le 5 août à Bapaume, le programme suivant fut arrêté définitivement.

Programme des expériences de Bapaume, arrêté le 5 août par la Commission.

NOTA. — Dans le tableau récapitulatif, à la fin de ce travail, les expériences se suivent dans l'ordre d'exécution ; elles sont ici groupées en ordre méthodique, c'est-à-dire en rapprochant les expériences analogues.

Nos du programme.	Nos d'exécution.	NUMÉROS des ouvrages.	DÉSIGNATION DES EXPÉRIENCES.
			1re SÉRIE. — FOURNEAUX D'ÉPREUVE. (Expériences 13, 22, 15, 14, 30.)
1	13	Terre-plein de la 1/2 lune 10.	Fourneau d'épreuve pour déterminer le coefficient de la terre du pays par rapport à la poudre.
2	22	*Id.*, 11.	Evidement de l'entonnoir par une charge double de celle du fourneau ordinaire.
3	15	*Id.*	Fourneau d'épreuve avec le pyroxyle pour déterminer son coefficient.
4	14	*Id.*	Fourneau d'épreuve avec le pyroxyle nitré pour déterminer son coefficient.
5	30	Glacis 146, à Arras.	Fourneau dans une boîte longue verticale pour constater l'influence de la forme de la charge.
			2e SÉRIE. — ATTACHEMENT DU MINEUR. (Expériences 1, 1 *bis*, 26, 5.)
6	1	Courtine 1-2.	Effet de l'explosion d'un baril de poudre pour étonner les maçonneries et préparer le logement du mineur.
6 *bis*	1 *bis*	Courtine 1-2.	Percer une escarpe par le pétardement.
7	26	Courtine 3-4.	Amorcer le trou du mineur par une pièce de 12 sur affût et par une pièce de 12 sur chantier.
8	5	1/2 lune 10, face droite.	Dispositif d'un fourneau de brèche auquel on arrive en passant sous les fondations.
			3e SÉRIE.—BRÈCHES D'ESSAI A 1 FOURNEAU. (Exp. 2, 3, 9, 20, 21, 23, 27.)
9	2	1/2 lune 10, face droite.	Brèche d'essai pour vérifier la règle de Vauban qui détermine les charges pour les brèches des escarpes, comme pour les fourneaux dans la terre ordinaire terminée par un plan horizontal.

Nos du programme.	Nos d'exécution.	Numéros des ouvrages.	Désignation des expériences.
10	3	*Id.*	Répétition de l'expérience n° 2 en employant le pyroxyle.
11	9	1/2 lune 10.	Essayer le mélange de 100 parties de pyroxyle et 80 de nitre pour renverser une escarpe.
12	20	1/2 lune 11, face gauche.	Brèche faite par un fourneau autour duquel on a laissé un vide décuple du volume de la charge.
13	21	1/2 lune 11, face gauche.	Brèche produite par une charge de pyroxyle non comprimé, occupant une chambre pareille à celle de l'expérience n° 20.
14	23	*Id.*	Brèche à une escarpe en renfermant une charge de pyroxyle dans une forte boîte.
	27	Château.	Brèche à une escarpe en terre.
			4e série. — Brèches a plusieurs fourneaux. (Exp. 4, 8, 18, 29, 10, 17.)
15	4	Face droite de la 1/2 lune 14.	Brèche par deux fourneaux dont la charge soit 1 fois 1/4 celle d'un fourneau en terre ordinaire, en les espaçant de 3 fois leur ligne de moindre résistance, pour reconnaître le recroisement des entonnoirs dans le cas des brèches.
16	8	Courtine 2-3.	Brèche avec deux fourneaux, en suivant le dispositif de Vauban.
17	18	Bastion 2, saillant.	Brèche par la poudre avec 6 fourneaux aux deux faces d'un bastion suivant le dispositif de Cormontaigne.
18	29	Bastion 2, face droite.	Brèche par le pyroxyle avec 3 fourneaux à une face de bastion.
19	10	Bastion 2, face gauche.	Brèche par la poudre avec 3 fourneaux suivant le dispositif de la commission.
20	17	Courtine 2-3.	Brèche par le pyroxyle suivant le dispositif de la commission, comme à l'expérience n° 10.
			5e série. — Brèche par une galerie d'escarpe. (Exp. 24.)
21	24	Bastion 3, face droite.	Brèche en plaçant la charge de poudre dans une galerie d'escarpe.
			Nota. Les expériences 22, 23, 24 du programme n'ont pas été exécutées.

Nos du programme.	Nos d'exécution.	Numéros des ouvrages.	DESIGNATION DES EXPÉRIENCES.
			6e SÉRIE. — RENVERSEMENT DES CONTRESCARPES. (Exp. 7, 6, 25, 32)
25	7	1/2 lune 14, face gauche.	Vérifier si une hauteur de terre D au-dessus d'un fourneau égale à la ligne de moindre résistance *h*, par rapport au parement des maçonneries, ne suffit pas pour assurer le renversement de celles-ci, en employant la poudre.
26	6	1/2 lune 14.	Même expérience, en employant le pyroxyle avec le coefficient 0.60.
27	25	Gorge de la 1/2 lune 10.	Examiner si une hauteur D de terre au-dessus d'un fourneau égale aux 3/4 de la ligne de moindre résistance *h*, par rapport au parement d'une escarpe, ne suffit pas pour assurer le renversement de celle-ci.
28	32	Place d'armes 146, 143.	Même expérience avec D = 1/2 *h* et une contrescarpe en terre.
			7e SÉRIE. — RUPTURE DES GALERIES. (Expériences 12 et 11.)
29	12	Château.	Crever par un globe de compression la galerie qui aboutit au bastion 7, en employant la poudre.
30	11	*Id.*	Même expérience, en employant le pyroxyle.
			8e SÉRIE. — DÉBLAIS DE BRÈCHES. (Expériences 16, 19, 21.)
31	16	Face droite. 1/2 lune 15.	Déblai d'une ancienne brèche par un fourneau.
32	19	Face droite bastion 6.	Déblai d'une brèche faite par l'artillerie.
33	31	Glacis 146, à Arras.	Effets d'une charge de poudre répartie sur la longueur d'un rameau.
			9e SÉRIE. — TROUÉE A TRAVERS UNE CONTRE-GARDE PAR LA MINE. (Exp. 28.)
34	28	Contre-garde 17.	Faire une trouée à travers une contre-garde de manière à pouvoir, de son chemin couvert, battre immédiatement le bastion en brèche.

Notions générales relatives à toutes les expériences.

60. Le § 19 de la première partie, artillerie, donne la description générale de la place, sur laquelle nous ne revenons pas.

Les murs de Bapaume bâtis par les Espagnols sont à talus extérieurs au 1/5 ou au 1/6 et à talus intérieur au 1/10; ils ont des contre-forts qui ne descendent pas toujours jusqu'au fond du fossé, ils sont construits en moëllons de craie avec parement en briques; le mortier, formé par une arène légèrement hydraulique et de la chaux grasse, est très dur; mais le parement de briques sur la première demi-brique est souvent soufflé, surtout dans les parties exposées aux vents de pluie.

La terre de Bapaume est une argile jaunâtre propre à la fabrication des briques, se tenant verticale quand on la coupe; c'est la même terre qu'à Arras, elle recouvre la craie dans tout le nord de l'Europe.

La poudre employée était de la poudre de guerre venant d'Esquerdes; la densité de cette poudre tassée était 0,977, non tassée de 0,845, en moyenne 0,91, comme on le suppose dans le *Manuel du Mineur* du capitaine Villeneuve; sa portée moyenne au mortier éprouvette à Esquerdes était de 237 mètres; vérifiée à Bapaume avec un globe neuf, on l'a trouvée de 245 mètres; il est probable que c'est au globe qu'est due cette différence. Bien qu'on ait dans le commerce une autre poudre, dite poudre de mine, les expériences sur les mines de guerre doivent être faites avec de la poudre de guerre qui est celle qu'on a aux armées, et il est probable qu'il en a toujours été ainsi, quoiqu'on ne le dise pas ordinairement dans les procès-verbaux d'expériences.

Le pyroxyle avait été fabriqué au Bouchet avec un volume d'acide azotique et deux volumes d'acide sulfurique; sa vitesse à la charge de 3 grammes au fusil pendule était de 415 mètres.

Le feu mis à 2 mètres de saucisson de sûreté raccordé à $1^m,50$ de saucisson ordinaire était 2^m 1/2 à arriver au saucisson Larivière dont la combustion est presque instantanée. La flamme du saucisson ordinaire avertissait du moment de l'explosion.

Des abris blindés (Pl. 18, fig. 11) étaient disposés pour les membres de la commission et pour les officiers en uniforme; des emplacements marqués par des piquets étaient réservés aux curieux. Un cordon de factionnaires à pied et de védettes à cheval commandé par un officier était placé chaque jour une heure avant le commencement des expériences au-delà des limites du terrain dangereux, afin d'en interdire l'accès au public. Le chargement des fourneaux ne devait se faire que peu de temps avant le moment fixé pour les expériences. Le moment de l'explosion était indiqué par la retraite battue; la reconnaissance de la brèche ne devait avoir lieu que sur l'ordre exprès du président de la commission, et, si une explosion était manquée, cet ordre ne devait être donné que plusieurs heures après.

Dans les dessins à l'appui des expériences, les boîtes aux poudres sont toujours marqués par un ▪ noir pour les rendre bien apparentes, qu'elles soient visibles, ou non. Dans les plans gravés pour suppléer au lavis des minutes, on a relevé les parties bouleversées, par des hachures d'un diapason faible, tout en conservant les horizontales; le reste de la fortification est représenté par les horizontales seulement.

1re SÉRIE. — FOURNEAUX D'ÉPREUVE. (Exp. 13, 22, 15, 14, 30.)

61. Expérience n° 13, pl. 7, fig. 1, 2, 3, 4. Fourneaux d'épreuve pour déterminer le coefficient de la terre par rapport à la poudre.

Deux fourneaux de 4 mètres de ligne de moindre résistance furent placés dans le terre-plein de la 1/2 lune 10, ; on y arrivait par un puits et un rameau de 9 mètres; on chargea de 93 kilog. ; comme pour la terre ordinaire des mineurs; l'explosion eut lieu avec une belle gerbe de 30 mètres environ de hauteur; la projection des débris mesurée horizontalement était de 15 mètres; l'entonnoir avait $1^{m},50$ de flèche; son rayon r était dans les deux cas de 4 mètres, égal à la ligne de moindre résistance : la terre de Bapaume doit donc être assimilée à la terre ordinaire des mineurs.

62. Expérience n° 22, dans le terre-plein de la demi-lune 14. Évidement de l'entonnoir par une charge double de celle des fourneaux ordinaires.

Le but de cette expérience était de reconnaître l'influence de l'augmentation de la charge sur l'évidement de l'entonnoir, afin de juger ce qu'on aurait à faire plus tard lors des déblais de brèche. Toutes les circonstances étaient les mêmes que dans l'expérience n° 13; la ligne de moindre résistance égalait 4 mètre: le terrain était pareil, la charge était double, c'est-à-dire de 186 kilog.

La gerbe de l'exposition s'éleva à 40 mètres au moins. La projection des débris mesurée horizontalement était de 28 mètres. La flèche du déblai avait $2^m,25$. Les effets de projection et de déblai étaient donc augmentés à peu près dans le rapport de 1 à 1,50, le rayon d'entonnoir calculé était de $5^m,13$, le rayon trouvé avait $5^m,10$ dans un sens, $4^m,75$ dans l'autre, un peu inférieur, par conséquent, au rayon calculé.

63. Expérience n° 15, pl. 7, fig. 7 et 8. Fourneau de 4 mètres de ligne de moindre résistance placé dans les mêmes circonstances que ceux de l'expérience n° 13, mais chargé en pyroxyle avec le coefficient $Py = 0,50$, c'est-à-dire avec 47 kil. de pyroxyle au lieu de 93 kil. de poudre.

La gerbe fut moins haute, son entonnoir fut

moins déblayé que dans l'expérience n° 13; mais le rayon de l'entonnoir fut de 4 mètres également. Le pyroxyle conservait ici la propriété, déjà signalée dans les expériences de Vincennes, de moins bien déblayer les entonnoirs et moins bien lancer la gerbe que la poudre. L'explication de ce fait a été donnée au § 41.

On fit faire l'explosion de ce fourneau en pyroxyle pendant la nuit pour voir si le gaz oxyde de carbone ne se réenflammait pas au contact de l'air; c'est en effet ce qui eut lieu. On remarqua au milieu de la gerbe, à 10 mètres environ au-dessus du sol, une belle flamme vive qui s'éleva à 15 ou 20 mètres, conformément aux apparences rappelées au § 44.

64. Expérience n° 14, pl. 7, fig. 5 et 6. Fourneau de 4 mètres de ligne de moindre résistance dans les mêmes circonstances que les fourneaux nos 15 et 13, mais chargé en pyroxyle nitré.

Conformément aux indications du § 51, le pyroxyle nitré est un mélange de 100 parties de pyroxyle et de 82 de nitre en poudre, simplement mêlé à la main, comme cela est indiqué au procès-verbal n° 33 de la commission du pyroxyle. Dans les épreuves faites aux carrières de plâtre de Belleville, au mois de juin 1847, M. Combes avait trouvé que 1 kil. de pyroxyle nitré était l'équivalent de 1 kil. de pyroxyle pur. Dans les épreuves au fusil, le nitre avait paru se comporter comme un corps inerte et ne produire aucun effet; quoique l'emploi du pyroxyle dans les mines militaires se rapproche plus de son emploi dans les carrières que de celui dans les canons, comme le pyroxyle nitré, employé dans l'expérience de brèche n° 9 déjà faite, avait produit peu d'effet, on résolut de charger de 47 kil. de pyroxyle comme dans l'expérience précédente n° 15 et d'ajouter en sus 37 kil. de nitre. Cette charge devait correspondre à un coefficient 0,74, ou à un fourneau surchargé, si le pyroxyle nitré était effectivement équivalent au pyroxyle; mais la surcharge permettait également de conclure le coefficient du pyroxyle nitré.

La gerbe fut très forte, 35 mètres environ : l'entonnoir mieux évidé qu'avec le pyroxyle dans l'expérience n° 15 : le rayon de l'entonnoir $t = 4^m,75$.

En appliquant à ce résultat la formule n° 5, § 53. $c = 1,45\ t^3(1,05 - 0,05\,n)^3\ Pn$ dans laquelle

$$h = 4^m,00,\ t = 4^m,75,\ n = \frac{4,75}{4} = 1,19,\ c = 84^k.$$

On trouve le coefficient du pyroxyle nitré $Pn = 0,55$. Nous avons trouvé dans l'expérience précédente, § 63, $Py = 0,50$ pour le coefficient du pyroxyle pur; ces deux coefficients sont à peu près égaux, et cela justifie suffisamment les conclusions de M. Combes, § 55. En comparant la flèche $1^m,40$ de l'entonnoir de ce fourneau à celle $2^m,25$ de l'expérience n° 22, § 62, qui avait comme celui-ci un rayon T = $4^m,75$, on reconnaît encore l'influence de la vapeur d'eau sur le peu de déblai des entonnoirs produits par le pyroxyle. L'expérience n° 14 à été faite de nuit comme l'expérience n° 15, pour constater l'effet du nitre sur le pyroxyle. Dans l'expérience n° 14, l'oxyde de carbone devant être transformé en acide carbonique par l'addition du nitre ne devait pas présenter de flamme dans la gerbe, comme on en avait vu dans l'expérience n° 15; c'est en effet ce qui arriva.

Expérience n° 30. Effet d'une charge en poudre renfermée dans une longue boîte verticale.

65. Cette expérience, faite à Arras après le retour du détachement de Bapaume, se rapportait à une question encore peu étudiée, celle de la forme allongée des charges; elle jetait du jour sur une expérience faite à Vincennes, pour la commission du pyroxyle, sous la direction du commandant Leblanc pendant le mois de juin 1847, et pouvait trouver des applications utiles dans la question des contre-puits. Dans un retour de rameau, planche 18, figures 1, 2, on plaça la machine à camouflet et on perça un trou vertical de $3^m,70$ de hauteur sur $0^m,10$ de diamètre : on bourra en madriers de bois et on étançonna. La charge de 18 kil. avait $2^m,50$ de longueur, $2^m,30$ de ligne de moindre résistance comptés de son milieu. Son extrémité supérieure était à $1^m,50$ du sol. La détonation fut assez forte,

les terres furent lancées à 21 mètres de hauteur et à 12 mètres de distance horizontale, l'entonnoir avait de $1^m,80$ de profondeur déblayée, et $2^m,18$ de rayon; la forme de la charge qui avait légèrement diminué le rayon d'entonnoir avait augmenté la projection et le déblai. Avec la poudre dans les mêmes circonstances, les mêmes effets s'étaient présentés à Vincennes, mais la projection avait été beaucoup plus grande parce que le trou vertical pour loger la poudre avait été creusé par le haut. Avec le pyroxyle, on n'avait eu qu'un faible entonnoir supérieur et une chambre dans le fond de la charge, séparée de l'entonnoir supérieur par une portion de $0^m,30$ de hauteur du trou cylindrique par lequel on avait introduit la charge; on a cherché à expliquer cet effet par la grande rapidité d'inflammation du pyroxyle.

Conclusions sur les fourneaux d'épreuve.

66. En résumé, il résulte des expériences d'épreuve, que la terre de Bapaume peut être assimilée à la terre ordinaire des mineurs, qu'une charge double donne une flèche d'entonnoir égale à 1 fois 1/2 celle du fourneau ordinaire, qu'une charge longue verticale augmente le déblai et la projection, que le coefficient du pyroxyle comparé à la poudre est 0,50, et celui du pyroxyle nitré, 0,55.

2ᵉ SÉRIE. — ATTACHEMENT DU MINEUR. (Exp. 1, 26, 5.)

67. L'objet des trois expériences suivantes est de rechercher les meilleurs moyens de loger promptement le mineur dans la maçonnerie, de manière à le dérober aux coups de l'assiégé.

Expérience n° 1. Effet de l'explosion d'un baril de poudre pour étonner les maçonneries et préparer le trou du mineur.

68. On a vu, § 7, chap. Iᵉʳ, que cette expérience avait déjà été tentée sans succès; cependant on crut qu'il fallait la répéter, parce que les murailles de Bapaume, formées de matériaux tendres, briques et craie, paraissaient très propres à sa réussite. On plaça en conséquence un baril de 100 kil. de poudre au pied de l'escarpe de la courtine 1-2, planche n° 2, fig. 1, 2, 3, 5. Cette escarpe avait 12 mètres de hauteur, surmontée d'un parapet de $6^m,30$; son parement était en très bon état.

Quatre mineurs apportèrent le baril de poudre; douze sapeurs, les 70 sacs à terre, qu'ils rangèrent autour en 30 minutes, comme l'indique la fig. 5. L'explosion eut lieu avec un bruit formidable, très supérieur à celui de plusieurs pièces de 24; une partie du gaz sembla glisser le long de l'escarpe, en laissant sur le mur des traces, à gauche surtout, suivant une surface elliptique (pl. 2, fig. 2), dont le grand axe avait 9 mètres; il y eut comme un remous dans l'air qui se rabattit sur la ville, cassa 67 carreaux chez 17 particuliers différents, et enfonça deux portes. L'effet se fit sentir à 90 mètres derrière l'escarpe et à 160 mètres à droite et à gauche. Le sol fut déprimé sur une surface de $2^m,10$ de long de l'escarpe.

Si le passage du fossé avait existé, il aurait été complétement bouleversé, et la réaction se serait fait sentir dans la descente souterraine.

Le parement de l'escarpe fut arraché sur $6^m,93$ de largeur, $1^m,60$ de hauteur, $0^m,42$ de profondeur au centre, se réduisant à une brique ou une demi-brique sur les bords; la maçonnerie, en arrière du parement fut meurtrie sur $0^m,45$ de profondeur, de manière qu'après 45' le mineur était enfoncé de $0^m,80$ à partir du parement; mais la grande surface enlevée sur celui-ci ne rendait pas encore sûr l'abri du mineur, il ne l'a été qu'après 1 heure 10 minutes de travail. Tout ce dispositif aurait été fort dangereux pour les seize mineurs exposés pendant une demi-heure pour son établissement. Le peu de temps qu'il fait gagner et les inconvénients de l'explosion paraissent devoir engager à ne pas s'en servir. Peut-être pourrait-on essayer d'amorcer, avec la pioche dans la maçonnerie, un trou capable de contenir un sac plein de poudre et de le contre-butter par six sacs à terre.

Expérience n° 1 *bis* à la courtine 1-2. Emploi du pétard pour percer une escarpe.

68 *bis*. Cette expérience, qui a été répétée deux fois et faite par une brigade de mineurs, conduite par des mineurs carriers expérimentés, a donné des résultats trop peu avantageux pour qu'on puisse recommander ce moyen. On voit, en effet, par le tableau du § 71 (Percer l'escarpe par mètre courant d'épaisseur), qu'il est inférieur à la plupart de ceux qui ont été expérimentés; et dans la position où se trouve le mineur attaquant, il faudrait que ce moyen présentât de grands avantages pour s'en servir.

Expérience n° 26, à la courtine 3-4. Amorcer le trou du mineur par une pièce de 12 placée comparativement sur affût et sur chantier. (Planche n° 15, fig. 4, 5, 6, 7, 8.)

69. Le feu a été exécuté à 40^{m}00 de distance de l'escarpe avec une pièce de 12 de campagne montée sur son affût avec charge de guerre, tiers du poids du boulet. En 6 minutes on a placé 6 boulets dans un rectangle de 0^m,80 de hauteur sur 0^m,50 de largeur, fig. 4 et 5, un à chaque angle, 2 dans la partie intermédiaire; la maçonnerie de briques était très dure et excellente. Chaque boulet a fait un trou évasé de 0^m,45 à 0^m,55. Un mineur s'étant approché, a détaché avec la pioche les

parties de maçonnerie qui étaient brisées ou étonnées, et, en 3 minutes, il a pu se loger à couvert et travailler; la profondeur du trou n'était que de $0^m,50$ à $0^m,55$.

Une seconde expérience, fig. 6, a donné le même résultat.

Dans la supposition qu'il ne soit pas possible d'amener, au pied de la descente, la pièce sur son affût, on l'en a enlevée et on l'a placée sur deux chantiers formés de quelques bouts de gîtes. Au moyen d'un levier dans la bouche du canon, on a pointé et donné la hausse. Cinq coups seulement ont été placés dans la muraille, fig. 7 et 8, et le mineur a pu achever son logement en 5 minutes: toute l'opération avait duré 55 minutes. Dans les deux premiers coups on contrebuttait la pièce par des piquets, fig. 9; ils étaient arrachés à chaque coup, et on a dû y renoncer et adosser la pièce à un talus. Le premier coup a employé 20 minutes, le second 8 minutes, le troisième 13 minutes, les quatrième et cinquième 7 minutes seulement; des hommes exercés auraient donc fait le tout en 40 minutes.

De retour à Douai, M. le capitaine Joly Frigola a repris, avec l'approbation du général commandant l'artillerie, la question du tir sans affût. Il a fait exécuter en une heure un châssis, fig. 10, 11, 12 et 13, pl. 15, au moyen duquel il a pu exécuter le tir en 3 minutes et demie par coup, dans les circonstances les plus défavorables; c'est-à-dire sur un terrain gras et humide. Sur des madriers humides, le recul a été jusqu'à 3 mètres; mais sur des madriers secs, il n'a pas dépassé leur longueur, qui est de $1^m,40$.

Expérience n° 5. Dispositif d'un fourneau auquel on arrive en passant sous les fondations.

70. On a vu au § 8, que le comité des fortifications avait conseillé cette expérience; on y a consacré l'escarpe de la face droite de la 1/2 lune 10, planche 4, fig. 1, 2, 3.

La hauteur de cette escarpe était de $6^m,50$, son épaisseur à la base 2 mètres. On mit 3 heures 47 minutes à creuser un puits de $1^m,80$ de profondeur; le puits était coffré et un petit châssis a été placé à l'entrée du rameau. Le rameau de 7 mètres de longueur, y compris un retour de 4 mètres, a été fait en 10 heures 13 minutes; la charge a été placée en 45 minutes, le bourrage en terre du rameau a été fait en 3 heures 43 minutes, celui des puits en 10 minutes. Tout le dispositif a demandé 18 heures 38 minutes.

Ce temps est plus long qu'il ne faut; le puits aurait pu être fait en 1 heure, en partant du fond de la tranchée; le rameau, sur $3^m,1$, n'aurait dû avoir que 1 mètre au plus de retour, soit 4 mètres, et aurait dû être exécuté en 4 heures, le bourrage en sacs à terre du rameau en 40 minutes, celui du puits en 10 minutes, en tout 5 heures 50 minutes pour un seul fourneau. Si on avait fait 2 attaques, les fourneaux pour une large brèche auraient pu jouer au bout de ce temps.

Dans cette méthode de traverser une muraille le fourneau est placé au-dessous du fond du fossé. On ne peut évidemment considérer comme la ligne de moindre résistance sa distance au sommet de l'angle rentrant formé par le fond du fossé et l'escarpe; on a pris ici une ligne plus longue représentant l'axe de l'entonnoir probable tracé sur le dessin; elle avait $4^m,40$; il en est résulté la charge 124 kilog. correspondante à cette ligne de moindre résistance dans la terre ordinaire. La règle indiquée par le général Chasseloup, § 16, qui revient à doubler la charge dans un angle rentrant droit, aurait conduit à celle de 134 kilog. très rapprochée de la charge adoptée.

L'explosion ayant eu lieu, la projection a été forte, le sol en arrière s'est éboulé, la brèche était praticable sur 6 à 7 mètres de largeur, son talus moyen était de 26°. Il y avait dans le haut un ressaut de $0^m,80$.

Conclusions des expériences sur l'attachement du mineur.

71. Les trois expériences 1, 26, 5, avaient pour but spécial d'examiner les moyens d'attacher le mineur et d'arriver à la chambre des poudres, le plus vite possible.

L'expérience n° 1. Étonner la maçonnerie par un tonneau de poudre présente de grands inconvénients et peu de célérité. L'expérience n° 1 bis, Emploi du pétard pour percer une escarpe, conduit à rejeter ce moyen comme sans avantage et gênant. L'expérience n° 3, Passage sous la fondation, présente un avantage notable de célérité, puisque tout le dispositif jusqu'à la mise du feu aurait pu être exécuté en 6 heures; il oblige à forcer les charges, ce qui a peu d'inconvénient. Enfin l'expérience n° 26, Trou amorcé par une pièce de 12, présente décidément des avantages incontestables de célérité et de sûreté d'exécution, puisqu'il suffit de 10 minutes avec tir sur affût, une heure avec tir sur chantier, 24 minutes avec un châssis, pour établir le logement du mineur, qui n'est exposé que pendant 3 minutes au lieu de 3 heures; elle donne encore lieu d'examiner si on ne devrait pas continuer ainsi à faire agir le canon et à percer l'escarpe, si cela est possible. Si l'opération se faisait avec la pièce sur l'affût, elle n'exigerait peut-être qu'une heure pour percer l'escarpe, et alors la brèche par la mine se ferait presqu'aussi rapidement que celle par l'artillerie. Cette expérience paraît donc devoir être essayée. Le comblement du trou pourrait amortir l'effet du canon; mais on l'évitera en commençant le tir un peu haut, à 3 mètres, par exemple, et façonnant le bas du trou en escalier qui présenterait un talus, le long duquel les décombres descendraient.

Si on faisait par le canon deux entrées pareilles à 3 mètres l'une de l'autre, et par la mine deux petits rameaux de 2 mètres de profondeur avec 2 mètres de retour dans les terres, on pourrait espérer voir tout le dispositif d'une brèche de 20 mètres préparé en 6 heures pour une escarpe de Vauban de 10 mètres de hauteur et $3^m,30$ d'épaisseur. D'après les résultats consignés dans le tableau ci-dessous des expériences 2, 3, 8, 10, 17, 18, 29, où l'on a attaché simplement le mineur à l'escarpe, il faut moyennement 10 heures par mètre d'épaisseur d'escarpe, rameaux et bourrage compris, et par conséquent il faudrait 33 heures pour arriver au même résultat.

TABLEAU récapitulatif du temps employé à Bapaume pour faire des dispositifs de brèche, et calcul du temps moyen nécessaire pour percer l'escarpe et faire tout le dispositif par mètre d'épaisseur d'escarpe.

NUMÉROS des expériences.	ÉPAISSEUR des escarpes.	TEMPS POUR Amorcer le trou du mineur sur 0,80.	Achever de percer l'escarpe.	Amorcer le trou et percer l'escarpe.	Percer l'escarpe par mètre courant d'épaisseur.	Tout le dispositif en chargeant en sacs à terre.	Tout le dispositif par mètre courant d'épaisseur.
	mètres.	h. '.	h. '.	h. '.	h. '.	h. '.	h. '.
1	3.20	2,20	12,48	15,08	4,42		
1 *bis.*	2.85	3,12	15,34	18,46	6,54		
2	2.10	3,00	5,57	8,57	4,07	16,41	8,00
3	1.60	2,58	3,49	6,47	4,03	16,12	10,00
8	3.18	5,40	18,56	23,36	7,20	41,00	12,48
10	2.90	4,10	9,20	13,30	4,35	40,13	13,48
	2.90	2,45	16,38	19,23	6,39		
17	3.15	5,40	16,50	22,30	7,06	34,30	11,06
	3.15	6,34	13,26	20,00	6,27		
18	3.50	1,47	18,00	19,47	5,33	37,00	10,30
29	2.60	1,50	4,10	6,00	2,20	27,00	10,24
	2.60	2,20	7,40	10,00	3,51	27,00	10,24
	35.18	42,16			56,01		111,54
Temps moyen.		3,52			4,06		11,15

Les temps qui résultent de ce tableau paraissent fort considérables et portent à penser qu'il y auraît des améliorations à faire à l'outillage des mineurs pour percer les maçonneries.

3e SÉRIE. — BRÈCHES D'ESSAI A UN FOURNEAU AUX ESCARPES. (Exp. 2, 3, 9, 20, 21, 23, 27.)

72. Avant de procéder aux brèches faites à des escarpes élevées et avec plusieurs fourneaux, la commission voulut essayer de petites brèches à un seul fourneau, pour rendre plus simples les résultats théoriques à observer et vérifier si la loi des charges restait la même, quelle que fût la hauteur. Ces expériences devaient porter sur la poudre et le pyroxyle.

Expérience n° 2. Brèche d'essai avec la poudre, à la demi-lune 10, pour vérifier la règle de Vauban établissant que la charge des fourneaux de brèche des escarpes est la même que celle des fourneaux dans la terre ordinaire terminée par un plan horizontal.

73. L'escarpe choisie, planche 2, fig. 6, 7, 8, avait $5^m,50$ de hauteur, $2^m,10$ d'épaisseur à l'entrée du rameau. On plaça le fourneau à $h=2^m,55$ en arrière du parement de l'escarpe ; la charge 25kil. était celle déterminée par la formule $c=1^m,45\,h^3$, on n'avait pas trouvé de contre-fort ; la hauteur de terre jusqu'au terre-plein était égale à 6 mètres : une brigade de 4 sapeurs avait mis 17 heures à préparer le dispositif. Le feu ayant été mis, l'escarpe fut renversée presque sans bruit, sans

fumée, avec une faible projection; le talus de la brèche de 31° par le bas, allant en s'adoucissant vers le haut, était terminé par un ressaut un peu surplombant de $2^m,20$ de hauteur; le terrain était fissuré à 3 ou 4 mètres en arrière; la largeur de la brèche était de $3^m,80$.

Cet effet était faible, il y avait là une cause d'erreur dont on ne s'était pas assez rendu compte. Les parapets de Bapaume avaient été supprimés et les terres jetées dans le fossé; l'épaisseur des escarpes était donc trop forte par rapport à la hauteur des terres soutenues. Si le parapet eût existé, qu'on eût compté comme Vauban le faisait la hauteur jusqu'à la crête extérieure, on aurait eu $h = 3^m,50$ et $c = 60$ kilog., charge probablement bien suffisante pour faire une bonne brèche.

Expérience n° 3. 1/2 lune 10, face droite. Répétition de l'épreuve précédente en employant le pyroxyle.

74. Les circonstances étaient absolument les mêmes que dans l'expérience n° 2; la charge du pyroxyle fut réglée à 11 kilog. en supposant le coefficient du pyroxyle égal à 0,43, comme on l'avait trouvé à Vincennes quant à l'ouverture des entonnoirs.

L'explosion ayant eu lieu, le parement de l'escarpe (planche 3, fig. 1, 2, 3) fut enlevé sur 10 à 12 mètres de longueur, un trou fut fait vis-à-vis l'entonnoir; on aperçut un dégagement considérable de vapeurs blanches, mêlées de gaz nitreux ; tout le mur était ébranlé, mais il n'y avait pas de brèche.

Dans cette expérience, non-seulement la ligne de moindre résistance et la charge comparative de poudre étaient faibles, comme on l'a remarqué dans l'expérience 2, § 73, mais le coefficient du pyroxyle était aussi trop faible ; il fallait probablement le porter à 0,50 comme dans les entonnoirs bien évidés de Vincennes, § 41, page 243. En appliquant ce coefficient à la charge de 60k,00, on aurait obtenu pour le pyroxyle 30k,00 qui eussent été bien suffisants pour faire une brèche.

Expérience nº 9, 1/2 lune 10, gorge. Essayer, pour renverser une escarpe, la valeur du pyroxyle nitré, préparé dans les proportions de 100 de pyroxyle et 80 de nitre.

75. Les conditions de cette expérience, pl. 5, fig. 5,6,7, étaient à peu près les mêmes que celles des deux précédentes, nos 2 et 3. Le coefficient du pyroxyle nitré fixé à 0,50 avait donné une charge de 12k,50 formée de 6k,95 de pyroxyle, 5k,55 de nitre. Le feu ayant été mis, on remarqua dans l'air une bouffée de vapeur rutilante, sur le terrain une fissure dans le sens du rameau, et le long du parement intérieur du mur une autre fissure dont la plus grande largeur était de 1 à 2 centimètres ; le mur était lui-même un peu fissuré, il avait sensiblement oscillé, mais était revenu dans sa position ; il n'y avait pas de brèche.

Dans ce fourneau, comme dans les précédents, la charge en poudre qui servait de terme de comparaison était évidemment trop faible; et le coefficient du pyroxyle nitré l'était aussi, puisque le résultat était plus faible que dans l'expérience n° 3.

Expérience n° 20, 1/2 lune 11, face gauche. Brèche faite par un fourneau autour duquel on a laissé un vide décuple du volume de la charge en poudre.

76. Ce fourneau était fait dans les mêmes circonstances, pl. 12, fig. 1, 2, 3, que les 3 précédents; on avait conservé la valeur de $h = 2^m,55$ de ces expériences; mais la charge 30 kil. égalait 1 fois 1/4 celle du fourneau en terre ordinaire.

L'explosion ayant eu lieu, il se fit dans la muraille un large trou par lequel les terres s'éboulèrent; le terre-plein fut légèrement fissuré par en haut, plus que dans l'expérience n° 2; mais la brèche n'était pas praticable et l'effet fut évidemment inférieur à celui de l'expérience n° 2, dont la charge était cependant inférieure de 1/4; l'effet du vide a donc été ici plutôt nuisible qu'utile.

L'influence de la forme de la charge, ou du vide dans les mines, ne paraît se montrer que lorsque par là on tend à rapprocher la charge d'une galerie à rompre, comme le faisait le général Chasseloup, § 17. Le manque de temps n'a pas permis de donner suite à la proposition du colonel Piobert, d'examiner l'effet de la forme des charges sur la forme des entonnoirs.

Expérience n° 21 à la 1/2 lune 11, face gauche. Brèche produite par une charge en pyroxyle non comprimé occupant une chambre pareille à celle de l'expérience n° 20. (Planche 12, fig. 4, 5, 6.)

77. Les conditions étaient encore les mêmes que celles des expériences 2, 3, 9, 20. La hauteur des terres jusqu'au terre-plein était un peu plus forte; la charge fut portée à 15 kilog. de pyroxyle, en la déduisant de celle de l'expérience n° 20, avec le coefficient 0^{m},50. L'explosion fit céder la maçonnerie dans le bas; mais le haut resta debout. Il n'y avait pas de brèche : le terre-plein en arrière de l'escarpe était moins fissuré que dans l'expérience n° 20; l'effet du vide n'avait pas été plus efficace que dans l'expérience précédente.

Expérience n° 23. Faire brèche à une escarpe en renfermant la charge de pyroxyle dans une forte boîte. (Planche 13, fig. 3, 4, 5, 6, 7.)

77 *bis*. La boîte était formée de quatre épaisseurs de planches clouées les unes sur les autres et sur quatre montants verticaux triangulaires. Elle était reliée dans le sens horizontal par huit tirants en fer, parallèles aux diagonales, et prenant ses côtés au tiers de leur longueur.

On eut quelque difficulté pour manœuvrer la boîte et la mettre à son emplacement.

Les conditions étaient les mêmes que celles de l'expérience n° 21, la ligne de moindre résistance était de $2^m,55$, et la charge 15 kilog. de pyroxyle.

L'effet de l'explosion fut de fendre la maçonnerie sur toute sa hauteur. Une lézarde parallèle à l'escarpe laissa dégager des vapeurs blanches; mais il n'y avait pas de brèche.

En déblayant le rameau on reconnut qu'une chambre à peu près sphérique de 3 mètres de diamètre s'était formée dans les terres, en arrière de la boîte qui était complétement brisée. Ce dernier résultat annonçait une action initiale très forte, mais qui avait été en diminuant rapidement, et il était tout à fait conforme à ceux observés peu auparavant dans les expériences de Vincennes; la boîte avait peut-être augmenté un peu la grandeur de la chambre; mais elle n'avait certainement pas augmenté l'effet de la mine.

Expérience n° 27 au château, planche 16, fig. 1, 2, 3. Brèche à une escarpe en terre.

78. La comparaison faite entre l'effet du fourneau placé derrière une escarpe et le fourneau ordinaire, conduisait à rechercher quel effet ferait un fourneau placé derrière un escarpement vertical ou à talus très raide, taillé dans la terre. Celle de Bapaume se prêtait parfaitement à cet examen parce

qu'on peut la couper sur une grande hauteur sans qu'elle s'éboule. En conséquence, on tailla dans le cavalier du château un tableau de 12 mètres de largeur et de 7^m,40 de hauteur, avec le talus au 1/6, qui est celui d'une partie des escarpes de Bapaume; on plaça à 4 mètres en arrière, au moyen d'un rameau, 93 kilog. de poudre, correspondant à cette ligne de moindre résistance en terrain horizontal; le feu ayant été mis, le parement de terre se gonfla, à peu près comme celui d'une escarpe en maçonnerie, les terres furent projetées avec force à 8 mètres en avant. La brèche était très praticable, son talus avait 26°, le rayon de son entonnoir était de 6^m,25, ce qui donnait $n = 1,57$, c'est la plus forte valeur de n trouvée pour les brèches à un fourneau.

Les débris de la brèche lancés horizontalement n'allèrent pas à plus de 8 mètres, c'est-à-dire moins loin horizontalement qu'ils n'auraient été lancés verticalement par un fourneau ordinaire et à plus forte raison par un fourneau surchargé. Cette différence dans l'action de la poudre, selon qu'elle agit contre une masse terminée par un plan horizontal ou vertical, mérite d'être constatée, et on peut croire que ce résultat provient de ce que, dans le cas d'une masse terminée par un plan vertical, l'action initiale des gaz, n'ayant pas à vaincre la pesanteur, détermine un entonnoir plus grand et que les gaz ayant alors à projeter une masse plus considérable, leur effet sous le rapport de la projection se trouve moindre.

En partant du résultat fourni par l'expérience 27, si on cherche la charge que produirait le fourneau ordinaire dans une terre terminée par un plan vertical au moyen de la formule 6 *bis*, § 53, $\frac{C'}{c'} = \frac{T^3}{t^3}$, en faisant $h = 4^m$ $t = 4$, $T = 6^m,25$

$C' = 93^k$, on trouverait $c' = 93^k \times \frac{4^3}{6,25^3} =$ 24^k300.

Si l'on cherche par la même formule la charge qui aurait donné contre une escarpe en terre $n = 1,40$ et $T = 5^m,60$, on trouve $c' = \frac{93^k \times 5^m,60^3}{6^m,25^3} = 66^k5$. Ces résultats demandent à être vérifiés par des expériences qui décideraient si on peut appliquer aux brèches la formule 6 *bis* comme nous venons de le faire. Il serait nécessaire de tenir compte de ce qu'il y a eu dans l'expérience 27 un peu d'indécision dans la mesure du rayon d'entonnoir $6^m,25$, parce que le tableau découpé en forme d'escarpe n'était pas tout à fait assez grand.

Conclusion des expériences relatives aux brèches à un seul fourneau.

79. En résumé, ces expériences montrent que dans les escarpes de peu de hauteur, 5 à 6 mètres, il faut, pour faire brèche, éloigner les poudres du

parement de l'escarpe, de manière à avoir une ligne de moindre résistance égale au moins à la distance du fond du fossé au terre-plein; que la charge, lorsque les fourneaux sont près du revêtement, doit être portée à une fois et demie au moins celle correspondante au fourneau ordinaire; qu'avec une escarpe en terre de $7^m,40$ de hauteur, une ligne de moindre résistance de 4 mètres et une charge de 93 kilog., on a eu $T=6^m,25$, $n=1,57$, c'est-à-dire des effets qui en terrain horizontal auraient correspondu à une charge trois fois et demie plus forte; que le fourneau ordinaire contre une surface verticale, d'après les résultats de l'expérience 27, n'exigerait que le 1/4, et le fourneau donnant $n = 1,4$ n'exigerait que les 2/3 de la charge du fourneau ordinaire en terrain horizontal. Ces deux conclusions théoriques demanderaient des expériences confirmatives; que le coefficient 0,50 n'est pas trop fort pour le pyroxyle, et qu'il faut aller à 0,60 pour le pyroxyle nitré; que, contrairement à ce qu'avait avancé le général Chasseloup, l'effet du vide autour de la charge a été nuisible avec la poudre; qu'il en a été de même avec le pyroxyle; qu'une forte boîte enveloppant la charge n'en a pas augmenté l'effet; qu'il serait utile de faire encore dans les escarpes basses quelques expériences avec des charges plus fortes allant à 1 fois 1/2 et même 2 fois la charge du fourneau ordinaire, qui ne paraît pas trop forte pour ce cas.

4e SÉRIE. — BRÈCHES A UN FOURNEAU DANS DES CAS ANALOGUES AUX CONTRESCARPES. (Exp. 7, 6, 65, 32.)

80. Quand le mineur attaque une escarpe par son pied, dans le fossé, il est rare qu'il n'ait pas une assez grande hauteur du côté du terre-plein, et, par conséquent, il ne s'en embarrasse pas; mais quand il se propose de renverser une contrescarpe en venant du chemin couvert par un rameau, il a intérêt pour aller plus vite à s'enfoncer le moins possible, à s'approcher également le moins possible de la contrescarpe; il doit se préoccuper de savoir s'il a, au-dessus de son fourneau, une hauteur de terre *D* assez grande pour ne pas craindre que l'explosion se fasse du côté du terre-plein. Cette hauteur *D* dépend évidemment de la résistance que présentent les maçonneries, de sorte que si elles résistent peu, *D* pourra être égal à la ligne de moindre résistance *h* du côté des maçonneries, et pourra même lui être inférieur. Il fallait demander à l'expérience la solution de cette question qu'on pouvait déjà entrevoir par l'observation de la grandeur des entonnoirs obtenus à Metz et à Montpellier, § 31 et 28. C'est dans ce but qu'ont été entreprises les expériences 7, 6, 25, 32.

Expérience n° 7. Examiner si une charge de terre, au-dessus d'un fourneau, égale à la ligne de moindre résistance du côté des maçonneries, ne suffit pas pour assurer le renversement de celles-ci.

81. La hauteur de l'escarpe de la demi-lune 14

était de 9^m,27, planche 4, fig. 4, 5, 7, son épaisseur au sommet de 1^m,60 ; elle était de 2^m,60 au niveau du fourneau qui était à 5^m,00 au-dessus du fond du fossé. Le parement de l'escarpe était en partie tombé, et c'est ce qui réduisait son épaisseur à ces dimensions. Le talus extérieur du mur, qui était primitivement au 1/6, pouvait être considéré en moyenne comme au 1/4 à cause des dégradations, le reste de la maçonnerie en moellons était encore bon.

On arrivait au fourneau comme dans un renversement de contrescarpe par un puits et un rameau. La ligne de moindre résistance du côté des maçonneries était de 4^m,50, la charge verticale de terre au-dessus était aussi de 4^m,50. La demi-lune n'avait plus trace de parapet, ce qui rendait son escarpe très comparable à une contrescarpe ; il y avait des contre-forts de 2 mètres de queue sur 1^m,10 d'épaisseur à la racine et à la queue.

La charge de poudre, pour un fourneau ordinaire de 4^m,50 de ligne de moindre résistance, est de 133 kil. ; le fourneau reçut cette charge.

Le feu ayant été mis, l'escarpe fut renversée sur 11^m,20 de largeur, les débris projetés à 17 mètres, le rayon de l'entonnoir du côté de l'escarpe égalait 5^m,60, et on avait de ce côté $n = \frac{5^m,6}{4^m,5} = 1,24$.

Du côté du terre-plein le rayon de l'entonnoir parallèlement à l'escarpe était de 4 mètres à gauche,

3 mètres à droite et on avait $n = 0,875$; en arrière de l'entonnoir, perpendiculairement à l'escarpe, il avait $1^m,50$ au plus et on avait $n = 0,375$. Le fourneau avait donc joué beaucoup plus du côté de l'escarpe que du côté du terre-plein. L'escarpe avait ainsi moins résisté que la terre horizontale, quoique la ligne de moindre résistance fût égale des deux côtés; la charge C' nécessaire pour avoir $n = 1,24$ en terrain horizontal serait obtenue par la formule $c' = 1^m,45\ t^3 (1,05 - 0,05\ n)^3 = 1,45\ (5^m,60)^3\ (1,05 - 0,05 \times 1,24)^3 = 245$ kilog., c'est-à-dire près du double de la charge qui a donné cette valeur de n en agissant contre l'escarpe.

Expérience n° 6. Répétition de l'expérience n° 7 en employant le pyroxyle. (Planche 4, fig. 4, 5, 6 et 7.)

82. L'escarpe et toutes les dispositions préparatoires étaient les mêmes que dans l'expérience n° 7; on n'était pas encore fixé sur le coefficient du pyroxyle, parce que les fourneaux d'essai n'avaient pas été faits : le coefficient 0,43 avait été trouvé trop faible dans l'expérience n° 3. On employa le coefficient $0^m,60$, qui avait été trouvé bon à Vincennes pour déblayer l'entonnoir; on obtint ainsi la charge 80 kilog. = à peu près $133 \times 0,60$.

L'escarpe fut renversée par l'explosion, qui fut accompagnée d'un nuage blanchâtre; les débris furent vivement projetés à 22 mètres; la brèche était très praticable avec un talus de 24° à 25°; elle rejoignait la brèche de l'expérience n° 7; le rayon extérieur de l'entonnoir égalait $5^m,80$; il était plus grand que celui $5^m,60$ trouvé dans l'expérience n° 7 chargée en poudre; il correspondait à $n = 1,29$: le coefficient 0,60 était donc trop fort. Si par la formule n° 6, § 53, $\frac{C'}{c'} = \frac{T^3}{t^3}$ dans laquelle C' et T c' et t représentent les charges et les rayons des entonnoirs pour des fourneaux surchargés, peu différents, on calcule ce qu'aurait dû être la charge c' du pyroxyle pour que le rayon d'entonnoir fût seulement $5^m,60$ comme dans l'expérience n° 7, on trouve $c' = 80^k \frac{5^m,60^3}{5^m,80^3} = 72^k,500$: et cette charge comparée à celle 133 de l'expérience n° 7 donnerait 0,54 pour le coefficient du pyroxyle, résultat qui se rapproche de celui des fourneaux d'épreuve, expérience n° 15, § 63.

Expérience n° 25. Examiner si une charge de terre, au-dessus du fourneau, égale aux 3/4 de la ligne de moindre résistance, ne suffit pas pour assurer le renversement d'une contrescarpe. (Pl. 15, fig. 1, 2, 3.)

83. La réussite des expériences 6 et 7 dans lesquelles la ligne de moindre résistance était la même du côté des terres que du côté des maçonneries conduisait à celle-ci; car puisque dans ces expériences

l'entonnoir du côté des maçonneries avait été plus grand que du côté des terres, il fallait en conclure qu'on pouvait encore diminuer la ligne de moindre résistance du côté des terres tout en obtenant le renversement des maçonneries. On choisit en conséquence la gorge de la demi-lune 10 qui présentait un vrai mur de contrescarpe sans contre-fort; on prit la ligne de moindre résistance $h = 4^m,5$ du côté des maçonneries, et on plaça le fourneau de manière que la distance D du fourneau au terre-plein fût de $3^m,37$; le mur avait $1^m,20$ d'épaisseur au sommet, $2^m,40$ à la base, 4 mètres de hauteur; les grès du soubassement sur $0^m,20$ d'épaisseur et $0^m,40$ de hauteur étaient enlevés. On chargea de 133 kilog. correspondant à $h = 4\ ,50$ en terrain ordinaire; on était arrivé au fourneau, comme dans les contrescarpes, par un puits et un rameau.

L'explosion ayant eu lieu, la terre fut fortement projetée, l'escarpe renversée, la brèche très praticable. Le rayon T de l'entonnoir du côté de l'escarpe était égal à $5^m,50$ correspondant à $n = 1,24$; c'était encore le rayon d'un fourneau surchargé. Le rayon de l'entonnoir du côté du terre-plein avait sensiblement la même valeur : le fourneau était très bien évidé. On avait donc trouvé le point où les maçonneries d'escarpe résistent autant que les terres horizontales. Il correspondait à un fourneau placé par rapport aux terres et aux maçonneries de telle sorte que la hauteur de terre au-dessus de lui fût sensiblement les 34 de sa distance au parement de l'escarpe.

Expérience n° 32 (pl. 18, fig. 8, 9, 10). Examiner si une hauteur D de terre au-dessus du fourneau, égale à la moitié de la ligne de moindre résistance, mesurée par rapport au parement de la contrescarpe, ne suffit pas pour assurer le renversement de celle-ci.

84. L'expérience n° 25 conduisait à essayer si on ne pourrait pas diminuer la valeur de D et la réduire à $D = 1/2\,h$; mais comme il aurait fallu dans ce cas une charge du côté du terre-plein égale à huit fois celle du fourneau ordinaire et qu'on aurait eu une très forte projection, on renonça à faire l'expérience à la gorge de la demi-lune 10, parce que cette projection aurait été dirigée sur la ville de Bapaume.

L'expérience n° 27 avait appris que l'effet d'un fourneau contre des terres verticales était analogue, quoiqu'un peu plus forte, à celui d'un fourneau contre des maçonneries; on résolut de faire l'essai de $D = 1/2\,h$ à Arras dans une contrescarpe en terre. En conséquence, dans une contrescarpe de 4 mètres de hauteur, on tailla un talus au 1/6, derrière lequel on plaça un fourneau à 2 mètres de profondeur au-dessous du terre-plein et à 4 mètres de distance du parement. On arrivait au fourneau par un puits et un rameau. La charge 93 kilogrammes était celle qui correspondait au fourneau ordinaire de 4 mètres de ligne de moindre résistance.

L'explosion eut lieu avec une gerbe de 20 mètres de hauteur du côté du terre-plein ; en même temps les terres du parement de la contrescarpe furent fortement projetées jusqu'à 100 mètres ; l'entonnoir fut fortement déblayé au-dessous de la boîte aux poudres. La brèche avec un talus de 19° était très praticable ; le rayon de l'entonnoir du côté du terre-plein était de $4^m,20$; c'est à très peu près celui qu'on aurait eu si toute l'explosion s'était faite de ce côté. Le rayon de l'entonnoir du côté de la contrescarpe était de $4^m,40$, c'est-à-dire encore un peu supérieur à celui $4^m,20$ obtenu du côté du terre-plein et donnant $n = 1,10$. Il est probable qu'une contrescarpe en maçonnerie aurait aussi été renversée, mais avec un rayon d'entonnoir moindre.

Résumé et conclusion des expériences 7, 6, 25 et 32.

85. En résumé il résulte des expériences 7, 6, 25 et 32 que le renversement des contrescarpes aura toujours lieu quand la distance du fourneau au terre-plein sera égale, ou les trois quarts et même peut-être la moitié de la ligne de moindre résistance du côté des maçonneries ; que dans les expériences 7 et 25 on a $n = 1,24$, dans celle n° 6, $n = 1,20$, et dans celle n° 32, $n = 1,10$; cette

dernière valeur a été obtenue dans une escarpe en terre et par conséquent serait inférieure à ce chiffre si le fourneau avait été placé contre des maçonneries.

En comparant dans les expériences 6 et 7 le pyroxyle à la poudre, on voit que le coefficient 0,60 est trop fort et doit être réduit à 0,50 environ.

5e SÉRIE. — DIFFÉRENTS SYSTÈMES DE BRÈCHES A PLUSIEURS FOURNEAUX CONTRE LES ESCARPES. (Exp. 4, 8, 18, 29, 10, 9.)

Expérience n° 4 (pl. 3, fig. 5, 6, 7, 8). A la face droite de la demi-lune 14. Faire deux fourneaux dont la charge soit une fois 1/4 celle du fourneau ordinaire, en les espaçant de trois fois leur ligne de moindre résistance, pour constater le recroisement des entonnoirs dans le cas des brèches.

86. On voulait dans cette expérience reconnaître jusqu'à quel point deux fourneaux pourraient être éloignés sans cesser de renverser l'escarpe intermédiaire entre eux. On avait trouvé faible la charge $c = 1,45\,h^3$ (exp. 2, § 73) : on arrêta qu'on porterait celles-ci à 1/4 en sus, ce qui était aussi conforme aux conclusions du § 11, et déterminait la charge par la formule $c = \frac{5}{4}\,1,45\,h^3 = 1,82\,h^3$.

Dans le terre-plein de la face droite de la demi-lune 14 on fit deux puits et deux rameaux de manière à arriver à des fourneaux de 5 mètres, de ligne de moindre résistance du côté des maçonneries avec une hauteur de terre de $7^m,50$ au-dessus d'eux ; ces fourneaux furent chargés de 227 kilog. $= \frac{5}{4}\,1,45\,h^3 = \frac{5}{4}\,1,45.\,5^3$. Les rameaux et les puits étaient bourrés, et le compassement des feux fait par le haut ; l'explosion ayant eu lieu, l'escarpe fut complétement renversée entre les deux fourneaux ; les brèches très praticables se joignaient par le bas et n'étaient séparées au sommet que par un petit môle de terre ; l'angle de gorge dont le fourneau de gauche était éloigné de 12 mètres fut fortement ébranlé et brisé ; la largeur de la brèche était de 25 mètres, son talus de 20°, le rayon des entonnoirs de $5^m,25$ en moyenne ; l'explosion s'était partagée entre l'escarpe et le terre-plein de la demi-lune. Les bords de l'entonnoir sur le terre-plein étaient couverts de terre projetée : le renversement de l'escarpe fut loin de diminuer l'action vers le terre-plein, puisque le calcul aurait donné pour les fourneaux en terre horizontale des rayons d'entonnoir plus faibles que ceux observés.

Expérience n° 8 (pl. 5, fig. 1, 2, 3, 4, 5). Faire brèche à la courtine 2-3 en suivant le dispositif de Vauban.

87. On a vu au § 11 les difficultés que présentaient les préceptes de Vauban relativement aux brèches : on ne connaît pas de description détaillée d'une

expérience faite suivant son dispositif. On a vu aussi au même paragraphe la difficulté qu'il y avait à comprendre parfaitement ses préceptes; suivant les conclusions de ce paragraphe, on chercha à les interpréter, à les compléter, et on en fit l'application à la courtine 2-3.

Cette courtine, fig. 1, 2, 3, 4, avait $10^m,60$ d'escarpe, la crête du parapet était de $5^m,50$ au-dessus de son sommet, l'épaisseur à l'entrée du rameau était de $3^m,18$, au sommet $1^m,25$ et un peu plus bas $2^m,30$; le talus extérieur était au 1/6; le talus intérieur était au 1/10, les contre-forts fondés probablement plus haut que le fond du fossé n'ont pas été trouvés; le parement était bon et sans écorchement. On fit deux entrées à 3 mètres de distance, conformément à l'avis du comité des fortifications, § 8 et 70; on ne divisa pas les fourneaux, on leur donna 5 mètres de ligne de moindre résistance et on les logea dans des retours de $3^m,50$, écartés l'un de l'autre de 10 mètres; tout le dispositif fut exécuté en 40 heures; la charge était de $\frac{5}{4}1,45\,h^3 = 228^k$. Les fourneaux, quoique compassés avec le saucisson Larivière, partirent à 25 secondes d'intervalle; l'escarpe fit ventre, fut renversée, et les terres s'écroulèrent avec un bruit faible, sourd, et sans fumée; la projection maximum des débris fut de 18 mètres. Le cube déblayé fut 710 mètres, le cube remblayé 1080 mètres; le talus de la brèche, de 26° moyennement, était praticable sauf quelques escarpements, dans le haut, déterminés par les restes d'une ancienne maçonnerie située en arrière de l'escarpe. La longueur totale de la brèche était de 24 mètres; le rayon de l'entonnoir était de 6 mètres à gauche en regardant la brèche, et de 8 mètres à droite, ou en moyenne de 7 mètres; toute l'action du fourneau s'était bien portée du côté de l'escarpe; le déblai dans la partie supérieure en arrière des fourneaux provenait de l'éboulement des terres ébranlées.

Cette brèche doit être regardée comme bien faite; il faut remarquer qu'on n'a pas eu égard à la grande surcharge du parapet, 5^{m},5; et aussi qu'avec une projection faible le rayon de l'entonnoir était de 7 mètres pour une ligne de moindre résistance de 5 mètres, c'est-à-dire qu'on avait $n = \frac{7}{5} = 1,40$.

Si l'on cherchait par la formule $\frac{T^3}{t^3} = \frac{228}{c}$ la valeur de c pour $t = 5$, T étant égal à 7 mètres on trouverait $c = 228 \frac{125}{343} = 83$, charge qui devrait produire, si la formule est applicable, un entonnoir ordinaire contre des maçonneries. Il serait intéressant de vérifier cette conclusion par une expérience : il est probable que, dans ce cas, la projection ne serait plus suffisante.

Expérience n° 18 (pl. 10; fig. 1, 2, 3, 4, 5, 6). Brèche par la poudre aux deux faces du bastion en suivant le dispositif de Cormontaigne.

88. On ne connaît aucun exemple de l'application de la méthode indiquée par Cormontaigne, bien qu'on ait employé le fourneau en arrière qui la caractérise, à Anvers en 1832, à Metz en 1834 et probablement ailleurs. A Metz le fourneau en arrière avait fait mauvais effet, mais le dispositif ne pouvait être considéré comme étant celui de Cormontaigne. A Anvers le fourneau était à peine en arrière et tout le dispositif était également différent; il y avait donc lieu d'expérimenter celui de Cormontaigne.

Le saillant du bastion 2 fut choisi pour l'expérience, il avait 11 mètres d'escarpe; la maçonnerie en moellons avec parement de briques était en bon état, le mortier formé de chaux grasse et d'une arène légèrement hydraulique était très dur; le talus extérieur était au 1/6, le talus intérieur au 1/10, l'épaisseur au sommet de $2^m,50$.

Pour la première ligne de fourneaux on fixa la ligne de moindre résistance à $5^m,50$, moitié de la hauteur d'escarpe.

Le mineur fut attaché sur les deux faces. Le fond du rameau fut tenu horizontal et à $0^m,70$ au-dessus du fond du fossé, comme dans les dessins de Cormontaigne; les fourneaux de la première ligne furent espacés de 11 mètres double de la ligne de moindre résistance, les fourneaux de la deuxième ligne furent mis sur le milieu des intervalles de ceux de la première et à $5^{m},50$ en arrière. Les charges furent réglées comme pour le fourneau ordinaire en terre ordinaire, ce qui donne 242 kilogrammes pour chacune, tous les fourneaux étaient réunis par des saucissons Larivière. Tout le dispositif avec bourrage en terre fut exécuté en 37 heures par 4 brigades et un sergent.

L'explosion eut lieu presque simultanément sur les 2 faces, l'escarpe s'ouvrit de chaque côté sans bruit, les débris furent projetés jusque vers la contrescarpe, une partie du massif intérieur du saillant resta debout, penchée en arrière ; chaque brèche avait une largeur de 28 mètres. Le talus au 1/2 dans le bas s'aplanissait dans le haut ; la brèche de gauche présentait vers la crête du parapet un ressaut de plus de $2^{m},00$ qui ne laissait qu'un passage étroit; des crevasses larges et nombreuses existaient à 10 mètres au delà ; la brèche de droite était meilleure, mais elle avait aussi des crevasses ; le rayon de l'entonnoir déterminé par la distance des fourneaux extrêmes aux limites de la brèche, avait $9^{m},15$; la projection moyenne était de $22^{m},00$.

On voit qu'on avait encore, sous le rapport du rayon de l'entonnoir, un vrai fourneau surchargé avec $n = 1,45$, tandis que la projection des débris était très faible.

Il y a lieu de se demander si le fourneau en arrière n'était pas cause du ressaut qui s'est manifesté dans le haut des deux brèches, ce qu'il aurait fait en poussant la terre trop en avant; ici, comme à Metz (§ 31), son effet aurait été nuisible.

Si on supposait la formule 6 du paragraphe 53, qui sert à déterminer les charges en terrain horizontal, applicable également au cas des escarpes, les charges seraient aussi pour les escarpes proportionnelles aux cubes des rayons des entonnoirs, et la charge qui produirait l'entonnoir ordinaire ne serait d'après cette expérience que de 47 kilogrammes; mais il est probable que cela serait trop faible, surtout pour ouvrir l'escarpe dans toute sa hauteur, et projeter les terres.

Expérience n° 29 à la face droite du bastion 2. Brèche par le pyroxyle en suivant le dispositif de Cormontaigne (pl. 16, fig. 4, 5, 6).

89. La face droite du bastion 2 à 11^m,40 de hauteur 2^m,65 d'épaisseur à la base, 2 mètres au sommet avec talus extérieur au 1/6 et talus intérieur au 1/10; on trouva dans le bas des contre-forts irréguliers, espacés de 6 mètres environ, ayant 2 mètres de queue, 2^m,40 d'épaisseur à la racine; le parement de briques était en bon état. On fit deux entrées comme dans l'expérience précédente; on plaça les fourneaux de la même manière, c'est-à-dire à 11 mètres l'un de l'autre avec une ligne de

moindre résistance de $5^m,50$, le troisième fourneau au centre en arrière des deux autres de $5^m,50$.

Il restait à employer du pyroxyle ordinaire, du pyroxyle filé qu'on regardait comme équivalent au premier et du pyroxyle nitré qu'on regardait comme moins fort.

On plaça dans le fourneau de droite les 100 kilog. restant du pyroxyle filé avec 45 kilog. de pyroxyle ordinaire formant 145 kilog., correspondant à la charge 242 kilog. de l'expérience n° 18, multipliés par le coefficient 0,60; on plaça dans le fourneau de gauche 172 kilog. de pyroxyle nitré avec 8 kilog. de pyroxyle ordinaire formant 180 kilog., correspondant également à la charge 242 kilog. multipliée par le coefficient 0,74. Comme dans l'expérience n° 14, bien qu'il y eût été reconnu comme fort : le fourneau en arrière était composé comme le fourneau de gauche. Tout le pyroxyle était comprimé dans des barils de 25 kil. de poudre coupés en deux; la densité du pyroxyle pur était ainsi de 0,32. Pour faire le pyroxyle nitré on saupoudrait simplement de nitre le pyroxyle en le mettant dans le baril par couches de $0^m,03$, et de manière que le rapport du pyroxyle au nitre fût celui de 100 à 82 (§ 45 et 51); les 8 kilogrammes de pyroxyle ordinaire des fourneaux de gauche et du centre étaient destinés à bien établir les communications du feu. Tout le dispositif fut exécuté en 27 heures 40 minutes.

Le feu ayant été mis, la maçonnerie s'est ouverte et a été projetée sur une grande longueur; l'orillon voisin a été entièrement lézardé même dans la partie, vis-à-vis l'escarpe de la courtine; la brèche de 34 mètres de largeur présentait un talus de 23 degrés parfaitement praticable, avec son sommet bien disposé pour recevoir un nid de pie, selon l'expression de Cormontaigne; le rayon de l'entonnoir déterminé par la distance du fourneau aux extrémités de la brèche était de 10 mètres à droite et 11 mètres à gauche; les rapports des rayons d'entonnoirs à la ligne de moindre résistance étaient donc 2 pour le pyroxyle nitré et 1,82 pour le pyroxyle ordinaire.

Cette expérience comparée à celle n° 18 où le rayon d'entonnoir était seulement de $9^m,50$, montre que les coefficients 0,60 et 0,74 étaient trop forts et pouvaient être réduits à 0,50 pour le pyroxyle et à 0,60 pour le pyroxyle nitré. En effet, d'un côté, la charge de poudre 242 kilog. de l'expérience 18 qui a produit un entonnoir de $9^m,50$ de rayon correspond à 121 kilog. de pyroxyle avec le coefficient 0,50; d'un autre côté, si d'après la formule 6 *bis* § 53 et le résultat de l'expérience 29 où 145 kilog. de pyroxyle ont donné un entonnoir de 10 mètres de rayon, on cherche la charge x de pyroxyle qui donnerait le rayon d'entonnoir $9^m,5$ de l'expérience 18, on trouve $145 : x :: 10^3 : 9^3 5$, d'où $x = 122$ kilog. Ce résultat étant sensiblement égal aux 121 kilog. trouvés plus haut montre que le coefficient 0,50 est bien celui du pyroxyle.

En faisant un calcul analogue pour le pyroxyle nitré dont la charge 180 kilog. a produit un entonnoir de $10^m,50$ de rayon, on trouve que pour faire un entonnoir de $9^m,5$ il en aurait fallu 133 kilog., chiffre égal à la charge 242 kilog. de poudre, de l'expérience n° 18, multipliée par le coefficient 0,54 d'où résulterait pour le pyroxyle nitré un coefficient 0,54 peu supérieur à celui du pyroxyle. Ce résultat, pareil à celui de l'expérience 14, § 64, est une confirmation nouvelle des conclusions de M. Combes, § 45, dans les carrières où il regardait ces deux pyroxyles comme à peu près équivalents.

Si, en comparant le pyroxyle à la poudre on a trouvé le coefficient du pyroxyle de 1/6 trop fort, en examinant la brèche de l'expérience 29, en elle-même, on doit convenir qu'elle était mieux faite que celle en poudre, et on en conclura qu'il est convenable dans le dispositif de Cormontaigne d'augmenter la charge de 1/5. L'augmentation du coefficient du pyroxyle, porté à 0,60 au lieu de 0,50, correspondait précisément à l'augmentation de 1/5 de la charge.

Le coefficient du pyroxyle nitré étant peu différent de celui du pyroxyle ordinaire, on voit que le pyroxyle nitré sera non-seulement économique, mais présentera l'avantage de réduire le volume de sa charge même au-dessous de celui de la charge en poudre, puisque le volume du pyroxyle nitré, à égalité de poids, est beaucoup moins grand que celui du pyroxyle ordinaire.

Expérience n° 10 à la face gauche du bastion 2. Brèche par la poudre, dispositif conclu par la commission de la discussion des expériences connues. (Pl. 5, fig. 1, 2, 3.)

90. On devait dans ce dispositif amorcer le trou du mineur au moyen d'une pièce de 12; mais cet essai fut ajourné pour être l'objet d'une expérience à part, qui fut faite effectivement sous le n° 26 et qui réussit.

On fit deux entrées par le mineur, conformément à l'avis du comité des fortifications, § 8, à 3 mètres de distance l'une de l'autre, pour être sûr de ne pas rencontrer de contre-fort au moins dans une des entrées.

L'entrée du rameau fut placée à 1 mètre au-dessus du sol; cela fit reconnaître qu'il valait mieux pour la commodité du mineur ne l'amocrer qu'à $0^m,60$. Ce rameau fut conduit avec une légère pente pour relever d'autant le fourneau. On ne regardait pas comme utile de loger les poudres dans les maçonneries, conformément aux idées de Vauban et de Cormontaigne et à celles des ingénieurs au siége d'Anvers; on voulait aller vite avant tout : on décida donc que les rameaux seraient placés en arrière des contre-forts, ce qui en même temps les mettrait assez loin pour bien remuer les terres. Dans la crainte de voir un morceau de contre-fort rester debout et obstruer la brèche, on résolut de mettre un fourneau vis-à-vis chaque contre-fort. La charge des fourneaux extrêmes fut réglée à 1/4 en sus de celle du fourneau ordinaire, comme aux expériences 4 et 8, § 86 et 87; à Metz en 1834, où la charge était moitié en sus, l'effet avait paru un peu fort. La charge du fourneau du centre fut réduite aux 2/5 à cause du recroisement des entonnoirs conformément à la règle admise par les mineurs (Aide-mémoire du capitaine Laisné, page 257).

L'escarpe avait 11^m,45 de hauteur, son épaisseur au sommet était 1^m,60, à l'entrée du rameau 2^m,90, son talus extérieur au 1/5,4 et l'intérieur au 1/10; le contre-fort de gauche, le seul qui fût complet, avait 2^m,30 de queue, 1^m,70 d'épaisseur à la racine 1^m,50 à la queue. La crête du parapet était à 3 mètres au-dessus du sommet de l'escarpe. La maçonnerie était bonne, sauf le parement sur une demi brique d'épaisseur, le massif du mur était en moellons de craie, la queue des contreforts était à 5^m,27 du parement, ce qui donnait 5^m,50 pour la ligne de moindre résistance. Tout le dispositif fut exécuté en 41 heures par 3 brigades de 4 mineurs et 2 sergents.

Le feu ayant été mis, le fourreau de gauche a fait explosion immédiatement; 12 secondes après celui du centre en a fait une deuxième, et enfin celui de droite est parti le dernier.

L'escarpe avait fait un ventre prononcé à l'explosion du premier fourneau, s'était brisée et les terres s'écoulaient déjà avant l'explosion des deux autres. Le talus de la brèche était en moyenne de 27 degrés. Le rayon de l'entonnoir déterminé par la distance des fourneaux extrêmes aux limites de la brèche était de 9 à 7 mètres moyennement 8 mètres, la projection *maxima* des débris de 20 mètres.

La brèche de 29 mètres de largeur était bien également ouverte; le ressaut de $1^m,20$ qu'elle avait dans le haut n'aurait pas été un obstacle pour un assaut de vive force, et il aurait favorisé le couronnement du nid de pie. La brèche peut donc être considérée comme bien faite; l'explosion successive des fourneaux paraît n'avoir pas changé leur effet.

Expérience nº 17. Même dispositif que dans l'expérience nº 10, mais en employant le pyroxyle. (Planche 16, fig. 1, 2, 3.)

91. On choisit pour cette expérience la courtine 2—3 dont la hauteur d'escarpe était à peu près la même que celle du bastion 2, mais qui présentait une surcharge de $5^m,30$ de terre. L'épaisseur de l'escarpe était de 2 mètres au sommet, $3^m,15$ à l'entrée du rameau. On prit la même ligne de moindre résistance $5^m,50$ qu'au bastion nº 2, on fit 2 entrées, on ne trouva qu'un seul contre-fort: on plaça

les 4 fourneaux sans avoir égard à ce contre-fort.

On ne réduisit pas la charge du milieu, afin de juger l'influence de la réduction faite dans l'expérience précédente ; tout le dispositif fut fait en 36 heures par 3 brigades de 1 sergent et 4 mineurs chacune.

Le pyroxyle était dans des demi-tonneaux, comprimé au 1/4 de son volume primitif, c'est-à-dire à la densité de 0,32. Du pyroxyle était placé dans les intervalles pour la communication du feu.

Le feu ayant été mis, une explosion eut lieu, la maçonnerie fut projetée fortement ; la largeur de la brèche était de 16 mètres avec un talus de 26° sur 9 mètres de hauteur, se raccordant dans le haut avec une partie de talus à 45° et avec de larges crevasses en arrière. Ce résultat, quant à la largeur de la brèche, était fort inférieur à ce qu'on attendait ; mais on reconnut qu'un seul fourneau, celui du centre, avait fait explosion. Cet effet a dû tenir à ce que quelques parties du saucisson Larivière, mal préparées ou avariées par le voyage, auraient fusé et permis à la première explosion de briser ce saucisson avant la communication du feu.

Pour un seul fourneau, la brèche était fort belle, le rayon de l'entonnoir était de 8 mètres, c'est-à-dire le même que dans l'expérience 10 en poudre. Le coefficient du pyroxyle 0,50 était donc bon. Dans le haut, la brèche était plus raide et moins évasée que dans l'expérience n° 10. Cela peut être attribué à la surcharge en terre; il y aurait eu lieu d'en tenir compte en poussant la charge plus avant dans les terres, en lui donnant 6^{m},50 de ligne de moindre résistance, moitié de la distance du fourneau au terre-plein et en la faisant par conséquent plus forte et plus propre à bien remuer et à bien ébouler les terres.

Récapitulation et conséquences des expériences 4, 8, 18, 29, 10, 17.

92. En récapitulant les expériences 4, 8, 18, 29, 10 et 17 relatives aux brèches à plusieurs fourneaux, on voit, dans l'expérience 4, qu'à la distance de 3 fois la ligne de moindre résistance et à la charge de 5/4 *c*, *c* étant la charge pour la terre ordinaire, deux fourneaux renversent toute l'escarpe intermédiaire; mais en laissant dans le milieu une portion de terre trop raide pour que la brèche soit partout praticable.

Système de Vauban.

93. Que, dans le dispositif de Vauban (expérience 8), deux fourneaux chargés de même à 5/4 *c*, espacés de deux fois la ligne de moindre résistance, donnent une brèche praticable dans l'étendue correspondant à l'intervalle des deux fourneaux.

Système de Cormontaigne.

94. Que, dans le dispositif de Cormontaigne (expérience n° 28), où la charge était seulement *c*, celle du fourneau ordinaire, et les fourneaux espacés de deux fois la ligne de moindre résistance, on a obtenu une brèche praticable.

Emploi du pyroxyle.

95. Que, dans l'expérience 29, le pyroxyle aurait pu être employé avec le coefficient 0,50 et le pyroxyle nitré avec celui 0,54 pour produire le même effet que la poudre, mais que l'augmentation de 1/5 en sus avait produit une meilleure brèche; qu'il faut par conséquent préférer une charge supérieure à celle du fourneau ordinaire.

Système de la Commission.

96. Que le dispositif de la Commission expérience n° 10, avec la charge 5/4 *c* et des fourneaux non encastrés dans les maçonneries, distants entre eux d'une longueur égale à la ligne de moindre résistance et placés au-delà de l'alignement de la queue des contre-forts, avait donné une brèche mieux ouverte, plus praticable dans toute sa largeur que les autres dispositifs. Que dans cette expérience où un seul fourneau était derrière un contre-fort, l'égalité d'effet obtenu prouvait qu'il n'y avait pas lieu de s'embarrasser de la position des contre-forts.

Rayon des entonnoirs comparé à la ligne de moindre résistance.

97. Que, dans toutes les brèches bien faites, le rayon de l'entonnoir était plus grand que la ligne de moindre résistance, de manière à avoir en moyenne $n = 1,40$; que la projection des débris ne répondait pas à cette forte valeur de n, qu'une telle valeur n'aurait pas été obtenue en terrain horizontal avec les charges employées; qu'on pouvait, sans craindre de trop déblayer, porter, comme à Metz, § 55, les charges à 1 fois 1/2 celle du fourneau ordinaire, 1,50 c, surtout quand on les espaçait de 2 fois la ligne de moindre résistance. Dans les expériences d'Ulm et de Vienne, on les portait à 1,66 c, et le général Chasseloup les portait à 2 c, mais il voulait avoir $n = 2$ et la projection des débris était par trop forte (§ 2 à 26).

98. Que le pyroxyle, se comportant derrière les maçonneries comme il l'avait fait dans les terres, avait une tendance à donner des rayons d'entonnoirs plus grands que la poudre et une projection moindre.

6ᵉ SÉRIE. — BRÈCHE PAR UNE GALERIE D'ESCARPE.

Expérience n° 24 à la face droite du bastion 3. Brèche en plaçant la charge de poudre dans une galerie d'escarpe. (Pl. 14, fig. 1, 2, 3, 4, 5.)

99. Lorsque l'on sait que l'ouvrage auquel on veut faire brèche a une galerie d'escarpe, Vauban

indique de crever par le canon la galerie vers les extrémités de la brèche, afin d'empêcher les retours offensifs de l'ennemi. L'expérience n° 26 a montré que l'idée de Vauban était très praticable.

Dans le même but et dans l'hypothèse où l'on ne se sert pas de canon, Goulon conseille d'attacher le mineur à l'escarpe en deux points, au-delà de l'emplacement des charges, de terminer le percement du revêtement de la galerie au moyen de deux petits fourneaux, et de se hâter de faire rouler par le trou quelques bombes chargées d'artifice. Quand les bombes ont joué et qu'on pense pouvoir entrer dans la galerie, il prescrit d'y faire rouler de nouveau des bombes seulement amorcées; l'ennemi fuit, redoutant l'explosion, et le mineur assiégeant, suivi de grenadiers, pénètre dans la galerie et se hâte d'établir un fort barrage en sacs à terre sur la droite au-delà du trou de droite, et sur la gauche au-delà du trou de gauche; il reste ainsi maître de la galerie d'escarpe, amène au plus vite la charge dans des tonneaux et bourre une portion de galerie à chaque extrémité.

Dans l'expérience 24, on attacha le mineur en deux points de l'escarpe, à 27 mètres de distance, les rameaux furent enfoncés de 1^{m},75 en 11 heures, il restait 1^{m},20 de maçonnerie à percer, on plaça au fond de chacun d'eux un sac de poudre de 8 kilogrammes, ce qu'on regardait comme une charge un peu forcée par rapport à la longueur 1^{m},75 de bourrage que l'on établit après avoir placé le sac de poudre; cette charge était destinée à chasser le bourrage en même temps qu'elle percerait la maçonnerie. Le pied-droit de la galerie fut enfoncé par le fourneau de droite et résista au fourneau de gauche, dans lequel on vit seulement une soufflure de $0^m,10$ à l'intérieur; dans les deux cas, le bourrage fut chassé. On mit 45 minutes à déblayer à droite et 3 heures à percer à gauche; dès qu'on put entrer, on devait, d'après les principes de Goulon, placer les 2 masques qui isolent la galerie; cette opération, inutile pour l'expérience, ne fut pas faite; on se contenta de placer les poudres en 3 tas et de faire un bourrage aux deux extrémités. Celui de droite sur $4^m,65$ de longueur fut fait en bois et terre en 4 heures 15 minutes; celui de gauche fut fait en terre sur 7 mètres de longueur, en 6 heures 35 minutes. La charge devait être déterminée en suivant les règles tracées par le colonel Constantin et le capitaine Lebrun, lors des démolitions de Vienne, en 1809, § 26.

L'escarpe ayant de $3^m,16$ à $3^m,30$ d'épaisseur, très près de 10 pieds, la charge fut en conséquence fixée à 170 livres par fourneau; en y ajoutant moitié en sus pour le vide de la galerie, cela la portait à 255 livres, et pour les 3 fourneaux à 765 livres; mais, par un malentendu, ces livres furent prises pour des kilogrammes et la charge portée à 765 kilogrammes qui furent répartis en trois tas, deux aux extrémités, chacun de 3 tonneaux de 100 kilogrammes, un au centre, de 3 tonneaux de 50 kilogrammes ; 15 kilogrammes de poudre furent employés à faire une traînée sur des planches posées entre les tonneaux ; tout le dispositif fut exécuté en 23 heures 35 minutes.

Lors de l'explosion, la maçonnerie fut chassée fortement jusqu'au milieu de la contrescarpe, quelques débris furent même lancés dans la campagne jusqu'à 84 mètres de l'escarpe, les terres en s'éboulant formèrent une pente douce au 1/2, mais en laissant en haut un ressaut général de $1^{m},80$ de hauteur, fort difficile à franchir dans un assaut (Voir les coupes, fig. 1, 2, 3 et 4).

Dans la galerie le bourrage en bois fut fortement chassé; plus de la moitié poussée au-delà du saillant fut retrouvée dans la galerie de la face gauche. Le bourrage en terre, en partie détruit, fut refoulé dans la galerie du flanc droit ; la galerie était brisée sur 22 mètres de longueur. Un quart d'heure après l'explosion, elle était encore tout à fait infectée jusqu'à la naissance de l'orillon ; des cheminées qui avaient été démolies dans le haut et comblées n'ont pas donné lieu à des projections, comme cela avait eu lieu à Vienne, où on les avait légèrement bourrées.

L'effet a été évidemment trop fort, ce qui s'explique d'après l'erreur commise dans la charge.

Si, d'un côté, l'inconvénient redouté des mineurs, d'escarper la brèche dans le haut, s'est fait sentir par le ressaut de 1^m,80, d'un autre, on a pu juger combien il y en a peu à charger fort, puisque, avec une charge double, les effets de projection n'ont pas été extraordinaires et que la brèche était bonne, sauf le ressaut au sommet.

7e SÉRIE. — RUPTURE DE GALERIE. (Exp. 11 et 12.)

Expérience n° 12. Rupture de la galerie qui aboutit aux souterrains du bastion 7. (Planche 6, fig. 5, 7.)

100. L'article 10 de l'avis du comité des fortifications, du 1er avril 1847, recommandait de profiter de la longueur de cette galerie pour faire contre elle plusieurs fourneaux surchargés à des distances de 4 à 6 mètres de son parement extérieur et de manière que la ligne de moindre résistance fût du côté de cette galerie.

Comme on ne voulait pas, à cause du voisinage des habitations et des magasins à poudre, avoir de projection au dehors, on plaça les fourneaux à 3 mètres de la galerie et on chargea de 100 kilog. de poudre, correspondant au fourneau ordinaire de 4^m,10 de ligne de moindre résistance. La distance du fourneau au sol était de 9 mètres.

La voûte de la galerie avait 1^m,13 d'épaisseur, formée de 2 rouleaux de briques et d'une maçonnerie de moellons; ses pieds-droits avaient 0^m,70 d'épaisseur; son diamètre intérieur était 1m,96 et sa hauteur 2m,20. Le feu ayant été mis, le terrain au-dessus du fourneau fut sensiblement soulevé et fortement lézardé, une partie de terre en remblai au-dessus de la porte de la galerie se détacha et la combla. Lorsque l'entrée eut été déblayée on reconnut que le pied-droit de droite était brisé ainsi que la voûte jusqu'à la clef, sur une longueur de 2 mètres. La galerie était complétement obstruée ; une galerie en bois eût été brisée sur 10m,50 de longueur dans les mêmes circonstances. Dans les expériences de Montpellier, en 1837, une galerie maçonnée avait résisté à une distance 6/8 *h*, *h* étant la ligne de moindre résistance du fourneau ordinaire correspondant à cette charge. L'expérience n° 12 ne confirmait donc pas complétement la loi déduite à Montpellier ; le diamètre de la galerie était plus grand à la vérité à Bapaume ; mais l'épaisseur de la voûte y était plus forte.

Expérience n° 11. Répétition de l'expérience n° 12. (Planche 6, fig. 4, 6, 7.) Crever la galerie du souterrain 7 par un globe de compression avec le pyroxyle, comme dans l'expérience 12.

101. La galerie avait les mêmes dimensions que dans l'expérience n° 12 ; la ligne, de moindre résistance par rapport à l'intrados, était aussi de 3 mètres ; la distance du fourneau au talus naturel qui termine l'ancien château était de 10 mètres. On était arrivé au fourneau comme dans l'expérience 12.

Le feu ayant été mis, l'explosion suivit immédiatement; un fort mouvement de terre eut lieu sur le talus du mamelon avec un peu de projection, sans cependant former d'entonnoir; la partie supérieure du mamelon fut criblée de fissures jusqu'à 8 mètres du fourneau; la galerie, sans être brisée, présentait quelques lézardes sur 11 mètres de longueur; l'effet était moins grand qu'avec les 100 kilogrammes de poudre de l'expérience n° 12.

Résumé et conclusion des expériences 11 et 12.

102. En résumé, la comparaison des expériences 11 et 12 n'infirme pas complétement la loi déduite des expériences de Montpellier, en 1837, savoir : qu'une galerie en maçonnerie résistait à une charge placée à 6/8 h de l'intrados et était crevée à une distance = 5/8 h (h étant la ligne de moindre résistance du fourneau ordinaire en terre ordinaire correspondant à cette charge).

8e SÉRIE. — DÉBLAIS DE BRÈCHE. (Exp. 16 et 19.)

Déblais de brèche usités avec de petits fourneaux.

103. On admettait qu'on pouvait profiter d'une galerie d'escarpe pour arriver de son intérieur à de petits fourneaux placés sous le talus de la brèche, afin de déblayer par ce moyen le pied de l'escarpe et rendre la brèche impraticable. La brèche ainsi

déblayée, l'artillerie aurait donc été obligée de battre de nouveau le revêtement à une moindre hauteur; et lorsque cette deuxième brèche aurait été pratiquée, au moment où les colonnes d'assaut doivent la gravir, on aurait donné le feu à des tas de poudre, qui, après l'explosion des premiers fourneaux, auraient été déposés sur le sol de la galerie; cette nouvelle explosion aurait dû rendre, peut-être encore, la brèche infranchissable. Cette dernière opération suppose d'ailleurs qu'il a été établi dans le bastion un bon retranchement intérieur qui permette au mineur assiégé d'attendre le moment décisif pour faire sauter la galerie d'escarpe.

Mode de déblai de brèche proposé par la Commission.

104. La commission de Bapaume crut que pour déblayer complétement la brèche il ne suffisait pas d'agir avec de petits fourneaux, qu'il fallait au contraire forcer les charges, et que par là on atteindrait encore un autre résultat, celui de faire une immense fougasse avec les débris de la brèche, et de désorganiser la batterie. Dans ce but aussi on résolut de faire l'expérience, non pas avec une série de fourneaux, mais avec un seul fourneau long comme la brèche, en déposant la poudre dans un auget placé dans un rameau longitudinal préparé sous la brèche, et auquel on mettrait le feu depuis la galerie. Pour régler la charge de ce fourneau on remarqua qu'il s'agissait d'enlever le

prisme de débris et de terre compris entre l'escarpe et le fond du fossé et qu'il fallait d'abord rendre cette charge proportionnelle au volume de ce prisme, en le comparant à celui du fourneau ordinaire. Observant ensuite qu'on se proposait de déblayer entièrement et de projeter les débris, on conclut de l'expérience n° 22, § 62, que ce n'était pas trop pour cela de doubler la charge; elle fut donc réglée d'après ces principes. Pour ne pas faire d'abord une expérience de cette nature sur une trop grande échelle, il fut décidé qu'on en ferait l'essai à une escarpe de 1/2 lune: ce fut l'objet de l'expérience 16 à la face droite de la demi-lune 15.

Expérience n° 16. Déblai de brèche avec un fourneau long à la face droite de la demi-lune 15. (Planche 8, fig. 1, 2, 3, 4, 5, 6, et plan d'ensemble de la place.)

105. Cette brèche ressemblait assez à celle d'une escarpe battue à moitié hauteur par l'artillerie, quoiqu'elle provînt d'un éboulement spontané de la maçonnerie. On fit creuser un rameau dans le sol du fossé, afin de n'être pas embarrassé par les décombres : on fixa à 15 mètres la largeur de la brèche à déblayer.

Le cube à déblayer était de 187 mètres, ce qui à $0^k,793$ par mètre cube, comme dans le fourneau ordinaire, donnait $148^k,45$ de poudre qu'on porta à 300 kilogrammes ou au double, en nombre rond, pour bien déblayer et avoir une forte projection.

Ces 300 kilogrammes répartis sur 13m,40 de longueur furent placés dans un auget de 0m,20 sur 0m,16 dans œuvre formé de trois planches clouées; les côtés de l'auget furent garnis de terre; on mit deux rangées de sacs à terre pour remplir en partie le rameau : tout le dispositif fait par deux attaques fut exécuté en 34 heures 25 minutes.

Le feu ayant été mis au milieu, il y a eu un temps d'arrêt de 3 minutes sans qu'on ait pu en découvrir la cause. Enfin, les débris de pierre et moellon et la terre furent lancés en une belle gerbe, à 165 mètres en avant de la face de la demi-lune et sur 120 mètres de largeur, faisant un effet analogue à celui d'une grande fougasse (voir le plan d'ensemble). Le sol du fossé fut creusé de 0m,80 au moins (fig. 3). La brèche était tout à fait impraticable; le parement extérieur du mur, fig. 4, sur une surface de 3m,60 de large et 2m,60 de haut, en grès soufflés, avait été détaché; le reste était peu endommagé.

Cette expérience avait réussi conformément aux prévisions.

Expérience nº 19 à la face droite du bastion 6. Déblai avec un fourneau long de la brèche faite par l'artillerie. (Planche 11, fig. 1, 2, 3, 4, 5, 6, 7.)

106. L'artillerie avait fait brèche à la face droite du bastion 6, en ouvrant la tranchée horizontale au tiers de la hauteur de l'escarpe, c'est-à-dire à 3m,70

au-dessus du fond du fossé. Le talus des terres était de 36 degrés ; son intersection avec le talus de l'escarpe était à 7 mètres de hauteur au-dessus du fond du fossé ; la largeur de la brèche était de 20 mètres ; l'escarpe avait $5^m,50$ d'épaisseur dans le bas avec une retraite à $3^m,50$ au-dessous du sommet, où elle n'avait plus que $2^m,30$ d'épaisseur ; elle avait une galerie située au-dessous du niveau du fossé avec de petits rameaux, amorcés pour arriver ainsi sous le fossé, qui paraissaient avoir été préparés pour arriver ainsi sous la brèche et la faire sauter. On a profité effectivement de 4 de ces rameaux pour percer l'escarpe, arriver au-dessous du fond du fossé, se retourner parallèlement à l'escarpe à droite et à gauche, et faire un rameau sous la brèche dans cette direction. On plaça dans le rameau un auget, fig. 6, de $0^m,30$ sur $0^m,30$, formé avec une seule planche fixée au fond du coffrage à la hollandaise ; on bourra en terre sur la hauteur de cette planche ; le reste du rameau resta vide. Le volume du vide égalait 4 à 5 fois celui de la poudre. On bourra et on arc-bouta les rameaux ; tout le dispositif fut fait en 73 heures.

Le feu fut mis au centre à un saucisson Larivière allant d'un bout à l'autre de la charge, de manière à ce qu'il parvînt à peu près partout en même temps. L'explosion produisit une immense gerbe équivalant à 300 fougasses-pierriers de 5 mètres cubes chacune, qui couvrit de débris la batterie et le glacis, en formant 4 rayons divergents, dégradant et remplissant les embrasures; un bloc de maçonnerie, frappant le devant du flasque de la pièce de gauche de la batterie, la poussa en arrière de la plate-forme et la renversa, le flasque enfoncé de $0^m,50$ en terre; une zone de débris serrés s'étendit jusqu'à 70 mètres de l'escarpe, de manière que tous les servants de la batterie et tous les soldats réunis dans les tranchées adjacentes auraient été atteints. On n'aurait pu débarrasser la batterie et la mettre en état de tirer que pendant la nuit. Une autre zone de débris plus clair-semés allait jusqu'à 110 mètres. Enfin quelques-uns allaient jusqu'à 170 à 200 mètres. La brèche n'était plus praticable, le fossé avait été déblayé au niveau du sol du rameau, un peu de terre retombée d'en haut formait un talus de $4^m,50$ de hauteur dans sa partie la plus élevée, fig. 1 et 2. La partie d'escarpe au-dessus et les terres vierges qui la surmontaient et se tenaient presque verticalement présentaient un obstacle tout à fait infranchissable.

La galerie d'escarpe avait été fortement endommagée, la voûte s'était brisée, et le pied-droit du côté du parement extérieur de l'escarpe avait été refoulé de manière à ne laisser que $0^m,60$ à la galerie, qui d'ailleurs était pleine de débris (1).

L'expérience, quant au déblai de la brèche et à

(1) Le numéro du 4 septembre 1847 de l'*Illustration* rend fort bien l'effet pittoresque de cette explosion.

la projection des débris dans la batterie, avait réussi; la charge, double de celle du fourneau ordinaire, était bien celle qui convenait pour avoir une bonne projection, et l'effet du fourneau en long était des plus satisfaisants.

La rupture de la galerie n'aurait pas permis de recommencer un second dispositif pareil au premier; mais comme il fallait la nuit pour rétablir la batterie, l'assiégé aurait pu dans le même temps aussi placer quelques augets de $0^m,25$ de côté, remplis de poudre, alignés et enterrés sur la longueur de la brèche, et faire sauter la nouvelle brèche, quand elle aurait été faite.

La brèche fut rendue de nouveau praticable par l'artillerie (Voir page 10). Au siége de Girone, en 1809, la brèche ayant été déblayée, on crut devoir recommencer l'attaque sur un autre point; cela prolongea beaucoup la défense.

Résumé et conclusion sur les expériences 16 et 19.

107. En résumé, il résulte de ces deux expériences qu'il serait facile, au moyen d'une petite rigole préparée dans le fossé et remplie avec un auget de $0^m,30$ de côté, chargé de poudre, de déblayer une escarpe et d'en projeter les débris dans la batterie, qu'il serait peut-être possible de recommencer ce jeu; qu'il serait probablement bon, si on avait une galerie d'escarpe à ménager, d'écarter un peu l'auget de l'escarpe.

9e SÉRIE. — TROUÉE A TRAVERS UNE CONTRE-GARDE. (Exp. 28.)

Expérience n° 28, à la face droite de la contre-garde 17. Faire une trouée à travers une contre-garde de manière à pouvoir, de son chemin couvert, battre immédiatement en brèche le bastion. (Planche 17, fig. 1, 2, 3, 4.)

108. Bousmard avait déjà proposé de couper une contre-garde avec des obus, alors que l'emploi des obus était beaucoup moins en usage qu'aujourd'hui, et il est probable qu'il s'en exagérait la facilité. Quelques officiers, entre autres le lieutenant Gay, du 3e régiment du génie, avaient proposé dans des simulacres de siége de faire cette opération, mais elle n'avait jamais été exécutée ni à la guerre, ni comme expérience; elle présentait d'assez grandes difficultés pour la détermination de l'emplacement et de la charge des fourneaux. La Commission proposa de la tenter à la contre-garde 17.

Il fallait faire brèche à l'escarpe et au mur de gorge en projetant fortement les terres et les maçonneries, et évider le milieu de l'ouvrage, de manière à ce que le tir de l'artillerie pût battre l'escarpe du bastion au 1/3 ou au moins au 1/2 de sa hauteur par une ouverture suffisamment large.

On résolut de faire les brèches à l'escarpe et au mur de gorge chacune par deux fourneaux; un fourneau au milieu devait évider le centre de la contre-garde : du côté de l'escarpe la ligne de moindre résistance fut fixée à 5m,40, un peu plus du 1/4 de l'épaisseur de la contre-garde correspondant à une charge de 225 kilogrammes en terre ordinaire; pour déblayer fortement, on doubla cette charge, qui fut ainsi portée à 450 kilogrammes. La hauteur de terre au-dessus du fourneau était de $6^m,10$, correspondant à une charge de 330 kilogrammes; le fourneau était donc surchargé par rapport à elle, et la terre par-dessus devait être bien enlevée. Pour ne pas projeter les débris sur la ville, le feu devait être compassé de manière que les fourneaux de l'escarpe partissent les premiers, puis celui du centre, enfin ceux du mur de gorge, en mettant cependant peu d'intervalle entre les différents feux. Le fourneau du centre trouvant le vide fait par le déblai de l'escarpe devait faire une forte projection de ce côté, étant chargé de 520 kilogrammes ou 2 fois 1/4 la charge ordinaire, par rapport au terre-plein de la contre-garde au-dessous duquel il était placé. Comme on craignait les effets de la projection, après discussion approfondie, on fit prévenir les habitants d'une maison située à 150 mètres de là, afin qu'ils eussent à tenir leurs croisées ouvertes et à ne pas y paraître pendant l'expérience; on prévint le maire et on lui dit que s'il voyait des inconvénients à ce qu'on eût quelques tuiles cassées, on ne ferait pas l'expérience.

Le mur de gorge demandait à être chargé un peu moins que l'escarpe, 1° parce qu'il ne fallait pas que l'effet se fît du côté du fourneau du centre;

2° parce qu'il fallait éviter de projeter des débris sur la ville; 3° enfin parce que la contrescarpe était sur le haut d'un talus, ce qui favorisait le déblai. La charge des fourneaux fut, en conséquence, fixée à 250 kilogrammes correspondant à 1 fois 1/3 la charge du fourneau ordinaire pour la ligne de moindre résistance choisie, égale à 5^{m},05.

On avait fait les fourneaux du mur de gorge au moyen d'un puits, ceux de l'escarpe en perçant le mur; tout le dispositif fut exécuté en 41 heures 50 minutes.

Le feu ayant été mis, la masse de l'escarpe fut violemment lancée contre la contrescarpe avec des débris jusqu'à 40 mètres dans le chemin couvert et sur le glacis. Deux secondes après, le fourneau du centre produisit une immense gerbe projetant les terres du côté de la campagne à 100 et à 150 mètres, et même jusqu'à 340 mètres de distance (voir le plan d'ensemble de la place). Une seconde après, l'explosion de la contrescarpe eut lieu avec projection à 20 mètres. Le talus des brèches était de 18 degrés. La largeur de la brèche était de 22 mètres à l'escarpe et de 20 à la contrescarpe, le milieu un peu moins large (planche 13, fig. 15). La trouée était parfaite et permettait le tir en brèche sur la face du bastion, au tiers de sa hauteur et sur une largeur de 25 à 30 mètres. L'expérience avait réussi complétement; mais malheureusement on avait un accident grave à déplorer.

La réussite sans accident des expériences précédentes avait familiarisé le public avec le danger; la distance à laquelle on l'avait toujours tenu à l'abri lui avait persuadé que l'autorité militaire prenait trop de précautions; ces bruits avaient été renforcés le matin par un article du journal d'Arras; c'était un dimanche, un groupe nombreux, n'obéissant plus aux factionnaires, força le cordon des limites et se rapprocha après le feu mis; il y avait toujours deux minutes et demie entre la mise du feu et l'explosion. La gerbe produite par le fourneau du centre atteignit plusieurs personnes, blessa grièvement un homme à la tête, et une pierre fortement lancée alla atteindre et blessa à mort un enfant de six ans appartenant au maître de la maison, celui qui avait été averti par l'autorité municipale et militaire, qui avait eu le soin d'ouvrir ses croisées, mais qui n'avait pas eu celui de retenir son enfant! L'homme blessé se rétablit heureusement, après avoir donné des craintes; les autres contusions étaient légères. L'enfant seul succomba, et sa mort changea en un jour de deuil cette fin des expériences. Cet accident montre qu'on devrait avoir un signal pour donner l'ordre de couper le feu quand il est encore temps et qu'on craint un accident; le mouvement des curieux l'avait fait craindre; mais le contre-ordre ne put être entendu de l'officier placé dans le fossé.

Conclusion sur l'expérience 28.

109. Quoique cette expérience ait réussi, on ne peut cependant pas regarder le parti qu'on a pris comme ce qu'il y a de mieux à faire, à cause du temps qu'elle a exigé; car les 41 heures 50 minutes employées eussent été doublées si on n'eût attaqué que par l'escarpe. Il faudrait, pour gagner du temps, n'employer qu'un seul fourneau au centre, enfoncé de 9 à 10 mètres au-dessous du terre-plein chargé d'une charge double, c'est-à-dire de 2,900 kilogrammes, de manière à renverser à lui seul l'escarpe, la contrescarpe, et à évider le milieu. On avait reculé devant cette solution, à cause de la force de la charge.

CHAPITRE III.

Résumé général du compte rendu des expériences et des conclusions tirées dans le chapitre II.

110. Dans le chapitre II les expériences analogues ont été réunies par série; la première, relative aux fourneaux d'épreuve; la deuxième, à l'attachement du mineur; la troisième, aux brèches à un fourneau, dans le cas des escarpes basses; la quatrième, aux brèches à un fourneau, dans le cas des contrescarpes; la cinquième, aux brèches

à escarpes hautes et à plusieurs fourneaux ; la sixième, aux brèches par une galerie d'escarpe ; la septième, aux déblais de brèche ; la huitième, à faire une trouée à travers une contre-garde.

Conclusions de la première série.

111. La première série, expériences 13, 22, 15, 14, 30, relative aux fourneaux d'épreuve, a montré 1° que la terre de Bapaume pouvait être assimilée à la terre ordinaire des mineurs ; 2° qu'une charge double augmentait la projection verticale du quart et la flèche de l'entonnoir de moitié ; 3° qu'une charge longue verticale augmenterait le déblai et la projection, et que la facilité d'établir rapidement et quand on veut des fourneaux aussi chargés devait remplacer avantageusement le mode d'établissement des contre-puits dans le système de guerre souterraine proposé par le général de Fleury ; 4° que le coefficient du pyroxyle, comparé à la poudre, était bien 0,50 ; que celui du pyroxyle nitré (dosé à 100 de pyroxyle pour 82 de nitre) était 0,56.

Conclusions de la deuxième série.

112. La deuxième série, expériences 1, 26, 5, relative au mode d'attachement du mineur, a montré 1° que l'on n'obtenait pas de bons résul-

tats de l'étonnement des maçonneries par un baril de poudre; 2° que le passage sous la maçonnerie pouvait présenter des avantages de rapidité d'exécution, mais obligeait à des charges plus fortes; 3° qu'il était très avantageux d'amorcer le trou du mineur avec une pièce de 12, puisqu'on pouvait faire ainsi, sans danger, en 10 minutes avec la pièce sur affût, en 1 heure avec la pièce sur chantier, et en 24 minutes avec la pièce sur châssis, une opération périlleuse qui exigeait 3 à 4 heures; 4° que ce résultat conduisait à se demander s'il ne serait pas avantageux de continuer à tirer jusqu'à ce que le mur fût percé; avec cette combinaison, on pourrait espérer d'approcher, au moyen de la mine, de la célérité de l'artillerie dans l'exécution des brèches, et on aurait alors l'avantage d'exposer moins de monde. Le tableau qui termine cette série montre que le temps moyen pour amorcer le trou du mineur avec le pic a été de 3 heures 44 minutes, que le temps moyen par mètre d'épaisseur d'escarpe percée a été de 5 heures, et que le temps moyen pour tout le dispositif, par mètre d'épaisseur, a été de 10 heures 12 minutes.

Conclusions de la troisième série.

113. La troisième série, expériences 2, 3, 9, 20, 21, 23, 27, relative aux brèches d'essai à un seul fourneau, dans le cas des escarpes, a montré que,

pour les brèches à des escarpes peu élevées, 5 à 6 mètres, il fallait éloigner les poudres du parement de l'escarpe, de manière à avoir une ligne de moindre résistance qui fût au moins moitié de la distance au terre-plein, et dans ce cas même forcer la charge de manière à la porter à 1 fois 1/2 celle du fourneau ordinaire dans la terre ordinaire ; que, si on mettait le fourneau contre le parement intérieur de l'escarpe, comme pour une simple démolition, il fallait à plus forte raison forcer la charge et probablement aller jusqu'à la doubler ; que le rayon d'entonnoir d'une charge de poudre, contre la terre terminée par un plan vertical, n'aurait été obtenu, dans le cas d'un plan horizontal, que par une charge 3 fois 1/2 plus forte ; que la projection est moindre dans le cas du plan vertical ; que le coefficient $0^m,50$, par rapport à la poudre, convient pour le pyroxyle, et qu'il faut prendre $0^m,54$ pour celui du pyroxyle nitré ; que l'effet du vide autour des charges de poudre a été nuisible, ce qui, pourtant, demanderait à être vérifié sur des escarpes plus élevées.

Conclusions de la quatrième série.

114. La quatrième série, expériences 1, 6, 25, 32, relative aux brèches à un fourneau derrière les contrescarpes, a montré, contrairement aux opinions reçues, mais d'accord avec les prévisions de la commission, que le renversement des contrescarpes

avait toujours lieu avec une charge calculée comme dans la terre ordinaire et correspondant à la ligne de moindre résistance *h* du côté des maçonneries, soit quand la hauteur D de terre du côté du terre-plein égalait 2 *h*, ce que les mineurs regardaient comme nécessaire, soit quand elle était égale seulement à *h* et à 3/4 *h*, et enfin, peut-être même quand elle n'était plus égale qu'à 1/2 *h*.

Une de ces expériences faite en pyroxyle a donné de nouveau $0^{m},50$ pour le coefficient du pyroxyle par rapport à la poudre de guerre.

Conclusions de la cinquième série.

115. La cinquième série, expériences 4, 8, 18, 29, 10, 17, relative aux brèches à des escarpes avec plusieurs fourneaux, a fait voir : 1° qu'avec un espacement des fourneaux égal à 3 fois la ligne de moindre résistance on renversait bien encore les escarpes, mais que la brèche n'était pas praticable sur toute sa largeur ; 2° que la charge de Vauban, 1 fois 1/4 celle correspondante au fourneau ordinaire, en terre ordinaire, était très suffisante pour briser les maçonneries et faire ébouler les terres en plaçant la charge à une distance du parement égale à la moitié de la hauteur de l'escarpe, ce qui la mettait à peu près à la queue des contre-forts ; et que l'écartement des fourneaux égal à 2 fois la ligne de moindre résistance était suffisant pour

rendre toute la brèche praticable; 3° que le dispositif de Cormontaigne avec charge égale à celle du fourneau ordinaire, en terre ordinaire, donnait une brèche suffisante, mais qu'il était préférable de forcer la charge comme le faisait Vauban; 4° que les 3 fourneaux rapprochés à la distance *h* dans le dispositif de la commission, avec 5/4 de la charge en terre ordinaire, avaient donné une brèche plus praticable dans toute sa largeur que les autres dispositifs et qu'il valait mieux laisser les 3 fourneaux égaux, sans diminution relative au recroisement des entonnoirs; 5° que, dans toutes les brèches bien faites, le rayon de l'entonnoir avait été plus grand que la ligne de moindre résistance, de manière à avoir en moyenne $n = 1^m,42$; 6° qu'il y avait lieu de rechercher des formules spéciales pour le cas des brèches; 7° que le pyroxyle s'était comporté derrière les escarpes comme il l'avait fait dans les terres, montrant une tendance à donner des rayons d'entonnoir plus grands que ceux obtenus par la poudre, et une projection moindre; que le coefficient du pyroxyle par rapport à la poudre était $0^m,50$ et celui du pyroxyle nitré $0^m,60$.

Conclusions de la sixième série.

116. La sixième série composée d'une seule expérience n° 24 : Brèche par une galerie d'escarpe,

n'a pas été exécutée dans les conditions du programme; la charge, qui a été doublée, a montré qu'il n'y avait pas grand inconvénient à forcer les charges pour faire une brèche praticable. Cependant on a obtenu dans le haut un ressaut qui peut être attribué à la trop forte projection de l'escarpe due à la double charge.

Conclusions de la septième série.

117. La septième série, expériences 11 et 12, relative à la rupture des galeries par les globes de compression, a montré que la limite de rupture de ces galeries 6/8 h, assignée par les expériences de Montpellier, était à peu près exacte, puisqu'il y a eu rupture peu étendue dans un cas avec la poudre et de simples lézardes dans l'autre avec le pyroxyle. La galerie sur laquelle on opérait avait, d'une part, un diamètre plus grand que celle de Montpellier, et de l'autre une épaisseur de voûte plus forte.

Conclusions de la huitième série.

118. La huitième série, expériences 16, 19, relative aux déblais de brèche, a montré qu'il serait facile au moyen d'une rigole dans le fossé, préparée et chargée à l'avance avec des augets formés de 4 planches clouées et remplies de poudre, de déblayer une brèche et d'en projeter les débris dans

la batterie, de la désorganiser ainsi de manière à obliger l'attaquant à attendre la nuit pour la réparer, et de profiter de ce retard pour recommencer un autre dispositif; que pour ménager la galerie d'escarpe si on en a une, il serait bon d'écarter un peu l'auget de l'escarpe.

Conclusions de la neuvième série.

119. La neuvième série, composée d'une seule expérience n° 28, fait voir qu'il est possible de faire, par la mine, une trouée dans une contre-garde de manière à pouvoir, de son chemin couvert, battre immédiatement en brèche le bastion. Ce résultat a été parfaitement obtenu avec cinq fourneaux; mais la longueur de temps nécessaire pour le dispositif employé devrait faire chercher à arriver au même but avec un seul fourneau placé au centre et plus enfoncé dans les terres.

Méthode d'exécution des brèches proposée par la Commission.

120. En appelant c la charge du fourneau ordinaire en terre ordinaire, C la charge du fourneau de brèche, h la ligne de moindre résistance par rapport au parement, D la distance au terre-plein du rempart, on peut dès à présent poser les règles suivantes dans l'exécution d'une brèche. On placera les fourneaux en arrière des contre-forts et on

prendra $h = \frac{D}{2}$ au moins ; on fera $C = \frac{5}{4} c$ pour les escarpes de 8 mètres et plus ; $C = \frac{3}{2} c$ pour les escarpes de 6 à 8 mètres $C = 2c$ pour celles au-dessous de 6 mètres et pour les fourneaux placés contre le revêtement ou incrustés dans la maçonnerie supposée d'une cohésion moyenne.

On pourra compter sur $T = 1,42\,h$.

Les brèches seront faites par 3 fourneaux espacés de h ; leur emplacement ainsi déterminé, on ne s'embarrassera pas de la place des contre-forts ; on ne logera pas les poudres dans les maçonneries ; on ne fera qu'un seul retour et dans les terres.

On fera, par chaque mine, deux entrées en galerie à 3 mètres de distance, soit qu'on fasse le trou avec le canon de 12 posé sur châssis, soit qu'on attache le mineur.

Dans le cas où le terrain serait favorable et où on n'aurait pas de canon, on pourra passer sous les fondations. On forcera alors la charge conformément à la règle du général Chasseloup, § 16.

Points qui restent à éclaircir par de nouvelles expériences.

121. Les principaux points qui resteraient à éclaircir par de nouvelles expériences ont pour objet :

Le logement du mineur et surtout le percement

des escarpes avec une bouche à feu de campagne pour abréger le travail du mineur.

L'examen des fourneaux employés comme moyen de démolition.

L'augmentation de la charge des fourneaux destinés à faire brèche aux escarpes de peu de hauteur.

Le renversement des contrescarpes avec D = 1/2 *h*.

Les brèches faites par un seul fourneau aux escarpes élevées comme à Milan, § 19.

La répétition des expériences de brèche à des escarpes en terre pour achever d'éclaircir la théorie de l'effet de la poudre contre des milieux terminés par un plan vertical.

L'essai d'un fourneau placé sous le fossé en dehors d'une escarpe pour décider la valeur de la deuxième démonstration de Vauban et de la théorie du commandant Didion, § 11.

Le renversement des contrescarpes avec des globes de compression, dont la charge serait placée dans un simple puits, sans rameau et remblayé sans damage.

La rupture des galeries maçonnées par des globes de compression.

L'examen du moyen indiqué par Bousmard et Belidor pour faciliter l'assaut; moyen qui consiste à projeter la contrescarpe contre l'escarpe.

L'examen du projet du lieutenant Ferry qui consiste à faire brèche par le canon à la contre-garde, à la prendre, à y faire une trouée par la mine et à battre le bastion en brèche avec la batterie primitivement placée contre la contre-garde.

Faire la trouée de la contre-garde par un seul fourneau, comparativement avec celle qui a été faite à Bapaume avec plusieurs, § 108.

Examiner les outils des mineurs pour démolition.

Ces expériences achèveraient de fournir les éléments nécessaires pour confirmer les formules spéciales au cas des brèches, indiquées au § 120, et pour mieux établir encore leurs rapports avec celles admises en terrain horizontal.

Récapitulation des résultats obtenus dans les expériences de Bapaume.

122. Les expériences de mine exécutées à Bapaume ont eu pour résultat :

1°. De fixer la manière d'attacher le mineur, d'abréger beaucoup le temps nécessaire à cette opération et de diminuer son danger en la faisant avec un canon de 12, placé dans la descente blindée; de rendre ainsi le temps nécessaire pour exécuter une brèche par la mine, moins différent de celui employé par l'artillerie.

2°. De rectifier les idées des mineurs sur la grandeur des entonnoirs qu'on obtient dans les brèches bien faites.

3°. D'établir le mode d'action de la poudre contre des murs terrassés et la manière dont ceux-ci résistent, ce qui n'avait été qu'entrevu, et ce qui conduit à des conséquences importantes pour le renversement des contrescarpes et pour la théorie des brèches.

4°. De fixer les idées sur les modifications qu'il est utile de faire dans les charges de mine, selon la hauteur des escarpes.

5°. De fournir de nouveaux éléments à la question, si importante, de la résistance des galeries maçonnées.

6°. De prouver que le déblaiement de la brèche peut se faire en la transformant en une immense fougasse, qui jetterait le plus grand désordre dans les travaux d'attaque, et d'établir le mode de changement de cette fougasse.

7°. De montrer qu'on peut faire une trouée dans une contre-garde, de manière à battre le bastion de la batterie établie dans le chemin couvert de cette contre-garde.

8°. De prouver que les charges longues verticales peuvent s'employer avec grand avantage dans le système de mine à contre-puits du général de Fleury.

9°. D'établir que le pyroxyle peut être utilement employé, en grand, pour faire les brèches et qu'il y a économie à l'employer mélangé d'une dose de nitre.

10°. De diriger l'attention des mineurs et les

nouvelles expériences, sur les points qui restent à éclaircir dans la théorie et la pratique des mines et sur l'outillage des mineurs pour le percement des maçonneries.

Paris, le 8 juin 1848.

Le président,
DE CASSIÈRES.

Les rapporteurs,
L. SUSANE.
LE BLANC.

Les membres de la Commission,
PIOBERT.
A. MORIN.
ED. REVEL.
DIDION.

Page du rapport	Mois (Août 1847)	Numéros des expériences	Objet des expériences	Désignation des ouvrages — Numéros	Désignation des ouvrages — Face, courtine, terre-plein, etc.	Dimensions, Service, Conditions et Résultats des expériences	Service du dispositif de la mine — Officier	Observations particulières
256	4	1	Enlever [illegible] par 100 kil. de poudre	1-2	courtine.	[illegible]	St-Quentin.	Le [illegible]
278	5	1 bis	Pétard pour percer l'escarpe	1-2	courtine.	[illegible]	[illegible]	[illegible]
285	6	2	Essai de la règle de Vauban	10	face droite.	[illegible]	Mouhat.	Brèche praticable, [illegible] dans le haut.
286	6	3	Idem avec le pyroxyle	10	face droite.	[illegible]	Mouhat.	Excavation dans l'escarpe sans brèche praticable.
304	9	4	Renversement des entonnoirs	14	face droite.	[illegible]	Sanglier.	Escarpe complètement renversée entre les deux fourneaux.
290	9	5	Brèche en passant sous les fondations	10	face droite.	[illegible]	Mouhat.	Brèche praticable avec un ressaut de 0 m. 80 dans le haut.
296	10	6	Brèche avec D [illegible] A en pyroxyle	14	face gauche.	[illegible]	Sanglier.	Revêtement bien renversé. Brèche très praticable.
301	10	7	Brèche avec D ou A en poudre	14	face gauche.	[illegible]	Sanglier.	Idem. Idem.
302	11	8	Dispositif de Vauban	2-3	courtine.	[illegible]	De Préval.	Brèche praticable [illegible] dans le haut à cause d'un ancien mur en arrière.
281	11	9	Brèche en pyroxyle [illegible]	10	gorge.	[illegible]	Mouhat.	[illegible]
311	12	10	Dispositif de la Commission	7	face gauche.	[illegible]	Mouhat.	Brèche très facile avec quelques arrachements verticaux en haut.
271	12	11	Rupture de galerie avec le pyroxyle	[illegible]	face gauche.	[illegible]	De Préval.	[illegible]
321	13	12	Rupture de galerie avec la poudre	24	face gauche.	[illegible]	De Préval.	Idem. [illegible]
279	13	13	Fourneau d'épreuve en poudre	[illegible]	terre-plein.	[illegible]	Mouhat.	[illegible]
273	13	14	Fourneau d'épreuve en pyroxyle [illegible]	[illegible]	terre-plein.	[illegible]	Sanglier.	[illegible]
271	15	15	Fourneau en pyroxyle	[illegible]	terre-plein.	[illegible]	Sanglier.	[illegible]
[illegible]	15	16	Intérieur de brèche	15	face droite.	[illegible]	Sanglier.	[illegible]
413	16	17	Dispositif de la Commission	2-3	courtine.	[illegible]	De Préval.	Le fourneau du centre [illegible] explosion, la brèche était praticable.
[illegible]	17	18	Dispositif de Cormontaigne	2	saillant.	[illegible]	St-Quentin.	Brèche praticable, un dé de maçonnerie resté au saillant
336	18	19	[illegible] de brèche	6	face droite.	[illegible]	Sanglier.	Brèche [illegible]. [illegible] hors de service pour la journée. Tranchées couvertes de débris.
268	19	20	Effet du vide avec la poudre	11	face gauche.	[illegible]	De Préval.	La brèche n'est pas praticable.
269	19	21	Idem avec le pyroxyle	11	face gauche.	[illegible]	De Préval.	Brèche praticable.
271	19	22	Évidement des [illegible]	11	terre-plein.	[illegible]	Sanglier.	La flèche de l'entonnoir a 3 m. 30.
289	20	23	Pyroxyle dans une [illegible]	11	face gauche.	[illegible]	Mouhat.	[illegible]
317	20	24	Brèche par une galerie d'escarpe	3	face droite.	[illegible]	St-Quentin.	Brèche très praticable, ressaut de [illegible] dans le haut.
[illegible]	21	25	Brèche avec D ou 2 1/2 A	10	gorge.	[illegible]	Mouhat.	Brèche très praticable.
[illegible]	22	26	Augmenter le [illegible] par une [illegible] de 12	2-3	courtine.	[illegible]	Joly.	[illegible]
290	22	27	Brèche à une escarpe en terre	[illegible]	courtine.	[illegible]	De Préval.	Brèche un peu plus forte que dans une escarpe en maçonnerie.
[illegible]	22	28	Tentée pour battre le bastion	17	face droite.	[illegible]	Sanglier.	[illegible] dans la contre-garde complètement [illegible]
307	[illegible]	29	Dispositif de Cormontaigne en pyroxyle	7	face droite.	[illegible]	St-Quentin.	[illegible]
			A ARRAS.					
[illegible]	Septbre [illegible]	30	Boîte longue verticale	140	glacis.	[illegible]	[illegible]	[illegible]
	[illegible]	31	Charge longue horizontale	116	glacis.	[illegible]	[illegible]	La longueur de l'entonnoir [illegible]
[illegible]	[illegible]	32	Escarpe en terre D = 1/2 A	[illegible]	place d'armes.	[illegible]	[illegible]	[illegible]

NOTA. — [illegible]

TABLE DES MATIÈRES

DE LA PREMIÈRE PARTIE.

EXÉCUTION DES BRÈCHES PAR LE CANON.

FIN DE LA TABLE DE LA PREMIÈRE PARTIE.

TABLE DES MATIÈRES

DE LA DEUXIÈME PARTIE.

EXÉCUTION DES BRÈCHES PAR LA MINE.

NOTA. — Le tableau récapitulatif, page 347, forme une seconde table des matières par numéros d'ordre des expériences.

CHAPITRE 2.

CHAPITRE III.

CHAPITRE IV.

Imprimerie de G. Gratiot, rue de la Monnaie, 11.

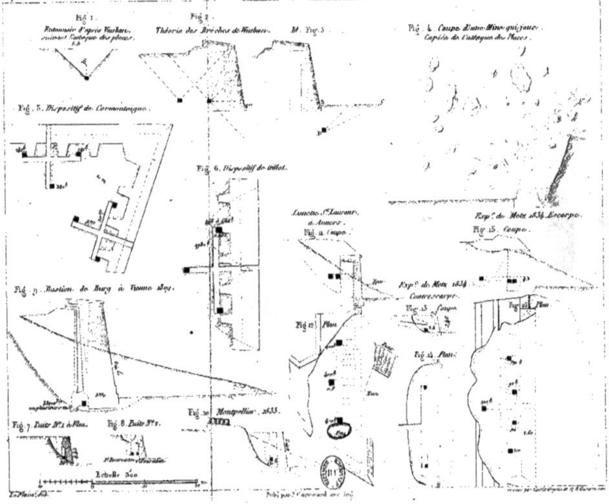

Fig. 1.
Entonnoir d'après Vauban, suivant l'attaque des places.
Fig. 2.
Théorie des Brèches de Vauban.
Id. Fig. 3.
Fig. 4. Coupe d'une Mine qui joue.
Copiée de l'attaque des Places.
Fig. 5. Dispositif de Cormontaigne.
Fig. 6. Dispositif de Gillot.
Lunette St Laurent, à Anvers.
Fig. 11. Coupe.
Fig. 12. Plan.
Exp.e de Metz 1834 Escarpe.
Fig. 15. Coupe.
Exp.e de Metz 1834 Contrescarpe.
Fig. 13. Coupe.
Fig. 14. Plan.
Fig. 16. Plan.
Fig. 9. Bastion de Burg à Vienne 1809.
Fig. 10. Montpellier, 1833.
Fig. 7. Puits N.o 1 à Plan.
Fig. 8. Puits N.o 2.
Echelle 500

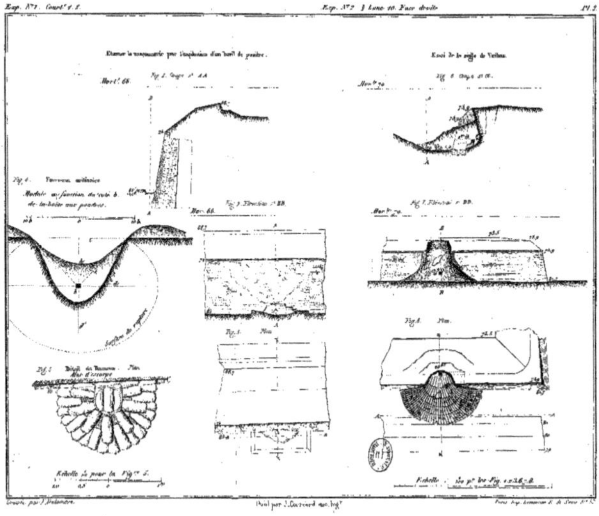

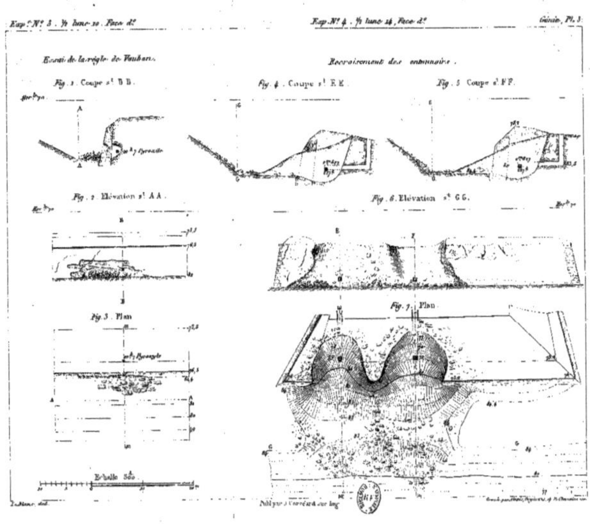

Exp.t N.o 3 . ½ lune 10 . Face d.e
Exp. N.o 4 . ½ lune 14 , Face d.e
Génie, Pl. 3
Essai de la règle de Vauban.
Recroisement des entonnoirs.
Fig. 1 . Coupe s.t B B.
Fig. 4 . Coupe s.t E E.
Fig. 5 Coupe s.t F F.
Fig. 2 . Élévation s.t A A.
Fig. 6 . Élévation s.t G G.
Fig. 3 . Plan
Fig. 7 . Plan
Echelle 300.

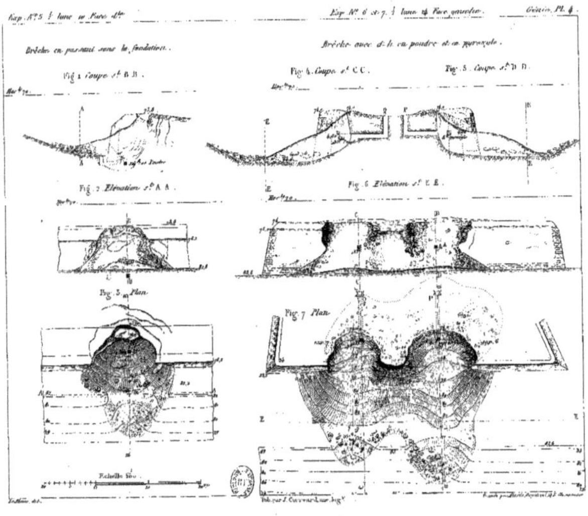
Génie. Pl. 4.
Brèche en passant sous la fondation.
Fig. 1. Coupe s.t B B.
Fig. 2. Élévation s.t A A.
Fig. 3. Plan.
Fig. 4. Coupe s.t C C.
Fig. 5. Coupe s.t D D.
Fig. 6. Élévation s.t E E.
Fig. 7. Plan.

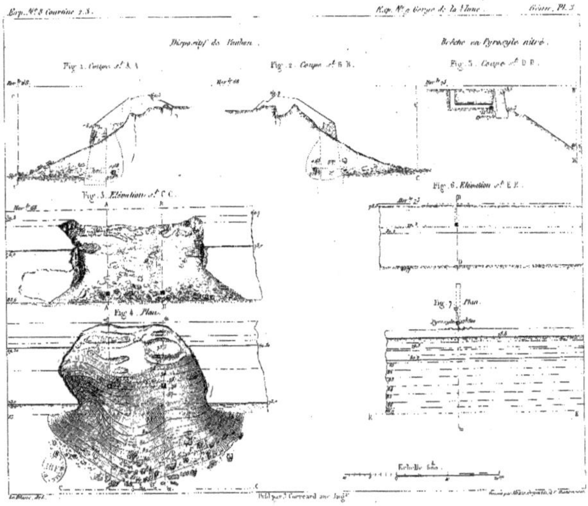
Pl. 3
Dispositif de Vauban.
Boîte en Pyroxyle nitré.
Fig. 1. Coupe s. A A.
Fig. 2. Coupe s. B B.
Fig. 5. Coupe s. D D.
Fig. 3. Élévation s. C C.
Fig. 6. Élévation s. E E.
Fig. 4. Plan.
Fig. 7. Plan.
Échelle

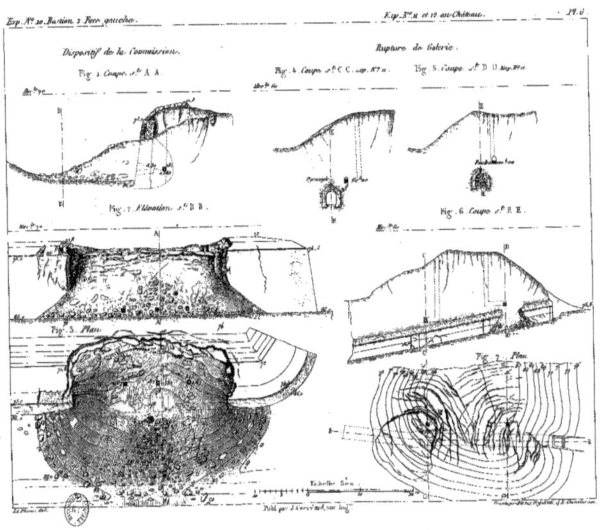
Exp. N° 10. Bastion 2 Face gauche.
Exp. N° 11 et 12 au Château.
Dispositif de la Commission.
Rupture de Galerie.
Fig. 1. Coupe s. A A.
Fig. 4. Coupe s. C C.
Fig. 5. Coupe s. D D.
Fig. 2. Élévation s. B B.
Fig. 6. Coupe s. E E.
Fig. 3. Plan.
Fig. 7. Plan.
Échelle

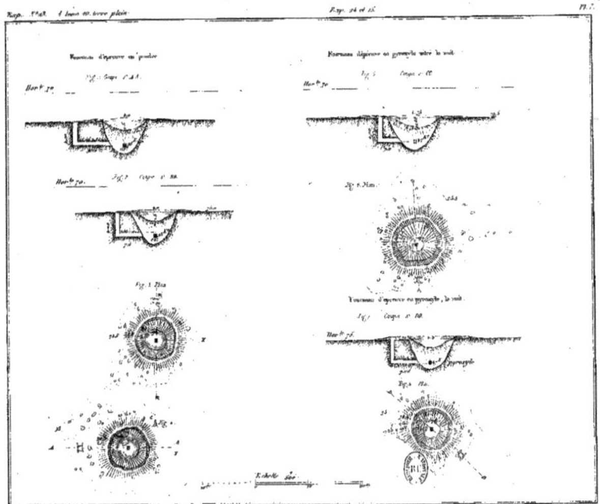
Fourneau d'épreuve en poudre
Hor.te 70
Echelle

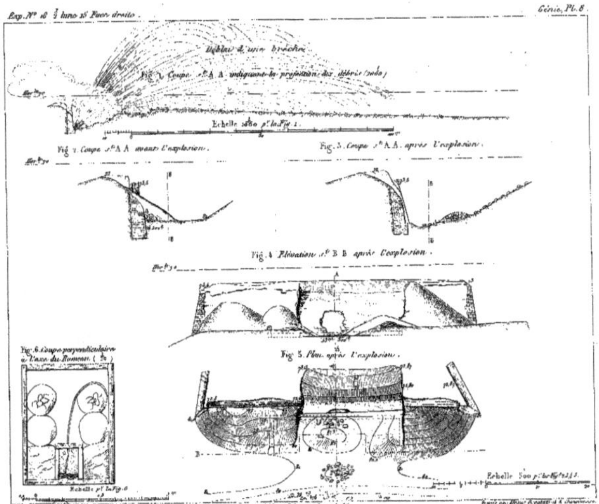
Déblai d'une brèche.
Fig. 1. Coupe s.ᵗ A A indiquant la projection des débris (1/2000)
Echelle 1/2000 p.ʳ la Fig. 1.
Fig. 2. Coupe s.ᵗ A A avant l'explosion.
Fig. 3. Coupe s.ᵗ A A après l'explosion.
Fig. 4. Élévation s.ᵗ B B après l'explosion.
Fig. 5. Plan après l'explosion.
Fig. 6. Coupe perpendiculaire à l'axe du Rameau (1/50)
Echelle p.ʳ la Fig. 6
Echelle 1/500 p.ʳ les Fig. 2, 3, 4, 5.
Publ. par J. Corréard, anc. Ing.ʳ

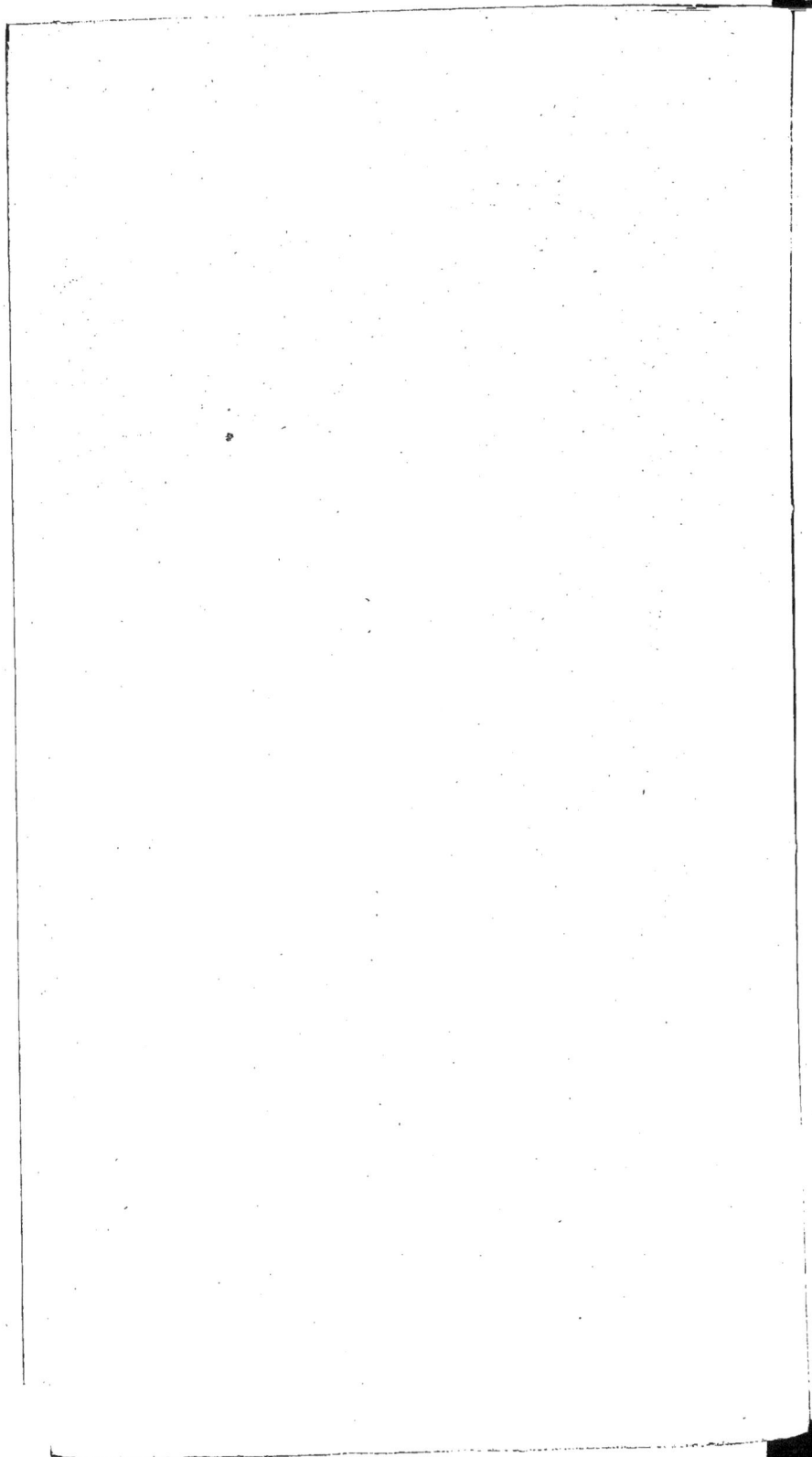

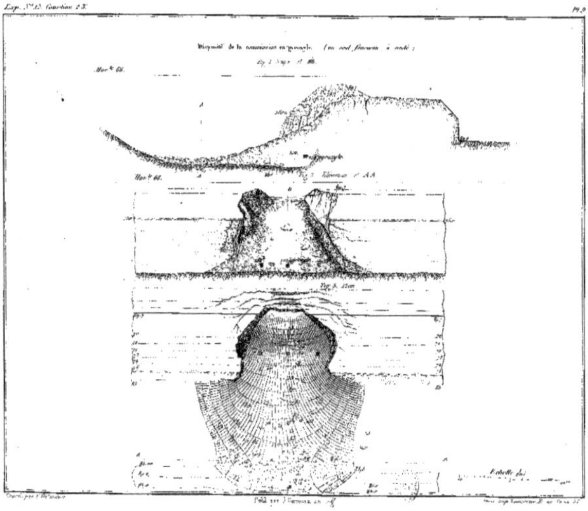

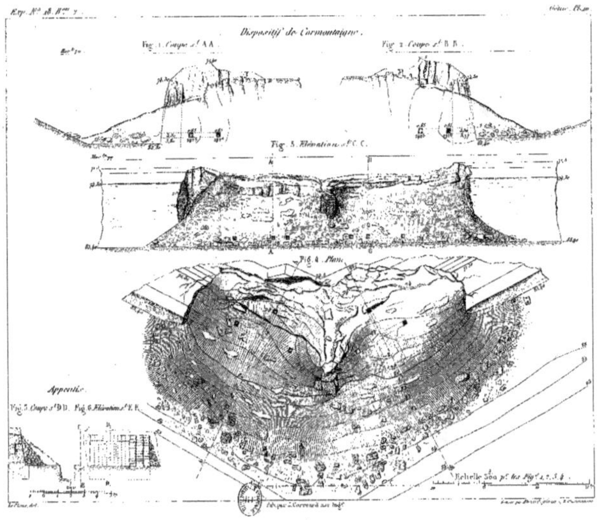
Dispositif de Cormontaigne.
Fig. 1. Coupe s.t A A.
Fig. 2. Coupe s.t B B.
Fig. 3. Elévation s.t C C.
Fig. 4. Plan.
Appendice.
Fig. 5. Coupe s.t D D.
Fig. 6. Elévation s.t E E.
Echelle

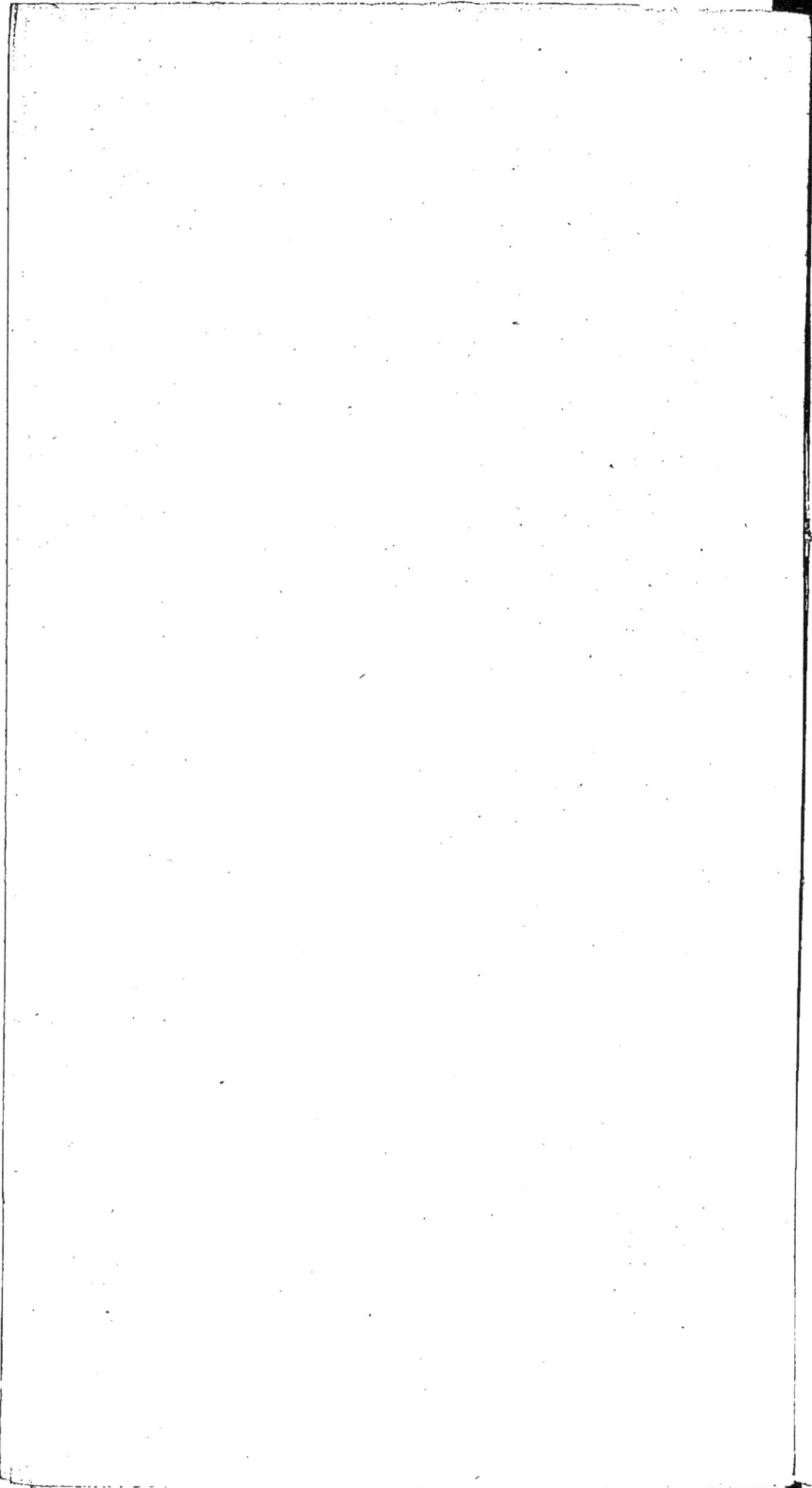

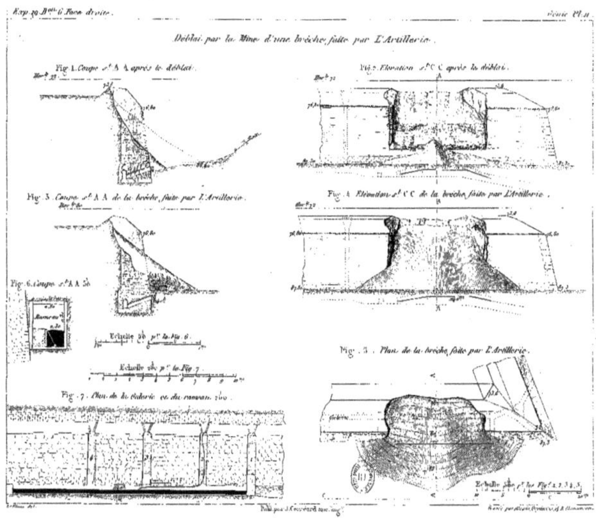
Exp. 39 Bon 6 Face droite.
Génie Pl. II
Déblai par la Mine d'une brèche faite par L'Artillerie.
Fig. 1. Coupe s.t A A après le déblai.
Fig. 2. Elevation s.t C C après le déblai.
Fig. 3. Coupe s.t A A de la brèche faite par L'Artillerie.
Fig. 4. Elevation s.t C C de la brèche faite par L'Artillerie.
Fig. 5. Plan de la brèche faite par L'Artillerie.
Fig. 6. Coupe s.t A A 1/50
Rameau
Echelle 1/50 p.r la Fig. 6.
Echelle 1/200 p.r la Fig. 7.
Fig. 7. Plan de la Galerie et du rameau. 1/200
Galerie
Echelle 1/200 p.r les Fig.s 1. 2. 3. 4. 5.

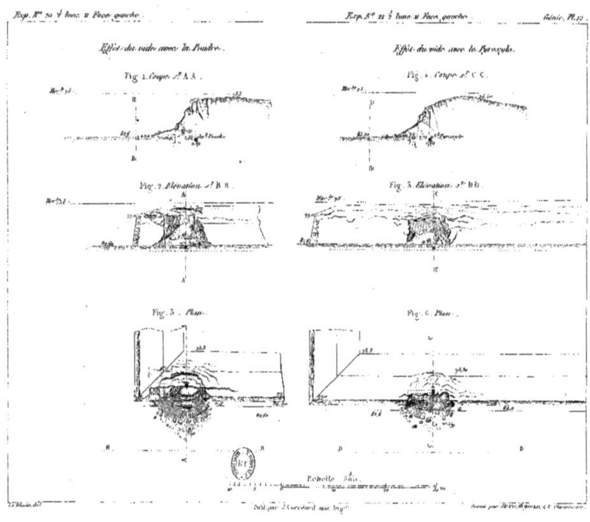
Génie, Pl. 12.
Effet du vide avec la Poudre.
Effet du vide avec le Pyroxyle.
Fig. 1. Coupe s.t A A.
Fig. 4. Coupe s.t C C.
Fig. 2. Élévation s.t B B.
Fig. 5. Élévation s.t D D.
Fig. 3. Plan.
Fig. 6. Plan.
Échelle

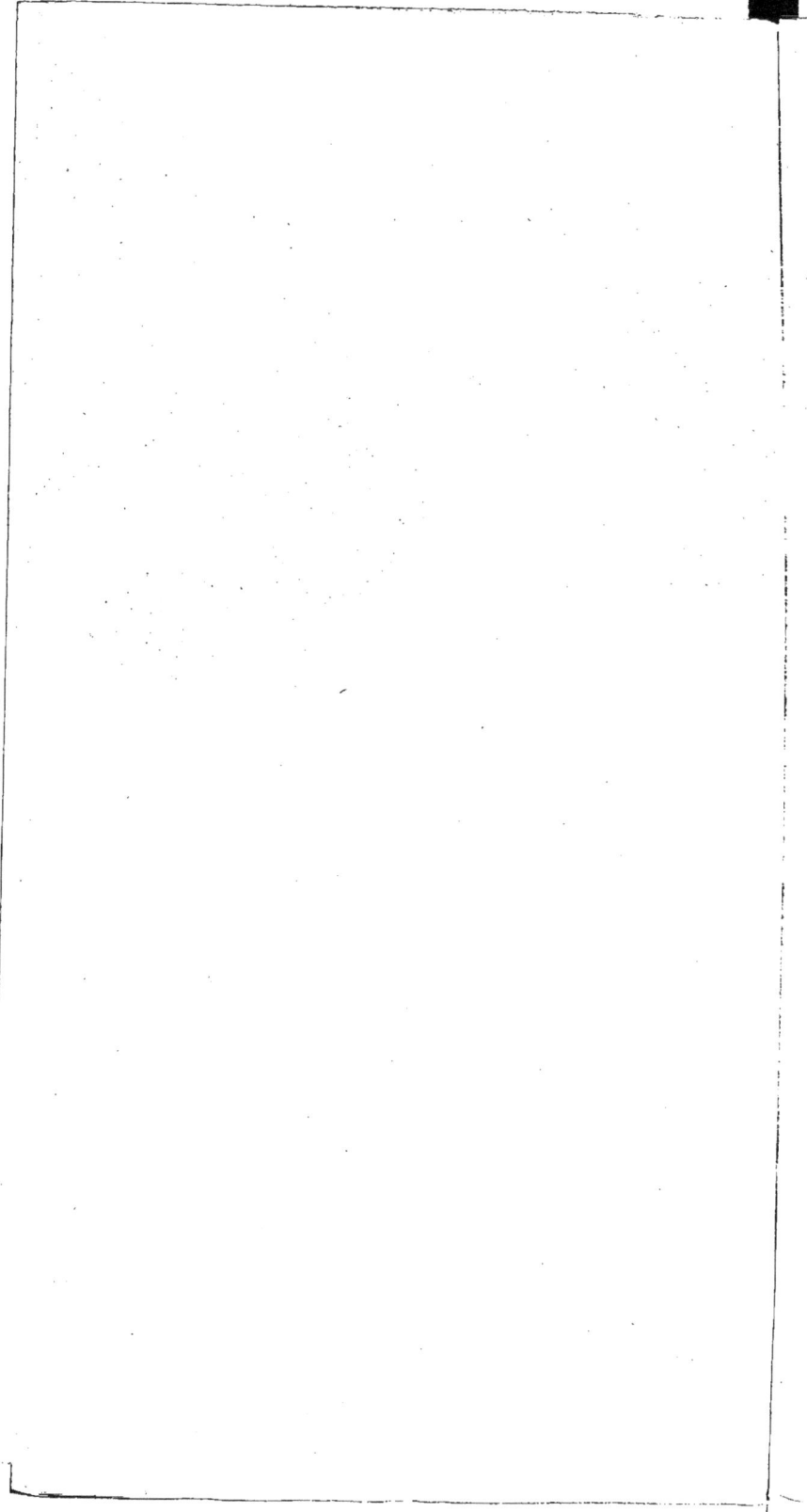

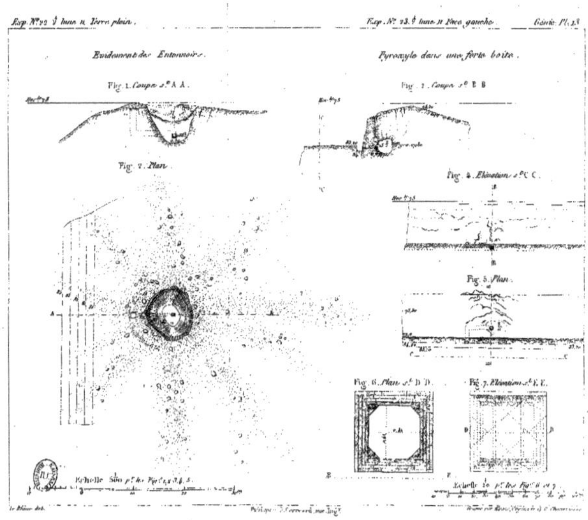

Esp. N° 22 ⅙ lune n. Terre plein.
Esp. N° 23. ⅙ lune n Face gauche.
Génie. Pl. 28
Evidement des Entonnoirs.
Fig. 1. Coupe s.° A A.
Fig. 2. Plan.
Pyroxyle dans une forte boite.
Fig. 3. Coupe s.° B B
Fig. 4. Elévation s.° C C.
Fig. 5. Plan.
Fig. 6. Plan s.° D D.
Fig. 7. Elévation s.° E E.

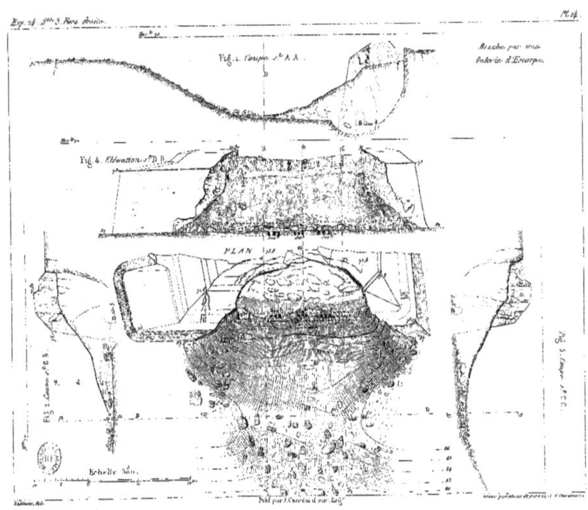
Pl. 14.
Brèche par une Galerie d'Escarpe.
Fig. 1. Coupe s.t A A.
Fig. 4. Élévation s.t D D.
PLAN
Fig. 3. Coupe s.t C C.
Echelle

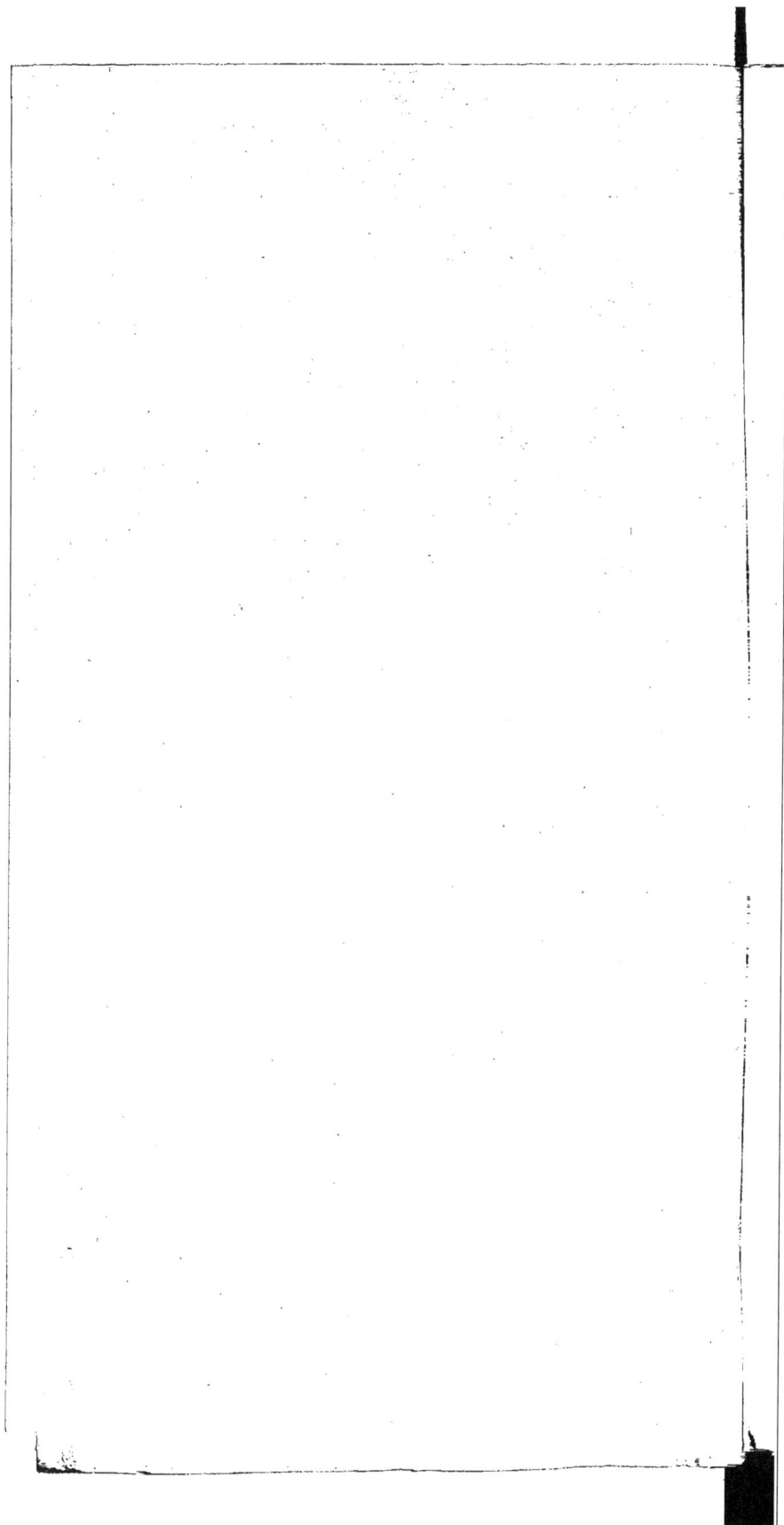

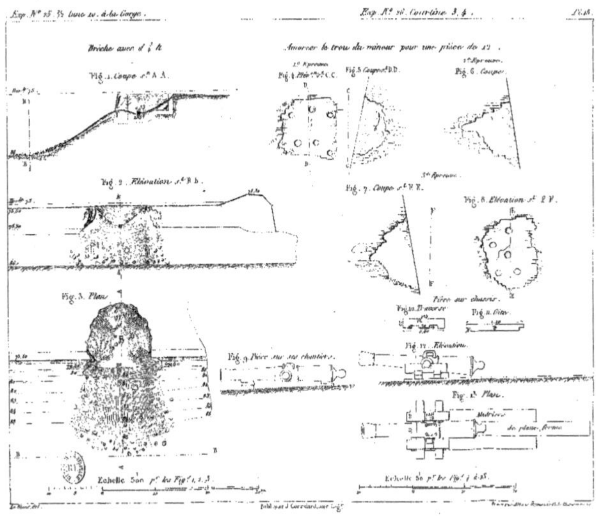

Exp. N° 26. Courtine 3. 4.
Amorcer le trou du mineur pour une pièce de 12.
Fig. 1. Coupe s.t A A.
Fig. 2. Élévation s.t B b.
Fig. 3. Plan.
Fig. 5. Coupe s.t D D.
Fig. 6. Coupe.
Fig. 7. Coupe s.t E E.
Fig. 8. Élévation s.t F F.
Pièce sur chassis.
Fig. 9. Pièce sur ses chantiers.
Fig. 11. Gîte.
Fig. 12. Élévation.
Fig. 13. Plan.
Madriers
de plate-forme
Echelle 1/500 p.r les Fig.s 1, 2, 3.
Echelle 1/50 p.r les Fig.s 4 à 13.

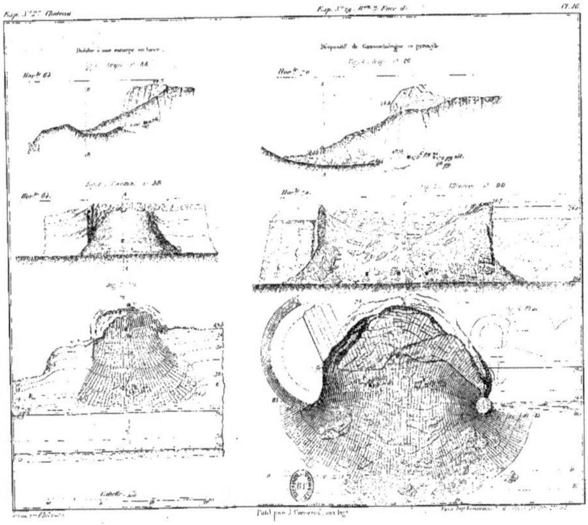

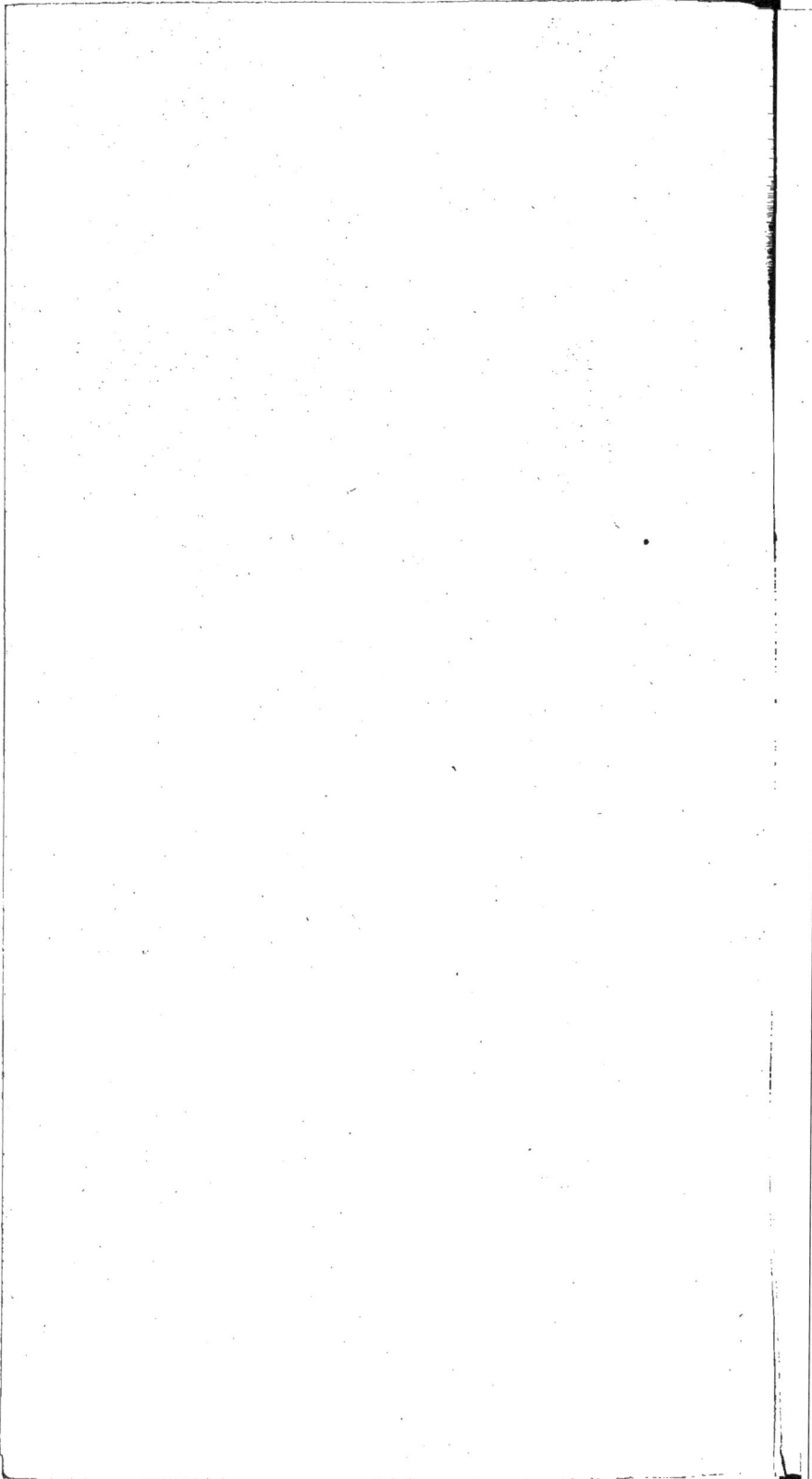

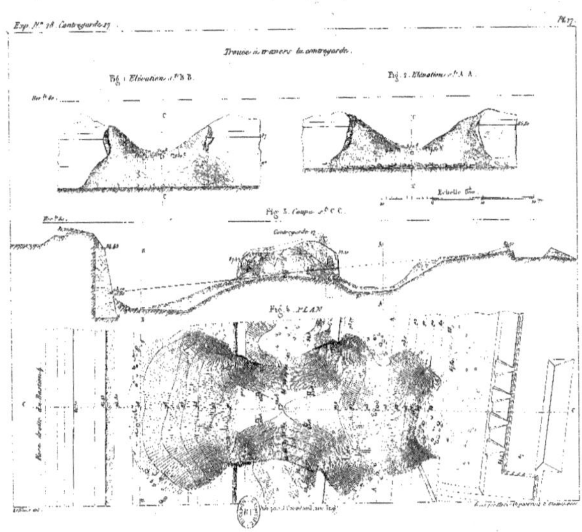
Exp. N° 28. Contregarde 27
Pl. 17
Trouée à travers la contregarde.
Fig. 1 Élévation s. B B.
Fig. 2 Élévation s. A A.
Fig. 3. Coupe s. C C.
Contregarde 27
Fig. 4. PLAN
Face droite du Bastion

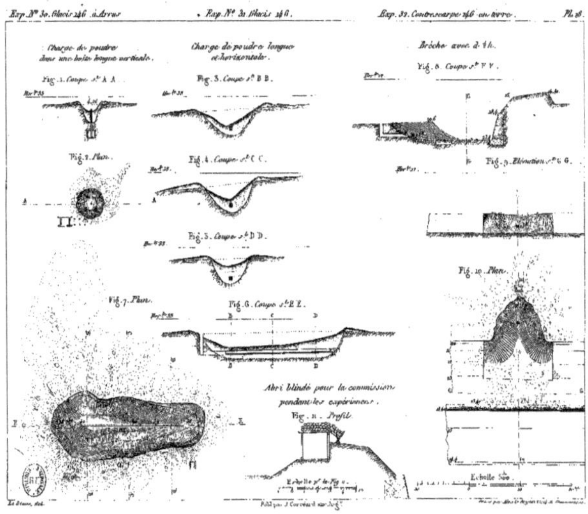

Exp. N° 30. Glacis 246 à Arras
Exp. N° 31. Glacis 246.
Exp. 32. Contrescarpe 246 en terre.
Pl. 18.
Charge de poudre dans une boîte longue verticale.
Charge de poudre longue et horizontale.
Brèche avec d. 4 h.
Fig. 1. Coupe s.t A A.
Fig. 2. Plan.
Fig. 3. Coupe s.t B B.
Fig. 4. Coupe s.t C C.
Fig. 5. Coupe s.t D D.
Fig. 6. Coupe s.t E E.
Fig. 7. Plan.
Fig. 8. Coupe s.t F F.
Fig. 9. Élévation s.t G G.
Fig. 10. Plan.
Abri blindé pour la commission pendant les expériences.
Fig. 11. Profil.
Echelle p.r la Fig. 11.
Echelle 1/500.

LIBRAIRIE

MILITAIRE, MARITIME

ET

POLYTECHNIQUE.

J. CORRÉARD,

LIBRAIRE-ÉDITEUR ET LIBRAIRE-COMMISSIONNAIRE.

PARIS,

RUE CHRISTINE, N° 1.

1852.

A Messieurs les Officiers de l'armée.

Messieurs,

J'ai l'honneur de vous adresser le Catalogue des livres militaires dont je suis éditeur. Je pense que l'utilité de ces publications vous déterminera à fixer votre choix sur quelques-uns de ces ouvrages, et pour vous en faciliter l'acquisition je viens vous les offrir :

à 26 mois de crédit pour les commandes au-dessus de 100 fr.
à 12 mois. . . . . id. . . . . au-dessus de 50 fr.
à 6 mois. . . . . id. . . . . au-dessus de 25 fr.
à 3 mois. . . . . id. . . . . au-dessus de 15 fr.
à la condition que le prix total de ces commandes sera payable par fractions de 15 fr. au moins par trimestre.

Je profiterai de cette occasion pour vous rappeler, Messieurs, que j'édite tous les ouvrages relatifs à l'art et à la science militaires. Si vous aviez quelque traité ou mémoire que vous voulussiez publier, je vous prierais de m'en adresser le manuscrit par la diligence ; et, après en avoir pris connaissance, j'aurais l'honneur de vous faire mes propositions.

Veuillez agréer, Messieurs, l'hommage de la haute estime et de l'entier dévouement avec lesquels j'ai l'honneur d'être, votre très-humble et très-obéissant serviteur.

J. CORRÉARD,
ancien ingénieur.

Nota.—J'ai l'honneur de faire à MM. les Officiers, mes offres de service pour tous les livres dont ils pourraient avoir besoin, je les leur procurerai, mais à condition qu'ils m'autoriseront, pour tous les ouvrages militaires, ou autres, dont je ne suis pas l'éditeur, à tirer sur eux, à *quatre-vingt-dix jours* de date, à partir du jour de l'envoi.

Les lettres et paquets doivent être adressés francs de port.

CATALOGUE

DE

LIVRES MILITAIRES.

ALLIX (Lieutenant général). Sur l'Ordonnance relative au personnel de l'artillerie, broch. in-8, 1832. 1 fr. 25

ANDRÉOSSY (le comte), lieutenant général. Opérations des pontonniers français en Italie pendant les campagnes de 1795 à 1797, et Reconnaissance des fleuves et rivières de ce pays, avec planches, 1 vol. in-8, 1843. 7 fr. 50

APERÇU HISTORIQUE ET CRITIQUE sur le Ministère de la guerre du royaume de France, broch. in-8, 1832. 1 fr. 25

ARCY (le chevalier d'), membre de l'Académie royale des sciences. Mémoire sur la théorie de l'Artillerie ou sur les effets de la poudre et sur les conséquences qui en résultent par rapport aux armes à feu, avec planche, broch. in-8, 1846. 2 fr. 75

ARMÉE et le **PHALANSTÈRE** (l'), ou lettre d'un sabre inintelligent à une plume infaillible, broch. in-8, 1846. 2 fr. 50

ARTILLERIE A CHEVAL (l') dans les combats de cavalerie. Opinion d'un officier de l'artillerie prussienne. Traduit de l'allemand par le général baron Ravichio de Peretsdorf, avec plans, broch. in-8, 1840. 2 fr. 75

AUGOYAT, lieutenant-colonel du génie. Mémoires inédits du maréchal de Vauban sur Landau, Luxembourg et divers sujets, extraits des papiers des ingénieurs Hüe de Caligny, et précédés d'une notice historique sur ces ingénieurs, siècles de Louis XIV et de Louis XV, 1 vol. in-8, 1841. 7 fr. 50

BARDIN (général). Notice historique sur Guibert (Jacques-Antoine-Hippolyte comte de), broch. in-8, 1836. 2 fr.

BIRAGO (le chevalier de), major au grand état-major général autrichien. Recherches sur les Équipages de ponts militaires en Europe, et Essai sur tout ce qui a rapport à l'amélioration de ce service. Traduit de l'allemand par Tiby, capitaine d'artillerie, avec 4 planches, 1 vol. in-8, 1845. 7 fr. 50

BORDA (le chevalier de), membre de l'Académie des sciences. Mémoire sur la Courbe décrite par les boulets et les bombes en ayant égard à la résistance de l'air, avec planche, broch. in-8, 1846. 3 fr.

BORN, colonel d'artillerie. Notice historique sur les Ponts militaires depuis les temps les plus reculés jusqu'à nos jours, 1 vol. in-8, 1838. 5 fr.

—Relation des Opérations de l'artillerie française, en 1823, au siége de Pampelune, et devant Saint-Sébastien et Lerida, suivie d'une Notice sur les opérations de l'artillerie dans la vallée d'Urgel en 1823, broch. in-8, 1835. 4 fr.

BOUDIN (J.-Ch.-M.), médecin en chef de l'hôpital militaire de Versailles. Études d'Hygiène publique sur l'état sanitaire, les maladies et la mortalité des armées de terre et de mer. 1846. In-8. 5 fr. 75

BOURG (général du), auteur des Questions de Politique européenne en 1828, d'un plan de colonisation de l'Algérie, etc., etc. Organisation défensive de la France, broch. in-8, 1841. 2 fr. 75

— Sommaire d'un Plan de colonisation du royaume d'Alger, indiquant les moyens de rendre la possession de cette belle conquête avantageuse à la France, brochure in-8, 1836. 1 fr. 50

BREITHAUPT (lieutenant-colonel). Leçons sur la théorie de l'Artillerie, destinées aux officiers de toutes armes. Traduit de l'allemand par le général baron Ravichio de Peretsdorf, 1 vol. in-8, avec planches, 1842. 7 fr. 50

BURG, capitaine d'artillerie, professeur à l'École royale du génie et d'artillerie de Prusse. Traité de Dessin géométrique ou Exposition complète de l'art du dessin linéaire de la construction des ombres et du lavis, à l'usage des industriels, des savants et de ceux qui veulent s'instruire sans le secours de maîtres, 2e édition complétement refondue; traduit de l'allemand par le docteur Regnier, 2 vol. in-4 dont un de 30 planches, 1847. 25 fr.

CAMP (W.-J.), capitaine du génie au service de Sa Majesté le roi des Pays-Bas. Mémoire sur la Fortification, contenant l'indication et le développement de moyens efficaces de défense, 1 vol. in-8, avec planches, 1840. 7 fr. 50

CANITZ (le baron de) Histoire des Exploits et des Vicissitudes de la cavalerie prussienne dans les campagnes de Fréderic II. Traduit de l'allemand. 1 vol. in-8. 4 fr.

CARRÉ. Expériences physiques sur la Réfraction des balles de mousquet dans l'eau et sur la résistance de ce fluide, broch. in-8, avec planche, 1846. 2 fr. 50

CAVALLI (J.), capitaine d'artillerie de Sa Majesté sarde, chevalier de l'ordre du Mérite civil de Savoie, chevalier de 4e classe de l'ordre de Saint-Wladimir de Russie, et de 3e classe de l'Aigle rouge de Prusse. Mémoire sur les Equipages de ponts militaires, 1 vol. in-8, avec 10 planches, 1843. 7 fr. 50

CHEVALIER. Des Effets de la poudre à canon, principalement dans les mines, broch. in-8, 1846. 2 fr.

CHOUMARA (Th.), ingénieur militaire, ancien élève de l'Ecole polytechnique. Considérations militaires sur les Mémoires du maréchal Suchet et sur la bataille de Toulouse, deuxième édition, augmentée de la correspondance entre un ingénieur militaire français et le duc de Wellington sur cette bataille, 2 vol. in-8, avec plan, 1840. 9 fr.

COLLECTION de Plans généraux d'ensemble et de détail, représentant les bâtiments, machines, appareils et outils actuellement employés dans les fonderies de la marine royale à Ruelle et Saint-Gervais. Publication faite avec l'autorisation du ministre de la marine et des colonies, atlas grand in-fol. 1842. 30 fr.

COOPER (J.-F.). Histoire de la Marine des Etats-Unis d'Amérique. Traduit de l'anglais par Paul Jessé, avec plans, 2 vol. in-8, en quatre parties, 1845 et 1846. 23 fr.

COQUILHAT, capitaine d'artillerie. Expériences sur la résistance produite dans le forage des bouches à feu faites à la fonderie de canons, à Liége, en 1840 et 1841, broch. in-8, avec planches, 1843. 3 fr. 50

—De la Quantité de travail absorbée par les frottements dans le forage des bouches à feu à la fonderie royale de canons de Liége, broch. in-8, 1847. 1 fr. 50

CORDA (le baron). Mémoires sur le Service de l'artillerie, spécialement sur le meilleur mode de chargement des bouches à feu, avec planches, 1 vol. in-8, 1845. 7 fr. 50

CORNULIER (M.-E.), lieutenant de vaisseau. Mémoires sur le Pointage des mortiers à la mer, et sur les améliorations du système des hausses marines, avec planches, broch. in-8, 1841. 3 fr.

— Propositions et Expériences relatives au pointage des bouches à feu en usage dans l'artillerie navale, avec planches, 1 vol. in-8, 1843. 7 fr. 50

CORRÉARD (J.), ancien ingénieur. Annuaire des armées de terre et de mer. Cet ouvrage embrasse complétement l'histoire des armées françaises et étrangères et présente des notions étendues sur toutes les armées du monde, 1 vol. in-8 de 500 pages, avec planches, 1836. 7 fr. 50

—Histoire des Fusées de guerre, ou recueil de tout ce qui a été publié ou écrit sur ce projectile, suivie de la description et de l'emploi des obus à mitraille dits Shrapnels, et des balles incendiaires, 1er vol. in-8, avec atlas, 1841. 15 fr.

—Recueil de Documents sur l'expédition de Constantine par les Français, en 1837, pour servir à l'histoire de cette campagne, 1 vol. in-8, avec atlas in-folio. 1838. 15 fr.

—Recueil sur les Reconnaissances militaires, d'après les auteurs les plus estimés, formant un Traité complet sur la matière, 1 vol. in-8, et atlas, 1845. 15 fr.

COURS sur le Service des officiers d'artillerie dans les fonderies, approuvé par le ministre secrétaire d'Etat de la guerre, le 16 octobre 1839, 1 vol. in-8, et atlas, 1841. 15 fr.

COURS sur le Service des officiers d'artillerie dans les forges, approuvé par le ministre de la guerre, le 3 août 1837, deuxième édition, revue et considérablement augmentée, 1 vol. in-8, et atlas, 1846. 15 fr.

DAMITZ (le baron), officier prussien. Histoire de la Campagne de 1815, pour faire suite à l'histoire des guerres des temps modernes, d'après les documents du général Grolman, quartier-maître général de l'armée prussienne, en 1815, avec plans, traduite de l'allemand, par Léon Griffon, revue et accompagnée d'observations par un officier général français, témoin oculaire. 2 vol. in-8, 1842. 23 fr.

DAVIDOFF (Denis), général. Essai sur la Guerre de partisans, traduit du russe par le comte Héraclius de Polignac, colonel du 25e léger; et précédé d'une notice biographique sur l'auteur, par le général de Brack, commandant l'Ecole de cavalerie à Saumur, 1 vol. in-8, 1841. 6 fr.

DECKER. Rassemblement, campement et grandes manœuvres de troupes russes et prussiennes, réunies à Kalisch pendant l'été de 1835, avec plans, suivi de deux notes supplémentaires sur le camp de Krasnoïe-Selo, et l'autre sur la nouvelle organisation de l'armée russe, traduit par Haillot, capitaine d'artillerie, broch. in-8, 1836. 5 fr. 75

—Batailles et principaux combats de la guerre de Sept-ans, considérés principalement sous le rapport de l'emploi de l'artillerie avec les autres armes, traduit de l'allemand, par Messieurs le général baron Ravichio de Peretsdorf et le capitaine Simonin, traducteur du ministère de la guerre; revu, augmenté, et accompagné d'observations par H. Le Bourg, chef d'escadron au 7e régiment d'artillerie, 1 vol. in-8 et atlas in-4, 1839 et 1840. 22 fr. 50

—Supplément à la troisième édition de la Petite guerre, traduit de l'allemand par le général baron Ravichio de Peretsdorf, archiviste pour la partie technique et scientifique de l'artillerie et du génie au ministère de la guerre, broch. in-8, 1840. 2 fr. 75

—De la Petite guerre selon l'esprit de la stratégie moderne, traduit de l'allemand, par L.-A. Unger, avec planches, 1 vol. in-12, 1845. 6 fr.

—Expériences sur les Shrapnels faites chez la plupart des puissances de l'Europe, accompagnées d'observations sur l'emploi de ce projectile. Ouvrage traduit de l'allemand et notablement augmenté par Terquem, professeur aux écoles royales d'artillerie, bibliothécaire du dépôt central d'artillerie et Favé, capitaine d'artillerie, 1 vol. in-8, avec quatre planches, 1847. 8 fr.

DE LA BARRE DUPARCQ, capitaine du génie, ancien élève de l'Ecole polytechnique. De la fortification à l'usage des gens du monde, broch. in-8, avec planches, 1844. 2 fr. 50

DELPRAT (J.P.), major dans le corps du génie hollandais. Théorie de la Poussée des terres contre les murs de revêtement, suivie d'applications numériques des principales formules au calcul des dimensions de ces murs, traduit du hollandais, broch. in-8, avec planches, 1846. 3 fr. 50

DES DÉFAUTS ET DES QUALITÉS de l'ordonnance sur l'Exercice de l'Infanterie, publiée le 4 mars 1831, par un général d'infanterie, broch. in-8, 1832. 1 fr. 25

DOCUMENTS relatifs au Coton détonant, broch. in-8, 1847. 3 fr. 50

DOCUMENTS relatifs à l'emploi de l'Electricité, pour mettre le feu aux fourneaux des mines, et à la démolition des navires sous l'eau, broch. in-8, avec planche, 1841. 3 fr.

DOCUMENTS relatifs à l'Organisation de l'académie royale militaire de Turin, traduit de l'italien, par le général baron Ravichio de Peretsdorf, secrétaire archiviste du ministère de la guerre, broch. in-8, 1843. 5 fr.

DU HAMEL. Expériences sur quelques Effets de la poudre à canon, brochure in-8, avec planch., 1846. 2 fr. 50

DUPUGET. De la Construction des batteries dans la pratique de la guerre, avec une notice de M. Favé, capitaine d'artillerie, auteur du Nouveau système de défense des places fortes, etc., broch. in-8, 1846. 2 fr.

DUSAERT (Edouard), capitaine d'artillerie, ancien élève de l'Ecole polytechnique. Essai sur les Obusiers, 1 vol. in-8, 1843. 7 fr. 50

ESPIARD DE COLONGE, maréchal de camp d'artillerie française, mort en 1788. Artillerie pratique employée sous les règnes et dans les guerres de Louis XIV et Louis XV; ouvrage inédit, mis au jour par son petit-neveu, le baron Alfred d'Espiard de Colonge, attaché pendant six ans à la légation de France en Bavière. Seules tables de l'artillerie française avant Gribeauval, 2 vol. in-4, dont 1 de planches. 1846. 50 fr.

ESSAI sur les Chemins de fer, considérés comme lignes d'opérations militaires suivi d'un projet de système militaire de chemins de fer pour l'Allemagne ; traduit de l'allemand par L.-A. Unger, professeur, 1 vol. in-8, avec une carte. 1844. 8 fr.

EXAMEN du Système d'Artillerie de campagne de M. le lieutenant général Allix (janvier 1826), broch. in-8, 1841. 2 fr.

EXAMEN DE L'AFFUT DE SIÉGE, nouveau modèle (juillet 1825), broch. in-8, 1841. 2 fr.

EXPÉRIENCES faites à Brest, en janvier 1824, du nouveau système de Forces navales proposé par M. Paixhans, chef de bataillon d'artillerie de terre; suivies des Expériences comparatives des canons de 80 avec ceux de 36 et 24, et caronades de ces deux derniers calibres, exécutées en vertu d'une dépêche ministérielle en date du 10 août 1824 ; la première en rade de Brest, sur un ponton servant de batterie, et la deuxième sur une batterie installée à terre pour cet effet, broch. in-8, 1837. 3 fr.

EXPÉRIENCES sur différentes espèces de Projectiles creux, faites dans les ports en 1829, 1831 et 1833, broch. in-8, avec un grand nombre de tableaux, 1837. 5 fr.

EXPÉRIENCES auxquelles ont été soumis en 1835, à bord de la frégate *la Dryade*, divers objets relatifs à l'artillerie, broch. in-8, 1837. 2 fr. 50

EXPÉRIENCES sur les Poudres de guerre, faites à Esquerdes, dans les années 1832, 1833, 1834 et 1835, suivies de notices sur les Pendules balistiques et les pendules canons, avec figures et tableaux, broch. in 8, 1837. 5 fr.

EXPÉRIENCES comparatives faites à Gavre, en 1836, entre des bouches à feu en fonte de fer d'origines française, anglaise et suédoise, avec tableaux et dessins, broch. in-8, 1837. 5 fr.

EXPÉRIENCES faites à Esquerdes en 1834 et 1835, entre les Poudres fabriquées par les meules et les poudres fabriquées par les pilons ; en conséquence des ordres de M. le lieutenant général vicomte Tirlet, inspecteur général d'artillerie, broch. in-8, 1839. 2 fr. 75

EXPÉRIENCES d'Artillerie exécutées à Gavre par ordre du ministre de la marine, pendant les années 1830, 1831, 1832, 1834, 1835, 1836, 1837, 1838 et 1840. 1 vol. in-4, avec planches, 1841. 10 fr.

EXPÉRIENCES comparatives faites à Brest et à Lorient en 1840, sur les pitons à fourches et les crampes avec manilles, broch. in-8, 1841. 3 fr.

EXPÉRIENCES (suite des) d'Artillerie exécutées à Gavre par ordre du ministre de la marine. Recherches expérimentales sur les déviations des projectiles. Ce rapport est suivi d'un mémoire sur les déviations moyennes des projectiles, 1 vol. in-4, 1844. 6 fr.

EXPÉRIENCES d'Artillerie exécutées à Lorient à l'aide des pendules balistiques par ordre du ministre de la marine, 1 vol. in-4, avec tableaux, 1847. 8 fr.

FABAR, capitaine d'artillerie. L'Algérie et l'opinion, broch. in-8, 1847. 3 fr. 50

—Camps agricoles de l'Algérie, ou Colonisation civile par l'emploi de l'armée, broch. in-8, 1847. 3 fr. 50

FAVÉ, capitaine d'artillerie, ancien élève de l'Ecole polytechnique. Nouveau système de Défense des places fortes, 1 vol. in-8, avec atlas in-folio, 1841. 12 fr.

—Des nouvelles Carabines et de leur emploi. Notice historique sur les progrès effectués en France depuis quelques années dans l'accroissement des portées et dans la justesse de tir des armes à feu portatives, brochure in-8, 1847. 2 fr. 50

FISCHMEISTER (J.), lieutenant en premier dans le corps R. I. des bombardiers. Traité de Fortification passagère, d'attaque et de défense des postes et retranchements, suivi d'un Appendice sommaire sur les Ponts militaires, à l'usage des écoles d'artillerie d'Autriche, avec atlas, traduit de l'allemand par Rieffel, professeur de sciences appliquées à l'Ecole d'artillerie de Vincennes. 1 vol. in-8, avec atlas, 1845. 15 fr.

FORCE ARMÉE (la) mise en harmonie avec l'état actuel de la société, par un officier étranger, broch. in-8, 1836. 2 fr. 50

FRANQUE, avocat. Lois de l'Algérie du 5 juillet 1830 (occupation d'Alger), au 1er janvier 1841, avec une Table alphabétique des matières, 3 part. in-8, à 5 fr. chacune, 1844. 15 fr.

GIRARDIN (A. lieutenant général comte de). Des Inconvénients de fortifier les villes capitales et d'avoir un trop grand nombre de places fortes, br. in-8, 1839. 2 fr. 75

GRIVET. Examen critique du Projet de loi relatif à l'avancement de l'armée suivi d'un supplément sur le Recrutement de l'armée, contenant un projet d'organisation générale, broch. in-8, 1832. 2 fr.

—Aide-Mémoire de l'ingénieur militaire, ou Recueil d'études et d'observations; comprenant l'histoire, l'organisation et l'administration du corps du génie, les services de paix et de guerre et plusieurs résumés scientifiques sur les mathématiques élémentaires et transcendantes, la mécanique; le dessin linéaire, la géométrie descriptive, le dessin de la carte et de la fortification, la géodésie, l'astronomie, la géologie, la physique et la chimie, 1 fort vol. in-8, avec dix planches, 1839. 12 fr. 50

GRÆVENITZ (Henning-Frédéric de). Mémoire sur la Trajectoire des projectiles de l'artillerie, suivi de Tables et de Règles pratiques pour la détermination des portées. Traduit par Rieffel, professeur à l'Ecole d'artillerie de Vincennes, broch. in-8, 1845. 4 fr.

GUIDE pratique pour l'enseignement du service de troupes en campagne dans les écoles de bataillon; par un officier d'infanterie saxonne; traduit de l'allemand par un officier d'état-major, broch. in-12, 1844. 3 fr.

GUIDE pour l'Instruction tactique des officiers d'infanterie et de cavalerie; traduit de l'allemand par L.-A. Unger, avec carte, trois parties in-8 à 5 fr. chacune, 1846. 15 fr.

GURWOOD (colonel). Recueil des principales pièces de la correspondance du feld-maréchal duc de Wellington pendant les dernières guerres; traduit de l'anglais et suivi d'un Résumé historique publié par J. Corréard, ancien ingénieur, directeur du Journal des Sciences militaires, br. in-8, 1840. 3 fr. 50

HAILLOT (C.-A.), chef d'escadron au 15e régiment d'artillerie (pontonniers). Nouvel Équipage de ponts militaires de l'Autriche, la description détaillée, applications, manœuvres diverses et dimensions de toutes les parties de l'équipage de ponts militaires de l'armée autrichienne, conformément aux documents les plus récents; suivie d'un examen critique de ce nouveau système, 1 fort volume in-8, avec atlas in-4 de 43 planches, 1846. 35 fr.

HERRERA GARCIA (don José), colonel d'infanterie et lieutenant-colonel des ingénieurs espagnols. Théorie analytique de la Fortification permanente, mémoire présenté à son excellence l'ingénieur général et dans lequel on trouve l'analyse des systèmes de fortification les plus connus et l'explication d'un nouveau système inventé par l'auteur, traduit par Ed. de La Barre Duparcq, capitaine du génie, ancien élève de l'Ecole polytechnique, 1 vol. in-8 avec atlas in-4, 1847. 15 fr.

HISTOIRE résumée de la Guerre d'Alger, broch. in-8, avec portrait, 1830. 1 fr. 50

HUE de CALIGNY (Louis-Roland), directeur général des fortifications des places et ports des Haute et Basse-Normandie, commandant en chef du génie à l'armée de Bavière, etc. Traité de la Défense des places fortes, avec application à la place de Landau, rédigé en 1723, précédé d'un avant-propos par M. Favé, capitaine d'artillerie, avec plan, ouvrage orné du portrait de l'auteur, 1 vol. in-8, 1846. 7 fr. 50

HUMFREY (J.-X.), lieutenant-colonel, chevalier de l'ordre de Saint-Ferdinand, au service de Sa Majesté catholique, ex-officier du corps royal d'état-major et de l'artillerie royale, auteur de notes sur la campagne de 1800 en Italie et de notes sur la bataille d'Iéna en 1806, etc., etc., récemment ingénieur commandant sur la côte de Biscaye. Essai sur le système moderne de Fortification adopté pour la défense de la frontière rhénane, et suivi en totalité ou en partie dans les principaux ouvrages de ce genre construits maintenant sur le continent; présenté dans un mémoire étendu sur la forteresse de Coblentz, prise comme exemple, et illustré par des plans et coupes des ouvrages de cette place; traduit de l'anglais par Napoléon F., 1 vol. in-folio, 1845. 12 fr.

INSTRUCTION sur le Pointage des bouches à feu, à l'usage des sous-officiers de l'artillerie de la marine, avec Tables supplémentaires pour le tir du canon de 12 court et des obusiers de 0 mètre 22 cent., et 0 mètre 27 cent., broch. in-12, 1844. 1 fr

INSTRUCTION sur le service et les manœuvres de l'Equipage de pont d'avant-garde et de divisions, à l'usage de l'artillerie, approuvée par le ministre secrétaire d'État de la guerre le 9 juillet 1840, broch. in-8, 1841. 5 fr.

JACOBI (A.), lieutenant d'artillerie de la garde prussienne. État actuel de l'Artillerie de campagne en Europe. Ouvrage traduit de l'allemand, revu et accompagné d'observations par M. le commandant d'artillerie Mazé, professeur à l'École d'application du corps royal d'état-major

Artillerie anglaise.	5 fr. 75
— bavaroise (2 liv.)	11 fr. 50
— française.	5 fr. 75
— néerlandaise.	5 fr. 75
— wurtembergeoise.	5 fr. 75

In-8, 1844-1845, les 6 livraisons, 34 fr. 50

Nota. L'ouvrage complet sera composé de 20 à 24 livraisons environ, in-8, accompagnées de tableaux et de planches.

LABORIA, capitaine d'artillerie de marine, officier de la Légion d'honneur. Notice sur la Défense des côtes maritimes de France, broch. in-8, 1841. 2 fr. 75

—De la Guyane française et de ses colonisations, 1 vol. in-8, 1843. 7 fr. 50

LACABANE (Léon). De la Poudre à canon et de son introduction en France, broch. in-8, 1845. 2 fr.

LALANNE (Ludovic), ancien élève de l'École des Chartes. Recherches sur le Feu grégeois, et sur l'introduction de la Poudre à canon en Europe; mémoire auquel l'académie des inscriptions et belles-lettres a décerné une médaille d'or, le 25 septembre 1840, 2e édition, corrigée et entièrement refondue, in-4°, 1845. 7 fr. 50

LAMARE (général). Nouvelles considérations sur les Travaux de défense projetés au Havre, broch. in-8, 1846. 2 fr.

LAMBERT. Mémoire sur la Résistance des fluides, avec la solution du problème balistique, 1 vol. in-8, avec pl., 1846. 7 fr. 50

LAVILLETTE, capitaine d'artillerie, aide de camp du général d'artillerie Lariboissière, en 1806. Mémoire sur une Reconnaissance d'une partie du cours du Danube, de l'Inn, de la Salza, et d'une communication entre ces deux rivières. 1 vol. in-8, avec carte, 1839. 6 fr.

LEBOURG (J.-H.), lieutenant-colonel d'artillerie. Essai sur l'Organisation de l'artillerie et son emploi dans la guerre de campagne, 2e édit., revue, corrigée et considérablement augmentée. 1 vol. in-8, avec planches, 1845. 7 fr. 50

LEGENDRE, ancien professeur de mathématiques à l'École royale militaire de Paris, et, depuis, membre de l'académie des sciences de France, etc., etc. Dissertation sur la question de Balistique, proposée par l'académie royale des sciences et belles-lettres de Prusse, pour le prix de 1782, lequel a été adjugé à l'auteur dans l'assemblée publique du 6 juin. 1 vol. in-8, avec planche, 1846. 7 fr. 50

LESPINASSE-FONMARTIN (de), officier de marine. Étude sur la Marine militaire. 1 vol. in-8, 1839. 7 fr. 50

LETTRE du chevalier Louis Cibrario, à son Excellence le chevalier César de Saluces, sur l'Artillerie du XIIIe ou XVIIe siècle, traduite de l'italien et annotée par M. Terquem, professeur aux écoles de l'artillerie. broch. in-8, 1847. 2 fr. 50

MADELAINE (J.), capitaine d'artillerie. Considérations sur les avantages que le gouvernement trouverait à former dans Paris un établissement pour la construction d'une partie du matériel de guerre (affûts, voitures et attirails d'artillerie), broch. in-8, 1832. 1 fr. 50

—De la Défense du Territoire. Fortifications de Paris, broch. in-8, 1840. 50 c

— Fortification permanente. — Défauts des fronts bastionnés en usage,—Modifications nécessaires,—Bases d'un nouveau système, 1 vol. in-8, 1844. 4 fr.

— Fortification permanente. — Défauts des Fronts bastionnés en usage, supplément au mémoire précédent, br. in-8, 1845. 1 fr. 75

—Fortification de Coblentz.—Observations sur cette place importante.—Examen de l'essai sur le système moderne de fortification adopté pour la défense de la frontière rhénane, présenté dans un mémoire étendu sur la forteresse de Coblentz prise comme exemple, par le lieutenant-colonel Humphrey, traduit de l'anglais par Napoléon F***. Appréciation de la valeur relative des tracés angulaires, comparés aux tracés bastionnés; avec des notes diverses, 1 vol. in-8, 1846. 6 fr.

MARION (général d'artillerie). Vocabulaire hollandais-français des principaux termes d'artillerie, broch. in-18, 1839. 1 fr. 50

—Le même 1840. 1 fr. 50

—Statistique militaire de la Belgique, broch. in-8, 1841. 2 fr.

—De la Force des garnisons, broch. in-8, 1841. 2 fr.

—Notice sur les Obusiers, broch. in-8, 1842. 2 fr. 75

—Journal des Opérations de l'artillerie au siége de Schweidnitz, en 1807, broch. in-8, 1842. 3 fr.

—De l'Armement des places de guerre, avec planche, broch, in-8, 1845. 4 fr.

—Mémoire sur le lieutenant général d'artillerie baron Sénarmont (Alexandre), rédigé sur les pièces officielles du dépôt de la guerre et des archives du dépôt central de l'artillerie, sa correspondance privée et des papiers de famille, 1 vol. in-8, 1846. 5 fr.

MASSAS (de), capitaine d'artillerie, attaché au bureau central. Etudes sur les Fusils percutants d'infanterie, sur les amorces fulminantes, les approvisionnements de munitions, et les distributions aux soldats en campagne, broch. in-8, 1840. 2 fr. 75

MASSÉ (J.), lieutenant-colonel d'artillerie. Aperçu historique sur l'introduction et le développement de l'Artillerie en Suisse, 1re et 2e partie, avec planches, 2 broch. in-8, 1846. à 3 fr. 50, 7 fr.

MAURICE (baron P.-E. de Sellon), capitaine du génie, ancien élève de l'Ecole polytechnique. Considérations sur l'avantage ou le désavantage d'entourer les villes maritimes de France d'une enceinte continue fortifiée, tirées des résultats pratiques de l'efficacité du tir à la mer, broch. in-8, 1847. 2 fr.

—Examen du nouveau système de Ponts de chevalets proposé par le chevalier de Birago, major au grand état-major général autrichien, suivi de l'exposé d'un nouveau système de ponts militaires à supports flottants, broch. in-8, avec planches, 1847. 2 fr. 50

MAZÉ, commandant d'artillerie, professeur à l'Ecole d'application du corps royal d'état-major. Artillerie de campagne en France, description de l'organisation et du matériel de cette arme en 1845, conforme aux documents les plus récents, et précédée d'observations, 1 vol. in-8 avec 5 planches, 1845. 5 fr. 75

MÉMOIRE sur la Défense et l'Armement des côtes, avec plan et instructions approuvés par Napoléon, concernant les batteries de côtes, et suivi d'une notice sur les tours maximiliennes, accompagnée de dessins, 1 vol. in-8, 1837. 5 fr.

MÉMOIRE sur le Matériel d'artillerie des places, dans ses rapports avec la fortification et les principes généraux de la défense, avec deux planches, broch. in-8, 1838. 2 fr. 75

MÉMOIRES militaires de Vauban, et des ingénieurs Hue de Caligny, précédés d'un avant-propos par M. Favé, capitaine d'artillerie, 1 vol. in-8, avec 3 planches, 1846 7 fr. 50

MÉMOIRE sur le Jet des bombes, ou, en général, sur la projection des corps, broch. in-8, 1846. 2 fr.

MERKES (J.-G.-W.), major du génie au service de S. M. le roi des Pays-Bas. Essai sur les différentes méthodes, tant anciennes que nouvelles, de construire les murs de revêtement, particulièrement ceux avec arceaux ou voûtes en décharge et les casemates défensives à l'épreuve de la bombe ; suivi de Considérations sur les expériences faites en 1834 par l'artillerie saxonne sur les batteries blindées ; traduit du hollandais et annoté par H. C. Gaubert, capitaine du génie, ancien élève de l'Ecole Polytechnique, avec approbation du ministre de la guerre, 1 vol. in-8, avec atlas in-folio. 1841. 12 fr.

—Projet d'un modèle de Magasin à poudre à l'abri de la bombe, avec tous ses détails et accessoires, d'après une construction nouvelle moins dispendieuse, et remplissant mieux les exigences actuelles que les magasins ordinaires, pouvant contenir en temps de paix 75 à 100,000 kilogr. de poudre, en superposant les barils à trois ou quatre assises, et susceptible d'une contenance double en temps de guerre au moyen d'un étage que l'on pourrait y adapter, broch. in-8, avec planches, 1843. 3 fr.

—Projet d'une nouvelle Fortification, ou tentatives d'améliorations dans le système bastionné, destiné pour les seuls fronts d'attaque d'une place, tant pour un terrain bas et humide que sec et élevé (sauf quelques modifications faciles à saisir) et exigeant, par front, un quart en moins de dépenses pour la maçonnerie, qu'un front bastionné exécuté au complet d'après l'école de Mézières, 1 plan in-folio, 1843. 6 fr.

—Résumé général concernant les différentes formes et les diverses applications des Redoutes casematées, des petits forts, des tours défensives et des grands réduits, considérés sous les deux points de vue de la défense des places et de la défense des côtes, avec planches ; traduit du hollandais par R***, 1 vol. in-8, 1843. 7 fr. 50

—Examen raisonné des progrès et de l'état actuel de la Fortification permanente, dans lequel on compare les diverses applications qui ont été faites du système bastionné aux principes fondamentaux admis de nos jours en fait de fortification et de défense des places, suivi de la description de quelques projets où l'on a réuni et mis en application les différents principes reconnus, soit en vue de réaliser des tracés tout à fait nouveaux, soit seulement en vue d'améliorer des tracés anciens, traduit du hollandais, 1 vol. in-8, avec plan, 1846. 7 fr. 50

MICALOZ, ingénieur civil, auteur de l'ouvrage anonyme ayant pour titre Exposé succinct de nouvelles idées sur l'Art défensif.

Recherches sur l'art défensif, broch. in-8, avec planches, 1838. 3 fr.

— Exposé succinct de nouvelles idées sur l'art défensif, contenant l'aperçu d'une nouvelle théorie sur cet art, et de quelques dispositions propres à confirmer l'efficacité de cette même théorie, suivi d'un appendice, broch. in-8, avec planches, 1838. 5 fr. 75

MOLLIÈRE (le général). Journal de l'Expédition et de la Retraite de Constantine en 1836, broch. in-8, 1837. 4 fr.

—Études sur quelques détails d'Organisation militaire en Algérie. 1 vol. in-8, 1845. 5 fr. 75

MONHAUPT, général de l'artillerie prussienne. Tactique de l'Artillerie à cheval, dans ses rapports avec les grandes masses de cavalerie; traduit de l'allemand par le général baron Ravichio de Peretsdorf, 1 vol. in-8, avec 8 planches, 1840. 3 fr. 75

MORDECAI (Alfred), capitaine de l'artillerie américaine. Expériences sur les Poudres de guerre faites à l'arsenal de Washington, en 1843 et 1844, publiées avec l'autorisation du gouvernement; traduites de l'anglais par Rieffel, professeur de sciences appliquées à l'Ecole d'artillerie de Vincennes, 1 vol. in-8, avec planches, en deux livraisons, 1846. 20 fr.

MORITZ-MEYER. Manuel historique de la Technologie des armes à feu; traduit de l'allemand par Rieffel, professeur à l'Ecole d'artillerie de Vincennes, avec des annotations et des additions du traducteur, 2 vol. in-8, 1837-1838. 15 fr.

MULLER (François), sous-lieutenant au 56e régiment royal-impérial d'infanterie de ligne, baron Palombini. Traité des Armes portatives ou de toutes les espèces de petites armes à feu et blanches, actuellement (1844) en usage dans l'armée autrichienne, précédé d'un Précis historique, et suivi d'une Instruction sur l'art du Tir; traduit de l'allemand, avec une planche, 1 vol. in-8, 1846. 7 fr. 50

NAVARRO-SANGRAN (général). Système de Pointage généralement applicable à toutes les bouches à feu de l'artillerie; traduit de l'espagnol, avec planche, broch. in-8, 1838. 2 fr. 75

NOTE sur quelques Modifications à faire aux bats de l'artillerie de montagne, et note sur les harnais et sur le mode d'attelage de l'artillerie de campagne, par un ancien officier supérieur d'artillerie, broch. in-8, 1837. 1 fr. 25

NOTICE sur la nouvelle Organisation militaire du royaume de Sardaigne, broch. in-8, 1834. 2 fr. 50

OBSERVATIONS sur les Applications du fer aux constructions de l'artillerie, avec planches; broch. in-8, 1835. 3 fr.

OBSERVATIONS sur la réception des effets de harnachement pour les corps d'artillerie, broch. in-8, 1842. 2 fr. 75

ORGANISATION (de l') de l'Artillerie en France, 1re et 2e partie, 1 vol.; 3e partie, 1 vol.; par M***, capitaine d'artillerie, ancien élève de l'Ecole polytechnique, 2 vol. in-8, 1845-1847, à 6 fr. 12 fr.

OTTO (J.-C.-F.), capitaine dans l'artillerie de la garde royale de Prusse. Théorie mathématique du Tir à ricochet, suivie de Tables pour l'application de ce tir, 1833; traduite de l'allemand par Rieffel, professeur à l'Ecole d'artillerie de Vincennes, 1 vol. in-8, 1845. 6 fr.

—Tables balistiques générales pour le Tir élevé; traduites de l'allemand par Rieffel, professeur à l'Ecole royale d'artillerie de Vincennes, 1 vol. in-8, 1845. 7 fr. 50

PASLEY, directeur de l'École du génie de Chatham. Règles pour la conduite des opérations d'un siége, déduites des expériences soigneusement faites; traduites de l'anglais par E. J., 3 parties in-8, avec planches, 1847: chacune 4 fr. 12 fr.

PERARD-BOURLON, lieutenant au 3e chasseurs. Développement moral sur le Service intérieur des troupes, broch. in-8, 1832, 1 fr. 25

PIDOLL (de), conseiller aulique. Colonies militaires de la Russie, comparées aux confins militaires de l'Autriche; traduites par Unger, broch. in-8, 1847. 3 fr. 50

PLOTHO (Charles de), colonel prussien. Relation de la bataille de Leipzig (16, 17, 18 et 19 octobre 1813); traduite de l'allemand par Philippe Himly, suivi de la relation autrichienne de l'affaire de Lindenau, du combat de Hanau, et accompagnée de notes d'un officier général français, témoin oculaire, 1 vol. in-8, 1840. 6 fr.

—Capitulation de Dantzig; traduite de l'allemand par P. Himly, avec observations critiques, par le général baron de Richemont, directeur des fortifications et commandant du génie pendant la défense de la place, broch. in-8, 1841. 2 fr. 75

POTEVIN (P.-L.), professeur de fortification à l'Ecole d'artillerie de la marine à Lorient. Fortification. Notions sur le défilement, 1 vol. in-folio, 1844. 10 fr.

PRÉVAL (général). Observations sur l'Administration des corps, broch. in-8, 1841. 2 fr. 75

—Mémoires sur l'Avancement militaire et sur les matières qui s'y rapportent, 1 vol. in-8, 1842. 9 fr.

Ces mémoires sont précédés d'un avant-propos très remarquable, contenant, outre l'historique des divers modes d'avancement, une appréciation des graves événements de 1814 et 1815, appuyée de documents officiels peu connus et du plus haut intérêt.

RABUSSON (A). De l'Agrandissement de l'enceinte des fortifications de Paris du côté de l'est, considéré dans ses rapports avec la défense de la ville et avec la défense générale du royaume, 1 vol. in-8, 1842. 4 fr.

—De la Défense générale du royaume dans ses rapports avec les moyens de défense de Paris, 1 vol. in-8, 1843. 6 fr.

RAVICHIO de PERETSDORF, maréchal de camp d'artillerie honoraire, archiviste, pour la partie scientifique et tactique des armes d'artillerie et du génie au ministère de la guerre. Suite de la notice sur l'Organisation de l'armée autrichienne, broch. in-8, 1834. 2 fr. 50

RELATION de la Défense de Schweidnitz, commandé par le général feld-maréchal lieutenant de Guasco, et attaqué par le lieutenant général Tauenzein, depuis le 20 juillet jusqu'au 9 octobre 1762, jour de la capitulation avec une notice de M. Favé, capitaine d'artillerie, auteur du Nouveau système de défense des places fortes; broch. in-8, avec plan; 1846 4 fr.

RÉPONSE à l'auteur de l'Article sur l'état-major général de l'armée, par un officier supérieur en retraite, broch. in-8, 1846. 1 fr. 25

RESSONS (de). Méthode pour tirer les bombes avec succès, broch. in-8, 1846. 2 f.

RETRAITE et destruction de l'armée anglaise dans l'Afghanistan en janvier 1842, Journal du lieutenant Eyre, de l'artillerie du Bengale, sous-commissaire d'ordonnance à Caboul; suivi de notes familières écrites pendant sa captivité chez les Afghans; traduit de l'anglais sur la 3ᵉ édition par Paul Jessé, avec plan, 1 vol. in-8, mars 1844. 7 fr. 50

RICHARDOT, lieutenant-colonel d'artillerie. Nouveau système d'Appareils contre les dangers de la foudre et les fléaux de la grêle, broch. in-8, 1823. 1 fr. 25

RICHARDOT, lieuten.-colonel d'artillerie. Mémoire sur l'emploi de la Houille dans le traitement métallurgique du minerai de fer et sur les procédés d'affinage de la fonte pour bouches à feu et projectiles de guerre, broch. in-8, 1824. 3 fr.

—Essai sur les véritables Principes de la défense des places et l'application de ces principes, broc. in-8, 1838. 2 fr. 75

—Relation de la Campagne de Syrie, spécialement des siéges de Jaffa et de Saint-Jean-d'Acre, 1 vol. in-8, avec atlas in-4. 1839. 10 fr. 75

—Projet (du) de fortifier Paris, ou Examen d'un système général de défense; broch. in-8, 1839. 2 fr. 75

—Réponse aux observations de M. le lieutenant général du génie, vicomte Rogniat, sur l'ouvrage intitulé : du Projet de fortifier Paris, ou Examen d'un système général de défense, broch. in-8, 1840. 2 fr. 75

—Examen de l'ouvrage ayant pour titre : de la Défense du territoire. Fortification de Paris, broch. in-8, 1841. 1 fr. 25

—Un dernier mot sur la Défense de Paris, d'après les principes militaires et stratégiques, suivi d'un résumé relatif au même sujet de la Philosophie de la fortification du lieutenant-colonel du génie Delaâge; broch. in-8, janvier 1841. 2 fr.

—Vauban, expliqué en ce qui concerne les moyens de défense de Paris. Même système, broch. in-8, février 1841. 2 fr.

—Organisation (de l') des principales parties du service de l'Artillerie, broch. in-8, 1842. 2 fr. 75

—École polytechnique. Organisation, régime, conditions d'admission; deuxième article, ou réfutation d'objections diverses et de principes contraires au but de son institution, broch. in-8, 1842. 2 fr.

—Recrutement (du) de l'Armée dans ses rapports avec la faculté du remplacement, le temps de service nécessaire sous les drapeaux, et l'époque des libérations; broch. in-8, 1843. 2 fr. 75

—État (de l') de la question sur le Système d'ensemble des places fortes, broch. in-8, 1844. 2 fr.

—Réfutation complète de l'opinion opposée au système des forts détachés sous les deux rapports militaire et politique, broch. in-8, janvier 1844. 2 fr.

—Des conditions de force de l'armée et de sa réserve sans augmentation de dépenses, broch. in-8, 1846. 2 fr.

—Les Batteries à pied montées, mises en mesure de rivaliser avantageusement avec les batteries à cheval, br. in-8, 1846. 2 fr.

RIEFFEL, professeur aux écoles d'artillerie. Description et usage du Télégoniomètre, instrument proposé pour la mesure des angles et des distances à la guerre, avec planche, broch. in-8, 1838. 2 fr. 75

ROCHE (A.), professeur aux écoles d'artillerie de la marine. Traité de Balistique appliquée à l'artillerie navale, avec planches, 1ʳᵉ partie, in-8, 1841. 5 fr.

ROCHE. Des Abus en matière de Recrutement, 2ᵉ édition, augmentée d'une réponse à M. Pagezy de Bourdeliac, broch. in-8, 1829. 2 fr.

ROGNIAT (général). Réponse à l'auteur de l'ouvrage intitulé : du Projet de fortifier Paris, ou Examen d'un système général de défense, broch. in-8, 1840. 2 fr. 75

—A l'auteur de la Réponse aux observations du général Rogniat, sur les Fortifications de Paris, broch. in-8, 1840. 1 fr. 25

ROGUET (général). Des Lignes de circonvallation et de contrevallation, avec planches, 1 vol. in-8, 1832. 4 fr.

—De l'Emploi de l'armée dans les grands travaux civils, broch. in-8, 1834. 2 fr.

—De la Vendée militaire, avec carte et plans, 1 vol. in-8, 1834. 8 fr.

—Essai théorique sur les Guerres d'insurrection, ou suite à la Vendée, 1 vol. in-8, 1836. 8 fr. 50

—Expériences sur le Pétard, faites à Metz, broch. in-8, avec planche, 1838. 2 fr.

RUDTORFFER (colonel). Géographie militaire de l'Europe; traduite de l'allemand par Unger, 2 vol. grand in 8, à 2 colonnes, 1847. 20 fr.

RYCKMANS. Mémoire sur un projet de Casemate mobile, broch. in-8, avec planche, 1842. 1 fr. 25

SAINTE-CHAPELLE (Ch.). Éléments de Législation militaire, améliorations des retraites anciennes et nouvelles, avec amortissement de leur charge au profit de l'État et de l'armée, broch. in-8, 1836. 3 fr.

SCHARNHORST (général). Traité sur l'Artillerie; traduit de l'allemand, par M. A. Fourcy, ancien officier supérieur d'artillerie, bibliothécaire à l'Ecole polytechnique; revu et accompagné d'observations, par M. le commandant d'artillerie Mazé, professeur à l'Ecole d'application d'état-major, publié en 9 livrais., formant 3 vol. petit in-4, 1843. 51 fr. 75

SCHWINCK, major au corps royal des ingénieurs de l'armée prussienne; chevalier de seconde classe de la croix de Fer, et de cinquième classe de l'ordre de Saint-Georges. Les Eléments de l'art de fortifier; Guide pour les leçons des écoles militaires et pour s'instruire soi-même; traduit de l'allemand par Théodore Parmentier, officier du génie ancien élève de l'Ecole polytechnique.

Première partie. Fortification passagère, 1 vol. in-8, avec atlas in-4, 1846. 10 fr.

Seconde partie. Fortification permanente, 1 vol. in-8, avec atlas in-4, 1847. 10 fr.

SICARD. Atlas de l'histoire des institutions militaires des Français, composé de plus de 200 figures, 1 vol, grand in-8. 10 fr.

SIMMONS (T.-F.), capitaine de l'artillerie royale anglaise. Considérations sur les Effets de la grosse artillerie employée par les vaisseaux de guerre et dirigée contre eux, spécialement en ce qui concerne l'emploi des boulets creux et des bombes; traduit par E. J., avec 3 planches, 1 vol. in-8, 1846. 7 fr. 50

—Considérations sur l'Armement actuel de notre marine. Supplément aux considérations sur les Effets de la grosse artillerie employée par les vaisseaux de guerre et dirigée contre eux; traduit par E. J., broch. in-8, 1846. 3 fr.

TABLES du tir des bouches à feu de l'artillerie navale, déduites des expériences de Gavre, et publiées par ordre du Ministre de la marine, broch. in-8, 1841. 75 c

TARTAGLIA (Nicolas). La Balistique, ou Recueil de tout ce que l'auteur a écrit touchant le mouvement des projectiles et les questions qui s'y rattachent, composé des deux premiers livres de la Science nouvelle (ouvrage publié pour la première fois en 1537), et des trois premiers livres des Recherches et Inventions nouvelles (ouvrage publié pour la première fois en 1546); traduit de l'italien avec quelques annotations, par Rieffel, professeur à l'Ecole d'artillerie de Vincennes, avec planches, 2 parties in-8, 1845-1846. 11 fr. 50

TERNAY (le marquis de), colonel. De la Défense des Etats par les positions fortifiées, ouvrage revu et corrigé sur les manuscrits de l'auteur par Mazé, professeur du cours d'artillerie à l'Ecole d'état-major, 1 vol. in-8. 7 fr. 50

THIÉBAULT (lieutenant général baron). Journal des Opérations militaires et administratives des siéges et blocus de Gênes; nouvelle édition, ouvrage refait en son entier avec addition d'un second volume comprenant un grand nombre de pièces inédites, officielles et d'une haute importance, 2 vol. in-8 avec carte et portraits, 1847. 16 fr.

« Ce journal doit être lu en son entier et « médité par tous les militaires appelés à « défendre les places, comme une source « d'instructions précieuses, comme un mo« dèle admirable de constance et d'intrépi« dité (Carnot). » — « J'ai lu le Journal du « blocus de Gênes, c'est un bon ouvrage, « j'en ai été content, et tout le monde doit « l'être (Napoléon). »

THIÉRY (A.), chef d'escadron d'artillerie. Description des divers Systèmes à percussion et des étoupilles à friction adoptés jusqu'à ce jour en France et à l'étranger; Sachets en étoffes ininflammables, broch. in-8, 1839. 2 fr. 75

—Applications du fer aux constructions de l'artillerie; seconde partie, 1 vol. in-4, avec atlas in-folio, 1841. 20 fr.

TIMMERHANS (C.), lieutenant-colonel de l'artillerie belge. Expériences comparatives faites à Liége en 1839, entre les carabines à double rayure et les fusils de munition, avec tableaux, broch. in-8, 1840. 3 fr. 75

TIRLET (le lieutenant général vicomte), pair de France. Des Places de guerre, broch. in-8, 1841. 2 fr.

TRAITÉ des Reconnaissances militaires, ou Reconnaissance et description du terrain au point de vue de la tactique, à l'usage des officiers d'infanterie et de cavalerie; traduit de l'allemand par L. A. Unger, professeur au collége de Juilly, 1 vol. in-8, 1846, en 2 livraisons de 5 fr. 75 c. chacune. 11 fr. 50

VANDEN BROECK (Victor), docteur en médecine, ex-médecin militaire, professeur de chimie et de métallurgie à l'Ecole des mines du Hainaut, membre de plusieurs académies et sociétés savantes, regnicoles et étrangères. Des Dangers qui peuvent résulter de l'emploi des armes à percussion dans les régiments d'infanterie de ligne, broch. in-8, 1844. 3 fr.

VAUBAN. Ses Oisivetés et Mémoires inédits 3 vol. in-8. 19 fr.

Chaque volume se vend séparément :

1 vol. contenant le tome IV augmenté

de mémoires inédits tirés du tome II, in-8, 1842. 7 fr. 50

1 vol. contenant les tomes I, II, III, in-8, 1843. 7 fr. 50

1 vol. contenant la fin des tomes II et III, in-8, 1845. 4 fr.

VAUDONCOURT (Général de). De la Législation militaire dans un Etat constitutionnel, broch. in-8, 1829. 1 fr. 50

— Essai sur l'Organisation défensive militaire de la France, telle que la réclament l'économie, l'esprit des institutions politiques et la situation de l'Europe, broch. in-8, 1835. 4 fr.

WITTICH, major de l'artillerie prussienne. De la Fortification et de la Défense des grandes places; traduit de l'allemand par Ed. de La Barre-Duparcq, capitaine du génie, broch. in-8, avec planches, 1847. 4 fr.

XYLANDER (le chevalier J.), major au corps royal des ingénieurs de Bavière, chevalier de plusieurs ordres; membre de l'Académie royale des sciences militaires de Suède, docteur en philosophie. Etude des Armes, 3e édition avec deux planches, augmentée par Klémens Schédel, capitaine au régiment royal d'artillerie bavaroise, prince Luitpold, professeur de tactique au corps royal des cadets; traduit de l'allemand par M. D. d'Herbelot, capitaine d'artillerie, revu, complété et suivi d'un Vocabulaire des Armes, avec planches; 3 parties in-8, 1846-1847, chacune 4 fr. 12 fr.

ZENI et DESHAYS, officiers supérieurs d'artillerie de la marine française, voyageant en Angleterre par ordre. Renseignements sur le Matériel de l'artillerie navale de la Grande-Bretagne, et les fabrications qui s'y rattachent, recueillis en 1835; publication faite avec l'agrément du ministre de la marine et des colonies, 1 vol. in-4, avec atlas in-folio, 1840. 30 fr.

OUVRAGES NOUVELLEMENT PARUS.

(1848, 1849, 1850 et 1851.)

ARTILLERIE NOUVELLE (1850), ou Considérations sur les progrès récents faits dans l'art de lancer les projectiles, par M. ****, capitaine d'artillerie, broch. in-8, 1850. 2 fr.

BARDIN (le baron), général, auteur du Manuel d'Infanterie, du Mémorial de l'officier d'infanterie, membre de l'Académie des sciences de Turin, collaborateur du complément du Dictionnaire de l'Académie française, du Dictionnaire de la Conversation, de l'Encyclopédie des gens du monde, etc., etc. Dictionnaire de l'Armée de terre, ou Recherches historiques sur l'art et les usages militaires des anciens et des modernes. Ce grand ouvrage est entièrement terminé. *Il forme une Bibliothèque complète de la science des armes.* Il est composé de 5,337 pages de texte formant 4 volumes de 13 à 1400 pages chacun. Prix : 119 fr.

BLESSON (Louis). Esquisse historique de l'art de la fortification permanente, traduite de l'allemand par Ed. de la Barre Duparcq, capitaine du génie, 1 vol. in-8, avec planches, 1849. 5 fr.

BLOIS (de), capitaine d'artillerie. Traité des Bombardements, Guerre des Sièges. 1 vol. in-8, avec plans, 1848. 7 fr. 50

—Bombardement de Schweidnitz par les Français, en 1807, brochure in-8, avec plans, 1849. 2 fr. 50 c.

BONNAFONT, chirurgien en chef de l'hôpital militaire d'Arras. Nouveau projet de réformes à introduire dans le recrutement de l'armée, ainsi que dans les pensions des veuves des militaires, broch. in-8, 1850. 2 fr.

BORMANN, lieutenant-colonel d'artillerie, attaché à la maison militaire de S. M. le roi des Belges. Expériences sur les Shrapnels. Nouveaux développements sur les résultats obtenus en Belgique, broch. in-8, avec planches, 1848. 3 fr. 50

BRADDOCK, directeur des poudreries anglaises dans les Indes. Mémoire sur la Fabrication de la poudre à canon, traduit de l'anglais, et accompagné de notes et remarques par Gabriel Salvador, capitaine d'artillerie, 1 vol. in-8, 1848. 5 fr.

BURG, capitaine d'artillerie et professeur à l'Ecole royale du génie et artillerie de Prusse. Traité du dessin et lever du matériel de l'artillerie, ou application du dessin géométrique à la représentation graphique des bouches à feu, voitures, machines, etc., en usage dans l'artillerie, 2e édit. revue et augmentée, traduit par Rieffel, professeur de sciences appliquées à l'Ecole d'artillerie de Vincennes, 1 vol. in-8, Atlas, 1848. 30 fr.

CAVALLI (Jean), major d'artillerie de S. M. sarde. Mémoire sur les canons se chargeant par la culasse, sur les canons rayés et sur leur application à la défense des places et des côtes, 1 vol. in-8, avec atlas in-folio, 1849. 15 fr.

CHARLES (le prince). Principes de la grande guerre, suivis d'exemples tactiques raisonnés de leur application, à l'usage des généraux de l'armée autrichienne. Publication officielle traduite de l'allemand, par Ed. de La Barre Duparcq, capitaine du génie, professeur d'art militaire à l'Ecole spéciale militaire de St-Cyr, in-fol. jésus avec 25 cartes coloriées avec le plus grand soin. 1851. 125 fr.

CLAUSEWITZ (le général Charles de). De la Guerre, publication posthume, traduite de l'allemand, par le major d'artillerie Neuens, 3 vol. in-8, qui paraîtront en six parties. Quatre parties sont en vente, 1851. 20 f.

CLONARD (le comte de), utilité d'écrire l'histoire des régiments de l'armée, opuscule suivi de l'histoire du régiment de Jaën. Traduction de l'Espagnol par Ed. de La Barre Duparecq. in-8. 1851. 4 fr.

COQUILHAT, capitaine d'artillerie. Expérience sur la résistance utile produite dans le forage du fer forgé, de la pierre calcaire et du grès ainsi que dans le forage et le sciage du bois, faites à Tournay, en 1848 et 1849. br. in-8, 1850. 3 fr. 50

— Expériences faites à Ypres, en 1850, sur la pénétration dans les terres de sondes en fer enfoncées par les chocs d'un belier et application des fourneaux de mines cylindriques et horizontaux à l'ouverture des tranchées, in-8 avec pl. 1851. 3 fr.

CORRÉARD (J.), ancien ingénieur. Géographie militaire de l'Italie, par le colonel Rudtorffer et Unger, avec une carte, 1 vol. gr. in-8, 1848. 2 fr. 50

COYNART (de), transport d'une armée russe sur les bords du Rhin, par les chemins de fer de Czenstochow à Cologne, in-8. 2 fr.

DECKER. Les trois armes ou Tactique divisionnaire, traduit en français sur la traduction anglaise du major J. Jones, et annoté par A. Demanne, capitaine d'artillerie, in-8. 1851. 4 fr.

DE LA BARRE DUPARCQ (Ed.), capitaine du génie, ancien élève de l'École polytechnique. Biographie et Maximes de Blaise de Montluc, broch. in-8, 1848. 2 fr. 50

—Utilité d'une édition des OEuvres complètes de Vauban, broch. in-8, 1848. 2 fr. 50

—Capitaines anciens et modernes, traduit de l'espagnol, du lieutenant-colonel don Evaristo San-Miguel, br. in-8, 1848. 2 fr.

—Le plus grand homme de guerre; dissertation historique, broch. in-8, 1848. 4 fr.

—Considérations sur l'art militaire antique et sur l'utilité de son étude, brochure in-8, 1849. 2 fr. 50 c.

—De la Création d'une bibliothèque militaire publique, broch. in-8, 1849. 2 fr.

— Biographie et maximes de Maurice de Saxe, in-8. 1851. 5 fr.

DELAMARE, officier au bataillon des gardes marine. Carte militaire de l'Italie, publiée par J. Corréard, ancien ingénieur, 1848, 1 feuille sur jésus color. 1 fr. 50. Collée sur toile, avec étui. 3 fr.

DEL CAMPO DIT CAMP, capitaine du génie au service de S. M. le Roi des Pays-Bas. Deuxième mémoire sur la fortification, contenant l'analyse de la dépense d'exécution, et le projet d'attaque d'un front bastionné à murailles isolées, d'après les idées développées dans le premier mémoire. in-8, et atlas. 1850. 15 fr.

DELVIGNE (Gustave), ancien officier d'infanterie, inventeur du nouveau chargement des armes rayées, des balles cylindro-coniques. De la Création et de l'emploi de la force armée. 1 vol. in-12, 1848. 75 c.

D'HERBELOT, chef d'escadron d'artillerie. Industrie militaire. Mémorial de l'artillerie espagnole, mai et juin 1849, traduit de l'espagnol et suivi de notes sur l'Industrie militaire, broch. in-8, 1850. 2 fr.

DOCUMENTS relatifs aux campagnes en France et sur le Rhin, pendant les années 1792 et 1793, tirés des papiers militaires de S. M. le feu roi de Prusse Frédéric-Guillaume III, traduits de l'allemand par Paul Mérat, lieut. au 24e léger, 1 vol. in-8, 1848. 5 fr.

DUBOURG (général). Les Principes de l'organisation de la marine de guerre, suivis de vues nouvelles sur la restauration du commerce maritime de la France, 1 vol. in-8°, 1848. 6 fr.

DUCASSE, capitaine d'état-major. Précis historique des Opérations de l'armée de Lyon, en 1814, 1 vol. in-8, 1849. 6 fr.

—Mémoires pour servir à l'histoire de 1812, suivis des lettres de l'Empereur au Roi de Westphalie, en 1813, 1 vol. in-8, avec carte. 1852. 7 fr.

— Opérations du neuvième corps de la grande armée en Silésie, sous le commandement en chef de S. A. I. le prince Jérôme Napoléon (1806 et 1807), 2 vol. in-8 avec atlas, in-f°. 1851. 18 fr.

ÉTUDES POLITIQUES ET MILITAIRES. Revue du monde militaire actuel, 1 vol. in-8, 1848. 6 fr.

ETUDES SUR LES SUBSISTANCES MILITAIRES. Réforme de l'administration actuelle, ou le mal et le remède, broch. in-8, 1850. 2 fr.

EXPÉRIENCES sur les artifices de guerre faites à Toulouse en 1820, brochure in-8, 1849. 4 fr.

EXPÉRIENCE DE BAPAUME. Rapport fait à M. le ministre de la guerre par la Commission mixte des officiers d'artillerie et du génie, instituée le 12 juin 1847, pour étudier sur les fortifications de Bapaume, les principes de l'exécution des brèches par le canon et par la mine. Ouvrage publié avec l'autorisation du ministre de la guerre, en date du 24 oct. 1850. 1 vol. in-8. avec 28 planches. 1852. En noir, 20 fr. Coloriées, 25 fr.

FABRE (Élie). Manuel des sous-officiers d'infanterie et de cavalerie à l'usage des écoles régimentaires du deuxième degré, publié avec l'autorisation du Ministre de la guerre. 1 vol. in-18 jésus. 1852. 4 fr.

GALVANI. Nouveaux mémoires sur la fin tragique de Joachim Murat, roi de Naples, illustrés de 2 pl. et d'une carte militaire de l'Italie, in-8. 1850. 5 fr.

GRIFFITHS, capitaine en retraite du corps royal d'artillerie anglaise. Manuel de l'Artilleur anglais, 3e édit., publiée par ordre du gouvernement; traduit de l'anglais par Rieffel, professeur de sciences appliquées, à l'École d'artillerie de Vincennes, 1 vol. in-8, avec planches, 1848. 12 fr.

HOMILIUS, lieutenant-colonel d'artillerie saxonne. Cours sur la Construction et la Fabrication des armes à feu, traduit de l'allemand par Lenglier, capitaine d'artillerie, 1 vol. in-8, avec planches, 1848. 7 fr. 50

INSCRIPTION MARITIME (Sur l'), son illégalité, ses vices, et les entraves qu'elle met au développement de la marine marchande et du commerce maritime, par un ancien officier de marine, broch. in-8, 1848. 2 f.

JACOBI. Etat actuel de l'Artillerie de campagne suédoise, 1 vol. in-8, 1849. 5 fr. 75

LAFAY, capitaine d'artillerie de marine. Aide-mémoire d'Artillerie navale, imprimé avec l'autorisation du Ministre de la marine et des colonies, 1 fort vol. in-8, de plus de 700 pages, accompagné de 50 planches gravées sur cuivre avec le plus grand soin, 1850. Broché. 15 fr.
Cartonné 16 fr.

LAMARE (le général). Essai d'une instruction à l'usage des gouverneurs et commandants supérieurs des divisions militaires et des places en état de paix, de guerre et de siége, in-8. 1851. 5 fr.

LASSAGNE (Jules), notice sur le Général en chef Magnan. in 8, 1851. 1 fr.

LE MASSON, auteur de *Custoza* et de *Novare*, Venise en 1848 et 1849, un vol. in-8. 1851. 4 fr.

LE VASSEUR. Commentaires de Napoléon suivis d'un résumé des principes de stratégie du prince Charles, un vol. in-8, première partie. 1851. 6 fr.

LETTRES critiques sur l'armée prussienne, traduites de l'allemand par J. de Clanorie et revues et annotées par Paul Mérat, lieut. d'infanterie. 1 vol. in-8. 1850. 7 fr. 50

MARESCHAL, chef d'escadron d'artillerie. Mémoire sur un nouveau mode de magasin à poudre, brochure in-8, avec planches, 1849. 3 fr.

MARTIN DE BRETTES, capitaine d'artillerie, ancien élève de l'École polytechnique. Études sur les fusées de projectiles creux, brochure in-8, avec fig., 1849. 3 fr.

—Mémoire sur un projet de chronographe électro-magnétique et son emploi dans les expériences de l'artillerie, in-8, avec fig. et planches, 1849. 5 fr.

—Projet de fusée de projectiles creux destinée à être fixée au moment du tir. br. in-8 avec figures, 1849. 2 fr.

—Nouveau système d'artillerie de campagne de Louis-Napoléon Bonaparte. in-8, 1851. 2 fr.

—Des artifices éclairants en usage à la guerre et de la lumière électrique. in-8. 1852. Avec planches. 7 fr. 50

MASSAS (de), chef d'escadron d'artillerie. Mémoire sur les cuivres, étains et bronzes employés pour la fabrication des bouches à feu, 1 vol. in-8, 1850. 6 fr.

MAURICE DE SELLON (baron P. E.), capitaine du génie, ancien élève de l'Ecole polytechnique. Mémoire sur les Angles morts des retranchements de campagne et sur quelques autres points de la fortification passagère, in-8, avec planches. 1848. 2 fr. 50

—Recherches historiques sur la Fortification passagère depuis les temps les plus reculés jusqu'à nos jours, suivies d'un aperçu sur l'état actuel de cette science et sur le rôle qu'elle est appelée à jouer dans les guerres modernes, 1 vol. in-8, 1849. 4 fr.

—Notice sur l'Essai des propriétés et la tactique des fusées à la congrève, par le colonel d'artillerie A. Pictet, brochure, in-8, 1849. 2 fr.

—Mémorial de l'ingénieur militaire ou analyse abrégée des tracés de fortification permanente des principaux ingénieurs, depuis Vauban jusqu'à nos jours, 1 vol. 8, avec atlas in-folio, de dix-sept planches gravées sur cuivre, 1849. 35 fr.

—Examen de la Fortification et de la Défense des grandes places, par le lieutenant colonel d'artillerie C.-A. Wittich. br. in-8 avec planches. 1849. 2 fr. 50

—Examen du mémoire sur les canons se chargeant par la culasse et sur leur application à la défense des places et des côtes, par Jean Cavalli, major d'artillerie, au service de S. M. Sarde, 1 brochure in-8, avec planches. 1850. 2 fr. 50

—Mémoires sur la Fortification tenaillée et polygonale et sur la Fortification bastionnée, 1 vol. in-4, et atlas grand in-folio. 1850. 25 fr.

—Études sur la fortification permanente.

I. Plan et description de la citadelle fédérale de Rastadt, d'après des documents authentiques, examen du tracé des ouvrages défensifs extérieurs et de ceux de l'enceinte. —Appréciation de leur capacité de résistance.—Plan d'attaque dirigée contre le fort Léopold comme étude de travaux de siége contre une place fortifiée, d'après l'école allemande. — Ouvrage destiné à servir de complément aux *Mémoires sur la fortification tenaillée et polygonale*, et sur les tracés bastionnés. In-8 et atlas in-folio. 1851. 15 fr.

II. Examen du Tracé enseigné aux troupes du génie qui font partie du huitième corps d'armée de la confédération germanique et appréciation de la capacité de résistance. —Observations sur le projet de fortification polygonale et à caponnières, présenté par un officier du génie prussien. In-8 avec 2 pl. (en atlas in-folio.). 1851. 10 fr.

— De la défense nationale en Angleterre. Un vol. in-8 avec une carte. 1851. 5 fr.

MÉRAT (Paul), lieutenant d'infanterie. Étu-

des sur l'Organisation de la force publique. I. Projet d'organisation de la réserve combinée avec la mobilisation de la garde nationale, brochure in-8, 1849. 2 fr.
—II. La Justice militaire selon les principes de l'équité, broch. in-8, 1849. 2 fr.
— III. Recrutement et remplacement, in-8, 1850, 2 fr.
— IV. L'avancement et la hiérarchie, in-8, 1851. 2 fr.
—Verdun en 1792, épisode historique et militaire, 1 vol. in-8, 1849. 5 fr.

MUSSOT. Tactique militaire. — Des armes blanches, de la cavalerie et particulièrement du sabre de cavalerie de réserve et de ligne, in-8. 2 fr.
—Des compagnies, pelotons et sections hors rang, examen de leurs utilité relative, et des raisons qui militent pour leur suppression, in-8, 1851. 2 fr.

OBSERVATIONS sur le projet de loi relatif à l'organisation de l'artillerie, in-8. 2 fr. 50 c.

MONEY (général). Souvenirs de la campagne de 1792, traduits par Paul Mérat, lieutenant au 24e léger, 1 vol. in-8, 1849. 6 fr.

PARMENTIER (Théodore), capitaine du génie, ancien élève de l'Ecole polytechnique. Vocabulaire allemand-français des termes de fortification, renfermant, en outre, les termes les plus usuels d'art militaire, d'artillerie, de construction, de mathématiques, de mécanique, etc., et la réduction en mesures métriques de toutes les mesures usitées dans les différents états de l'Allemagne, la Hollande, la Suisse, la Suède, le Danemarck, la Pologne et la Russie, 1 vol. in-12. 1849. 3 fr.
—Exposition et description d'un système de fortification polygonale et à caponnières. Essai sur la science de la fortification arrivée à son état actuel de perfectionnement, par un officier du génie prussien, trad. de l'allemand, broch. in-8 avec 2 pl. (en atlas grand in-fol.), 1850. 10 fr.

PERROT. Carte militaire de la République française indiquant les divisions militaires et leurs chefs-lieux, les garnisons des différents corps de l'armée, tous les établissements de l'artillerie et du génie, les places-fortes, les forts, les routes militaires, les gîtes d'étapes avec les distances qui les séparent, les lieux de distributions de vivres, etc., etc. *Une feuille sur colombier*, 3 fr.—Collée sur toile avec étui. 6 fr.
—Tableau politique de la Pologne. Une feuille sur jésus, enluminée, 1848. Collée sur toile avec étui. 2 fr.

PISTORIUS. Traité sur l'art de tirer à balles, sans charge de poudre, moyennant une matière chimique renfermée dans la balle même, broch. in-8, 1850. 2 fr.

PRÉTOT (P.-L.), ancien officier supérieur d'Etat-major. Des conventions militaires et de leur exécution habituelle, 1 vol. in-8. 1849. 7 fr. 50

PRÉVAL (général). Sur le recrutement et le remplacement de l'armée. 1 vol. in-8. 1848. 7 fr. 50
—Sur le nouveau projet de loi relatif à l'organisation de l'armée; premières observations, brochure in-8, 1849. 2 fr.
—Mémoire sur le commandement en chef des troupes. 2e édition, 1851. 2 fr. 50

RICHARDOT, lieutenant-colonel d'artillerie. Nouveaux mémoires sur l'Armée française en Egypte et en Syrie, ou la vérité mise au jour sur les principaux faits et événements de cette armée, la statistique du pays, les usages et les mœurs des habitants, 1 vol. in-8, avec plan de la côte d'Aboukir, à la tour des Arabes, 1848. 6 fr.
—Le recrutement de l'armée et de la réserve ramené au principe d'égalité devant la loi, brochure in-8, 1849. 2 fr.
—Réfutation de quelques principaux articles des Mémoires d'Outre-tombe, en ce qui concerne l'armée d'Orient sous les ordres du général Bonaparte, br. in-8, 1849. 2 fr.

SALVADOR (Gabriel). Recherches sur l'origine et l'usage de la poudre à canon en Orient, traduites de l'anglais, in-8. 2 fr.

SPLINGARD, capitaine d'artillerie belge. Notice sur une Fusée Shrapnel, broch. in-8, avec planche, 1848. 2 fr.

THIROUX, chef d'escadron d'artillerie. Réflexions et études sur les bouches à feu de siége, de place et de côte, 1 vol. in-8, avec figures et planches, 1849. 7 fr. 50 c.
—Observations et vues nouvelles sur les fusées de guerre, br. in-8, 1850. 2 fr.
—Observations sur l'emploi de la poudre fulminante dans les projectiles creux, in-8. 2 fr.
—Essai sur le mouvement des projectiles, dans les milieux résistants; in-8, 1851. (*Sous presse*).

TRAITÉ DE LA RÉCEPTION des effets de harnachement pour les corps d'artillerie. br. in-8, 1850. 2 fr. 50

TREADWELL. Notice succincte sur un canon perfectionné et sur les procédés mécaniques employés à sa fabrication; traduite de l'anglais par M. Rieffel, professeur de sciences appliquées à l'École d'artillerie de Vincennes, in-8, 1848. 2 fr.

UNGER. Histoire critique des exploits et des vicissitudes de la cavalerie pendant les guerres de la Révolution et de l'Empire, jusqu'à l'armistice du 4 juin 1813, 2 vol. in-8, 1849. 12 fr.

ZASTROW (de). Histoire de la Fortification permanente ou manuel des meilleurs systèmes, ou manières de fortification, traduit de l'allemand sur la 2e édition, par Ed. de La Barre Duparcq, capitaine du génie, ancien élève de l'Ecole polytechnique, 2 vol. in-8, et atlas in-fol., 1848. 20 fr.

ZOLLER (de), lieutenant-général, commandant en chef du corps de l'artillerie bavaroise. Description d'une éprouvette portative inventée par lui et exécutée en 1847, par Gaspard Fricher maître ouvrier mécanicien de la compagnie d'ouvriers; traduit de l'allemand, par Ed. de La Barre Duparcq, capitaine du génie, ancien élève de l'École polytechnique, br in-8, avec 5 planches, 1849. 4 fr.

OUVRAGES SOUS PRESSE.

BLANCH (Luigi). De la Science militaire considérée dans ses rapports avec les autres sciences et avec le système social. Neuf discours trad. de l'italien par A.-F., 1 vol. in-8.

HAILLOT (A.), colonel d'artillerie. Instruction sur le Passage des rivières et la construction des ponts militaires, à l'usage des troupes de toutes armes; 2e édit., un vol. in-8, avec un bel atlas.

SALVADOR (Gabriel), capitaine d'artillerie, Agitation pour la Défense nationale en Angleterre. 1 vol. in-8.

SUSANE (Louis). Histoire de l'ancienne infanterie française, avec atlas renfermant la série complète, dessinée par Philippotaux, et coloriée avec beaucoup de soin, des uniformes et des drapeaux des anciens corps de troupes à pied. — L'ouvrage sera composé de huit volumes in-8 de texte et de 150 planches. — Cette publication paraîtra par livraisons d'un volume de texte et d'un cahier de planches, au prix de 15 fr. — Il paraîtra un volume de texte et un cahier de planches tous les deux mois. — Les tomes I, II, III, IV et V, avec les planches sont en vente au prix de 75 fr.

RECUEIL DES BOUCHES A FEU LES PLUS REMARQUABLES,

DEPUIS L'ORIGINE DE LA POUDRE A CANON JUSQU'A NOS JOURS,

Commencé par M. le général d'artillerie MARION,

Et continué, sur les documents fournis par MM. les Officiers des armées françaises et étrangères, par J. CORRÉARD, directeur du *Journal des Sciences militaires.*

L'ouvrage sera divisé en trois parties :

La première partie sera composée des planches 1 à 80 (livraisons 1 à 20);

La deuxième partie sera composée des planches 81 à 100 (livraisons 21 à 25);

La troisième partie sera composée des planches 101 à 120 (livraisons 26 à 30).

Cette publication se fera par livraisons successives de quatre planches grand in-folio, accompagnées de texte in-4°. Six livraisons sont en vente au prix de 15 fr. chacune. Neuf livraisons paraîtront prochainement.

JOURNAUX MILITAIRES.

JOURNAL des Sciences militaires des armées de terre et de mer.

Ce recueil, qui paraît depuis vingt-six ans, est répandu en France et à l'étranger et renferme tout ce qui a rapport aux sciences militaires, histoire, tactique, etc.; il est publié sur les documents fournis par les officiers des armées françaises et étrangères, par J. Corréard, ancien ingénieur.

L'année se compose de 12 numéros paraissant de mois en mois par cahier de 10 à 12 feuilles.

Prix de la souscription :

Paris.	42 fr.
Départements.	48 fr.
Etranger.	54 fr.

Nota. Chaque année écoulée se vend 42 fr.
Chaque numéro séparé se vend 5 fr.

JOURNAL des Armes spéciales et de l'Etat-major.

Ce recueil, qui paraît depuis dix-sept ans, est spécialement consacré aux questions d'artillerie et de génie. Depuis 1847, chaque numéro contient en outre des articles sur le corps royal d'état-major.

L'année se compose de 12 numéros paraissant de mois en mois, par cahier de 5 à 6 feuilles.

Prix de la souscription :

Paris,	20 fr.
Départements.	24 fr.
Etranger,	28 fr.

Nota. Les années 1834 à 1846 se vendent soit réunies, soit isolées, chacune 15 fr.

Les années 1847, 1848, 1849, qui forment une nouvelle série, se vendent, soit réunies, soit isolées, chacune 20 fr.

Chaque numéro séparé se vend 3 fr.

JOURNAL de l'Infanterie et de la Cavalerie, 1834-1835, 2 vol. in-8, avec cartes, plans, dessins, portraits, costumes militaires, etc. 10 fr.

Imprimerie de Cosse et Cie, rue Christine, 2, Paris.

Imprimerie de Gustave Gratiot, 11, rue de la Monnaie.

www.ingramcontent.com/pod-product-compliance
Lightning Source LLC
Chambersburg PA
CBHW071954270326
41928CB00009B/1431
9782011314413